勝集密教王五次第教授善顯炬論

宗喀巴大師著
法尊法師譯

目錄

科判

甲一、二續建立。分三。

乙一、無上續名稱之差別。

乙二、隨順名義二續之差別。分二。

丙一、列諸疑義。

丙二、別述各宗。分二。

丁一、他宗。

丁二、自宗。分二。

戊一、建立方便般若不二續之理。分二。

己一、正義。

己二、除疑。

戊二、說明方便般若各別續之義。分二。

己一、無垢光等所說。

己二、金剛鬘等所說。分二。

庚一、破餘妄計邊。分二。

辛一、列他宗。

辛二、破彼執。

庚二、安立善說品。

乙三、別釋方便續。分二。

丙一、方便續分三類。

丙二、別釋集密。分二。

丁一、明本續、後續義及釋續數量。

丁二、明釋續如何解釋之理。分二。

戊一、後續與授記密意如何解釋。

戊二、金剛鬘等三續如何解釋。

甲二、述集密特勝。

甲三、解釋彼密意之漸次。

甲四、聖派教典之數量。分三。

乙一、聖父子二如何造論。

乙二、餘三弟子如何造論。
乙三、諸隨學者如何造論。
甲五、彼教授傳入西藏之情形。
甲六、正釋此寶貴教授。分二。
乙一、總習二種大乘共道。
乙二、別學集密不共道。分四。
丙一、造成二次第道器。
丙二、既成器已，淨三昧耶及律儀。
丙三、淨三昧耶及律儀已，如何修行？分三。
丁一、二次第之次序決定。
丁二、依次修二次第。分二。
戊一、修生起次第。分二。
己一、須修幾許生起次第。
己二、依次修學。
戊二、修圓滿次第。分三。

己一、略明圓滿次第要旨伊旺二字義。
己二、廣釋伊旺二字義。分二。
庚一、廣釋伊旺二字了義。分二。
辛一、釋樂空無別之空與悲義。分三。
壬一、釋空義。分三。
癸一、明生死根本。
癸二、明破彼求無我見相同。
癸三、破計不同。
壬二、釋樂義。
壬三、釋樂空無別和合義。分二。
癸一、正義。
癸二、斷諍。
辛二、釋二諦無別之空與悲義。分二。
壬一、正義。
壬二、如是宣說之因相。分四。

癸一、由色身不共因成立。
癸二、由所淨不共要義成立。
癸三、依起天之要義成立。
癸四、依方便般若體性無別之要義成立。
庚二、明欲生彼須由相伊旺專住身要。分二。
辛一、引生樂空無別之俱生，須專住身要。分二。
壬一、總說二種方便。
壬二、別釋。分二。
癸一、明印方便。
癸二、修內脈風等方便。
辛二、引生二諦無別之雙運，須專住身要。分二。
壬一、圓滿次第諸道，須依生死中有次第引生。
壬二、依此宣說專住身要之理。
己三、別說此續之圓滿次第。分三。
庚一、解說究竟抉擇教授之理。

庚二、諸先師教授亦須與彼符合。

庚三、正說圓滿次第之道次第。分四。

辛一、圓滿次第之差別。分二。

壬一、正說差別。

壬二、五次第攝六支之理。分二。

癸一、列諸異派。分二。

子一、列諸釋派。

子二、列藏師派。

癸二、觀察彼等應不應理。分二。

子一、觀察諸釋各派應不應理。

子二、觀察西藏諸說應不應理。

辛二、次第決定。

辛三、數量決定。分二。

壬一、正義。

壬二、此道攝餘道之理。

辛四、諸差別義。分二。
壬一、學三遠離三摩地之理。分三。
癸一、學身遠離身金剛三摩地之理。分六。
子一、觀察身遠離爲二次第何者攝。分三。
丑一、別列各派。
丑二、觀察彼等應不應理。
丑三、安立自宗。
子二、生起次第與殊勝身遠離之次序。
子三、身遠離之體性。分二。
丑一、他宗。
丑二、自宗。
子四、身遠離之差別。分四。
丑一、最勝百部身遠離。分四。
寅一、五蘊。
寅二、四界。

寅三、六根。

寅四、五境之身遠離差別。

丑二、本性五部身遠離。

丑三、秘密三部身遠離。

丑四、大密一部身遠離。

子五、此成別攝與靜慮支之理。分二。

丑一、身遠離攝別攝之理。

丑二、身遠離攝靜慮之理。

子六、如何修身遠離之理。分三。

丑一、由修細相攝風之規。

丑二、從此引生溶樂之理。

丑三、已發生時，根本後得修習之理。

癸二、學語遠離語金剛三摩地。分六。

子一、身遠離與語遠離之次第。

子二、破計語遠離爲生起次第道。

子三、明語遠離所知風之眞實。分七。
丑一、風咒、金剛念誦，漸次修學之義。
丑二、了不了知風眞實之德失。
丑三、風之差別。
丑四、釋差別義。分三。
寅一、釋五根本風義。
寅二、釋五支分風義。
寅三、釋二風共義。
丑五、諸風遞換之理。分二。
寅一、鼻孔展轉換不換之理。
寅二、脈支與曼荼羅遞換之理。
丑六、諸風所有作用。
丑七、依彼了知修持要義。
子四、明咒之眞實。分五。
丑一、集咒。

丑二、咒名。
丑三、咒義。
丑四、咒勝義。
丑五、咒根本短阿字。
子五、明語遠離，爲命力之支分。
子六、如何修語遠離法。分三。
丑一、釋修三命力之次第。分三。
寅一、釋於心鼻端修咒點之命力。分二。
卯一、單修咒點法。
卯二、總修咒輪法。
寅二、釋於面鼻端修光點之命力。分二。
卯一、於何風從何處修金剛念誦。
卯二、明風咒和合及金剛念誦之差別。
寅三、釋於密鼻端修物點之命力。
丑二、釋金剛念誦不共作用。分二。

寅一、明金剛念誦能解心間脈結。
寅二、明解心間脈結為解脈結之主要。
丑三、釋修命力，引生證德之次第。分二。
寅一、釋修心間不壞如何引生證德。
寅二、修餘命力如何引生證德。分三。
卯一、修金剛念誦每月所生證境。
卯二、金剛念誦，能融風於中脈。
卯三、熾然猛利火法。
癸三、學心遠離意金剛三摩地。分五。
子一、必須通達心性之因相。
子二、經中宣說心性之理。
子三、明無上續，即通達心性之殊勝方便。
子四、明續義三明相與諸本性。分三。
丑一、釋明相。分二。
寅一、釋三明相之異門。

寅二、說三明之別相。

丑二、釋本性。

丑三、說引生明智之理。分二。

寅一、列述各派。

寅二、立應理品。分二。

卯一、思擇諸派。

卯二、建立正品。分二。

辰一、從內外緣引生妙智。

辰二、釋彼樂空和合理等。

子五、明不知彼之過患與了知之勝利。

壬二、學二諦三摩地之理。分二。

癸一、二諦各別圓滿次第。分二。

子一、世俗幻身圓滿次第。分二。

丑一、正說幻身教授。分二。

寅一、聽者如何請。

寅二、說者如何說。分二。
卯一、幻身前如何說。
卯二、正說幻身次第。分二。
辰一、如何奠定幻身教授之基。
辰二、解說依此正修幻身之理。分三。
巳一、父子論中如何宣說。
巳二、明說修法及諸功德。
巳三、諸師教授如何解說。分二。
午一、教授中如何說。
午二、依經論釋彼義。
丑二、說彼所屬教授。分二。
寅一、兼說教授之依據。
寅二、正說睡夢等教授。分二。
卯一、說與睡夢合修。分二。
辰一、與睡合修。

辰二、與夢合修。

卯二、說與死有中有合修。分三。

辰一、中有成佛者之合修法。

辰二、經生成佛者之合修法。

辰三、明合修法之開合。

子二、勝義光明圓滿次第。分二。

丑一、釋五次第與攝行論所說義。分三。

寅一、次第決定成熟法器。

寅二、爲彼解說光明教授。分三。

卯一、說內外二種證菩提。分二。

辰一、正義。

辰二、釋難。

卯二、說證彼方便二種靜慮。

卯三、說彼異名及諸讚頌。

寅三、說餘道後亦生彼次第。

丑二、釋後續所說任持支之義。

癸二、二諦無別之圓滿次第。分二。

子一、釋五次第與攝行論所說義。分二。

丑一、問。

丑二、答。次答所問義。分四。

寅一、答第二問。

寅二、答第三第五問。

寅三、答初問。

寅四、答第四第六問並餘義。

子二、釋後續所說二支。

丁三、增進二次第之方便行。分二。

戊一、諸行總建立。分二。

己一、總釋諸行差別。

己二、別於勝行會違教難。分二。

庚一、列攝行文解釋彼義。

勝集密教王五次第教授善顯炬論 卷一

敬禮一切善逝主　薄伽梵妙音足蓮
希有相好圓滿報　結合恆受樂空味
無緣大悲離靜邊　具七支勝我敬禮
結集集密秘密主　集教王道獲勝位
因札補底龍空行　毗蘇迦巴薩惹哈
龍猛金剛昔聖天　龍智釋親摩黨格
月稱足等傳承師　以般淨意我敬禮
達集密道於諸經　能給無畏勝辯才
如實開顯妙音師　我恆敬禮足下蓮
住持佛法大願等　無量福聚所策發

經歷多難赴聖域　傳宏此道雪山區
世間眼目寶賢師　羅札瑪巴持密藏
善無量經大譯師　達拏廓足我敬禮
於顯密教僅片眼　未達聖教皆教授
研究深義唯一門　瞻部莊嚴微細理
未如實知但憑教　得少教授便自足
雖勤奮勉終莫得　集密妙道我當說
第二金剛持密訣　善合本續與釋續
從教理路所傳來　凡求如是教授者
因札補底樂依怙　薩惹哈及龍猛等
龍瑜伽等勇勇母　俱胝所行大密道
當思入此有善根　心懷喜悅容開展
面含笑顏除散亂　離器三遇敬聽聞

三地唯一寶炬，天人最勝導師，一切善說根源，佛薄伽梵，盡其所有隨順機宜一切善說，其最勝、最妙、最尊者，厥爲勝集密經三界至寶。諸具善根補特伽羅，依止彼教趣大菩提之道次第，即是此中所說之法。

今釋此教先分六科：甲一、二續建立。甲二、述集密特勝。甲三、解釋彼密意之漸次。甲四、聖派教典之數量。甲五、彼教授傳入西藏之情形。甲六、正釋此寶貴教授。初又分三。乙一、無上續名稱之差別。乙二、隨順名義二續之差別。乙三、別釋方便續。今初

無上續中分爲二類，立名甚多，如律生云：「諸瑜伽續量，凡有六俱胝，瑜伽母續量，傳十六俱胝。」此中說名瑜伽續，瑜伽母續，佛顱經，金剛幕等，亦立彼名。譬如兒子，雖是男兒、女兒二者之總名，然於男兒呼兒子者，乃別立總名。如是此瑜伽續，雖俱通方便智慧，然於方便續，名瑜伽續者，亦是別立總名也。復有多處說瑜伽母續，名空行母續。無垢光等中說，名方便續、般若續。龍智、月稱等，亦說母續名般若經也。西藏諸師，因瑜伽母續之名引申，立父續母續之名，與金剛心莊嚴續所說相符，如云：「金剛心嚴續，空行母及父，一切續根本。」

乙二、隨順名義二續之差別。分二。丙一、列諸疑義。丙二、別述各宗。今初

若無上續，分方便般若二續者，則彼二續是否方便般若不二之續。初且非理，立為方便與般若續之名義，是方便般若一分之續。其不二續，乃方便般若和合之續故。次亦非理，名無上瑜伽之瑜伽義，如集密後續云：「方便與般若，等轉名瑜伽。」此乃方便智慧平等和合之義，非一分義。故無上方便智慧平等和合之續，應即不二續也。如是方便般若二續，與不二續，究竟相違不相違，理當解說。

丙二別述各宗。分二。丁一、他宗。丁二、自宗。今初

藏師有計，無上續中，分方便、智慧，不二之各別三續，其建立方便般若續之能立，謂各詮一分。其詮彼二分者謂不二續。此如歡喜金剛云：「方便慧續體。」說歡喜金剛爲不二續。雖彼續中，說歡喜金剛爲瑜伽母續，亦不相違。以不二續中，必有般若續故。若如彼說，則亦應說不二續爲方便續。然彼自宗，分無上續爲各別三續。又建立二續，謂各詮一分。說不二續，謂俱詮二分。理應自述，云何不相違也。藏師有說：「前宗因見。」黑行論師說：以「如是我聞」而起首者，爲父續。以「勝密所歡喜」等起首者，爲母續。意謂歡喜金剛續，根本續中如前說，釋續冪中如後說；桑補札中俱說二種，故是不二續。此以能詮文之差別，安立三續之區別也。次出過云：勝樂續中，根本續如後說，釋續溫爵喇嘛（མངོན་བརྗོད་བླ་མ）等則說如是我聞。溫爵（མངོན་བརྗོད་）中俱說二種。如是勝樂續亦應成不二續。若許爾者，更以何者爲母續也？彼自宗云：廣大方便與甚深般若，雖一一續中俱說二品，然以爲主，不爲主而區別也。此亦意說，二續與不二續相違；然仍未研究不二續之方便般若，與二續之方便般若，如何區別。

西藏有餘智者，說無上續，分爲方便續、般若續、與不二續，爲各別三續者，乃不了義。一切無上續皆是不二續，乃眞了義。又許建立方便般若各別續之能立。或說二俱或說俱非者，建立爲不二續。如是解說亦不應理，自許無上部方便般若二續，俱是不二續，爲眞了義。又說三續之能立，有不同三種。更隨自心所著之一續，爲不二續之所相事，實屬相違。若汝自宗，不許父續母續有二續者，則犯自宗相違、自教相違等過失。若許有者，而說彼二，非不二續。則說彼二是不二續，乃眞了義，自成相違。若許是者，則說三續之能立，爲不同之三種，更屬相違，多分意謂，不二續義，較父續母續尤爲超勝。故隨自心所著之續，則強欲成立爲不二續。除彼所餘，立爲二續。

丁二、自宗。分二。戊一、建立方便般若不二續之理。戊二、說明方便般若各別續之義。初又分二。己一、正義。己二、除疑。今初

方便般若不二續所說之方便般若，與方便般若各別續所言之方便般若，因方便般若之名同，故有誤爲義亦相同。依此便計，依於一種方便般若，謂方便般若平等和合續，與方便般若一分續，二者相違。遂計無上續中，分爲各別三續。故應分辨彼二之差別也。其中無上瑜伽母，與無上瑜伽父，二者所言之瑜伽義，非指方便般若任何一分，乃說方便般若平等和合。所言方便，是俱生大樂。所言般若，乃通達無我空性眞實義之智慧。此屬多處宣說，亦所共知者也。

若依如斯樂空之方便般若二體無別和合而言，則一切無上部續，皆以彼義爲勝所詮。故一切無上續，自體性質，皆屬不二續。故非依方便般若彼二之義，安立方便般若一分之續。應知不二續，乃分父續母續二者之所依，非所分之差別也。如無垢光論云：「自體性者，皆是方便般若體性之瑜伽續。」如是歡喜金剛云：「嘿字詮大悲，班哆表般若，慧方便體續，我說仁善聽。」故歡喜金剛非屬般若續，未言善聽般若續故。如是集密續云：「方便慧等至，說名爲瑜伽，集密善和合，一切佛宣說。」故此亦非屬方便續。如是又云：「初佛中宣說，便身非瑜伽，唯慧亦非是，方便慧等至，佛說名瑜伽。」金剛心疏中亦如是說。彼說集密非方便續，歡喜金剛非般若續者，是遮彼二，觀待樂空之方便般若，爲各別續。非說彼二，自宗不許爲父續母續也。父母續中，彼二種經乃共所知，故偏說之。非除彼二，不許有餘方便般若續也。

己二、除疑。

如歡喜金剛等瑜伽母續，多說大樂。集密等父，未如是廣說大樂，多由四空宣說。依是便計，大樂爲母續不共法。或計父續，不以大樂爲道之正行。莫作是執，如黑行大師云：「瑜伽諸續中，所言如是等，瑜伽母續說，如火餘如草。意金剛說彼，自性無差別。」此說方便續中所言，如是我聞等序品正義，謂樂空無別和合，彼亦即是瑜伽母續之義。故彼二續樂空和合之體性，佛說全無差別也。尤其抉擇集密經如是我聞等序品之義，如密成就論云：「行者依眞實，無禁亦能成，雖修百禁行，眞實劣不成。」又云：「眞實住續中，集密中明顯。」又云：「造續意金剛，說者，說亦爾，離此更無餘；除大樂無說，如是聞句文，及云住在句，是意金剛尊，親爲諸佛說，吉祥大樂尊，說住在妙句，如所說微妙，我今略宣說。一時中略示，謂何時佛說，諸佛續諦義，是大樂體性。」此說有眞實則有，無眞實則無。其所讚之眞實，即是樂空無別和合之義。讚說已非一次也，此論乃大樂阿闍黎，又名蓮花金剛所造。攝行論中，亦數引此論爲根據，故與聖派相符。數數宣說，樂空和合爲道之正行，乃集密之義，故住持聖派諸師，定須知此。如此宣說，一切無上續，皆以樂空之方便般若二體無別和合，爲道之正行，都無差別。以是當知，隨入二續何道，皆須自身生起，樂空之方便般若，二體無別，不容或少。其樂與空，亦非略解便足，必須深得樂空之不共微細要點也。

戊二、說明方便般若各別續之義。分二。己一、無垢光等所說。己二、金剛冪等所說。今初

方便般若不二續之方便般若，既如上說。方便般若各別續之方便般若云何安立彼理？且如無垢光等所說：「若何續中，於世間世俗，以大圓鏡智等差別，由蘊界清淨，爲隨鈍根有情意樂增上，如來說爲方便般若品。」此說由蘊清淨安立爲方便之男天，與界清淨安立爲般若之女天，而建立方便般若各別續。如斯之方便般若，觀待前述勝義方便般若，則屬世俗。是隨鈍根意樂增上而說也。由天男女門，許爲方便般若續之理，如彼論云：「以世俗故，若何續中，諸瑜伽母動，主尊不動，是爲瑜母續。若何續中，諸方便動，般若不動，是方便續。」此說，若於三昧耶尊作鉤召智尊等事時，諸天女行動，天子不動，是般若續。與上相違，是方便續。金剛心疏亦如是說。

若爾，應許時輪爲方便續。倘許爾者，無垢光云：「由三年差別，瑜伽母續決定。」此於以三年中夜數，明瑜伽母續諸尊數量時，說爲瑜伽母續，則成相違。由天男女門，安立二續之理，亦約多分說，非決定爾。例如聖派集密，雖是方便續，然鉤召智尊等時，亦有不用天子者，如是定量母續，亦有不以天女作鉤召等事者。其明二續共同建立之經續，亦有俱明彼二者，皆不相違故，以是應知，如金剛鬘，雖是二續所共之釋續，然彼自體，說屬方便續。又如時輪，雖俱說二理，然其自體，似屬瑜伽母續也。於如是理，有說，以彼道理，應安立爲不二續。彼雖欲立爲不二續，然未了解，如無垢光意趣安立之理。無垢光中，不二續義，是如前說，由勝義方便般若門安立。其方便般若動不動之方便般若，說隨世俗鈍根意樂增上而安立故。此說，由所修天男女門，安立爲父母續之方便般若，是隨鈍根意樂增上而立。非說，安立父續母續之一切方便般若，皆如是也。無垢光說：「方便續中，由晝夜相齊清淨，故諸尊父母，面臂相等。般若續中，由前後時間清淨，故諸尊父母，面臂不等。」即以此作二續能立。承勢進說，主尊父母面臂不等，眷屬相等，爲不二續。此非善說。彼僅說明，二續所說面臂等不等之因相，非是安立方便般若二續之義故。彼中全無父母或方便般若之義故。又爲成立不二續者，意欲成立較餘續殊勝。然以彼因相成立爲不二續，亦非特殊勝法。即使主尊父母面臂數不等，眷屬諸尊數等，二事俱備，僅就彼分亦無甚深義故。對於此理，諸餘似能立，亦應了知。

己二、金剛幕等所說。分二。庚一、破餘妄計邊。庚二、安立善說品。初又分二。辛一、列他宗。辛二、破彼執。今初

藏師有說：金剛幕第四品云：「此乃一切佛，空行母勝會，爲修五空行，說空行母續。」又云：「爲攝勤殺生，及諸邪見者，並諸女眾故，樂方便不繁，文略義廣大，下智易通達，諸咒差別故，今說諸續心，空行母勝續。」此說前四句欲明如來示現空行母身，以女爲主尊。或眷屬中多分女眷圍繞，是爲母續。若如來示現五部佛身，眷屬中多分男眷圍繞，是爲父續。意謂彼續，正說前義，兼說後義也。如是後續義，謂爲調伏，愛樂殺生，發生邪見，趣向邪道，外道補特伽羅，故說母續。即以此故，爲欲調伏，具足正見欲修菩提自教有情，故說父續。即計彼二，爲安立二續之差別。又金剛冪第十三品云：「爲調士夫故，說諸瑜伽續。爲攝女眾故，說瑜伽母續。」爲彼二義，故說二續，即計彼二，爲二續之能立。明秘密眞實中云：「由生滿起次，明生起瑜伽，及滿瑜伽母。」遂計此說，明生起次第眞實者爲父續，明圓滿次第眞實者爲母續也。

辛二、破彼執。

前續之義，是說五部諸佛，爲修空行母眷屬眾會圍繞，五部空行曼荼羅故，說空行母金剛鬘續。彼前文所說已極明顯，故彼非明母續之義。又五部空行，亦如前文：「說五曼荼羅，有金剛、常住、及金剛威德、蓮花舞自在，馬王爲第五。」彼即五部如來。非說，曼荼羅主尊爲天女，故彼解釋前續不應正理。所釋第二續義，亦非彼義。即彼前文，謂不動等諸佛，試問諸菩薩，於此金剛幕中，如何攝受諸瑜伽母及空行母。彌勒菩薩等答曰：「初金剛持尊，先發菩提願，我當度一切，卵生等眾生，何故棄女眾？」爲攝勤殺生，乃至勝續。如前說。故爲女眾故宣說空行母續之心。其續者，於前問時，既問金剛幕，故即幕續。言彼是一切續心者，如前文云：「五億喜金剛，此盡攝心要。」故彼非是母續之總能立。由說「文略」亦可了知。若爾，金剛鬘中問答如何攝受女眾，其義云何？謂餘經中，皆說女身，不能現身成佛。無上續說，以彼身修，能得上品成就，依是故問。答云：初發心時，誓度一切眾生，皆證佛地。故諸女眾不應棄捨。特明彼身，及殺生所表之重罪者，並現墮邪見者，若依此道修，亦能得上品成就。爲攝受彼等故，宣說金剛幕續。此豈是說，安立母續之能立。又言：爲攝男女故宣說二續者，總此續中，亦說母續名瑜伽續。又爲攝受女眾故說金剛幕。故亦說名瑜伽母續。如前引文：「諸佛先說喜，金剛瑜伽續，後爲攝女故，說瑜伽母續。」此謂先說五億廣續。後爲攝受女眾故，復攝彼義，說金剛幕瑜伽母續。又金剛幕與觀察續，俱說歡喜金剛爲母續。故彼所云瑜伽續者，意說瑜伽父與瑜伽母，二續所依之瑜伽續。非瑜伽母續所對立之瑜伽續也。爲攝受女眾故宣說金剛幕續之理，前已說訖。此後段經義，或亦如彼釋。或俱約父續母續而釋。謂由無上部，修上品成就之身，主要如寶之補特伽羅，雖男女俱有，然諸經論中，多說行者爲士夫，其印有四種女性。當知爾時，不但士夫，即彼明印亦道行者。如以般若爲緣，令方便解脫。亦說宣說，方便爲緣，令般若解脫故。此理雖二續俱有，然如母續廣說，明印性相，差別，觀察方便，依止方法，及由依彼引生智慧之理。諸父續中，則不廣說。故由此門，說爲調伏彼二性故，宣說二續。然此亦僅宣說二續所爲，非是安立父續母續之能立。喻如集密，雖正爲如寶補特伽羅而說，然彼非是父續之能立。若不爾者，彼續亦說：爲令鈍根易通達故說空行母續。則彼亦應是母續之能立也。其解釋明秘密眞實論義，亦非彼義。即彼論云：「兩交會等四，集亦說二種，由生滿起次，明生起瑜伽，及滿瑜伽母。二根住等至，說名爲交集。」此說，視、笑、握手、交會等四續中之第四，兩根交集續中，說瑜伽與瑜伽母二續。初者，宣說生長現起次第，第二宣說圓滿現起次第。末說，宣說生起次第及圓滿次第故。即彼論前文：「由勝集後道，明二次體性，勝集尤可愛，是諸續中尊。」若謂集密等瑜伽續，不正說圓滿次第眞實，而正說生起次第眞實，自相違故。

又說黑行論師，許如是我聞等爲序品者爲父續，勝秘密歡喜等爲序品者爲母續，亦非彼師之意。彼師是說：瑜伽續中，說如是我聞等；有母續中，說勝秘密歡喜等，二者俱以樂空和合爲正行，都無差別。非說彼二即二續之能立故。彼文前已引訖，除彼等外，印度諸師及西藏人，安立二續之理，雖尙有多種，然多未明，立爲方便般若續之父母，或方便般若之義爲何事。有說：正說方便及般若者，亦未能明，方便般若爲指何事，及正說不正說之區別。其說爲能立者，亦僅見二續之同品中有，故不應理。易了知故，此不繁書。

庚二、安立善說品。

若爾，安立父續母續之理云何。此二續中，就生起次第類，雖亦許有各別安立之差別，然主要者，是由圓滿次第安立差別。又如前說，觀待樂空之方便般若，不安立爲方便般若各別續，而安立爲不二續。又觀待彼，多不多說，亦不能安立，如歡喜金剛等母續中，多說大樂。集密中未說。及應安立歡喜金剛爲父續，集密爲母續故。以是應知由圓滿次第門，說爲方便般若各別續之方便般若者，般若謂勝義大樂智，方便謂世俗幻身也。其由初門，安立瑜伽母續者，如金剛幕第十三品云：「世尊，云何悟入瑜伽母之名？金剛持告曰：般若度方便，此名瑜伽母，以大印和合，悟入眞實性，名瑜伽母續。」此依總母續增上，說明彼能立也。其義謂，若法由與彼二聯合，顯示以大印和合，悟入勝義眞實空性之理，故說金剛幕等，名瑜伽母續。以彼因相成立母續，說名般若，即二之義。若詳說彼義，謂若正說，如拘目陀之菩提心，從頂至摩尼，引生上降，次返頂間，引生下固四喜之理。及由大印，俱生樂空無別和合，悟入勝義眞實空性之智，輾轉增長之次第。而不正說，由大樂智所乘五光明風，修成世俗幻身之理者，名瑜伽母續。以俱生慧度修習法身之方便，既是樂空無別和合之瑜伽，復是正成法身之空品般若分，亦品母故。由第二門安立瑜伽父續者，如空行海云：「諸瑜伽續王，彼彼執差別，光明摩耶法，我爲幻世說。」此明了宣說也。彼義謂宣說。於何處說，謂於諸瑜伽續王中說。宣說何事，謂說幻身。爲誰宣說，謂爲世間，即爲彼所化說。由誰宣說，謂由大師我說。如何宣說，謂以並前三空之光明，即以四空次第說修幻身之理。由何能修，謂由善知，彼續所說彼彼儀軌之差別而修也。若詳說彼義，謂若正說，於光明現起之心處，由漸攝風息之次第，起順引四空，次由外放之次第，起逆引四空，引生空智之理，及從光明之五光風息，修成幻身之理者，名瑜伽父續。以彼是空智，與從風所成身，二體無別和合之瑜伽，亦是正修色身之明品方便分，亦名父故。明眞實論義，亦是說引生幻身，從四空現起之次第，與悟入本來圓滿成就之眞實義，輾轉現起之次第，是二續所正說。故與前二義同。正說不正說者，謂彼續對彼義，特至力而說與不說，非僅說不說也。彼二差別，若於父續母續，各主要經，有具量者解釋之理。則諸餘方便般若續經，亦是屬彼之支分。其未明說彼理者，亦應引入彼二品而釋。故彼能立之理，非不偏於二續一切經也。

乙三、別釋方便續。分二。丙一、方便續分三類。丙二、別釋集密。今初

方便續中，如金剛心莊嚴續說，有貪瞋癡三方便續。初如彼云：「次所應說者，大貪方便續，若能善了知，即生證悉地，集密續王整一千，金剛鬘續整三億，授記密意四千正，四天女問百七十，鄔惹敦達二百八。復有屬彼解釋續，大三昧耶五十五，集五金剛整一千，普集大續一億正，平等尊勝二百十，月秘密點千七百，金剛地下百二十，金剛冠續七百五，忿怒月點整五億，金剛尊勝百九百，平等秘密整五千，金剛密嚴五千正，金剛密庫整七千，摩尼密點有一億，毗盧幻續千一百，金剛密嚴一千正，金剛顱蓋二百八，實性百千百千七，莊嚴誓續一千億，妙德勇續整一億，攝大密續百五十，大寶樹續九百七，時點續有百八十，天女論有五百七，此由意趣別，是我所應說。此以兩兩抱明諸續差別。」又云：「如是瞋與癡，諸續盡應知。」此說貪方便續，連此列名二十七種，共有五百零七部。西藏智者說，瞋方便續，謂閻曼德迦等續。癡方便續，謂金剛阿囉利等續。律生中所說二續各各之總數，如前引文應知。

丙二、別釋集密。分二。丁一、明本續、後續義及釋續數量。丁二、明釋續如何解釋之理。今初

金剛鬘經釋說：「集密續中有廣續二萬五千，與略續一千八百，分十八品之二種。」千等數字，是指頌文。以是前說：「集密續一千」者，意說略續之大數耳。此中所說本續、後續、釋續之義云何，根本續之差別，有廣續與少續或略續之二種。謂先說廣續。後時所化，壽命、智慧等，均較前者差降，不易了知。爲利彼故，從前略說。彼二僅是續文廣略之別。俱是本續。非說前者，是後者之根本續也。言根本續之根本義，有如觀待枝葉，說名樹根，是觀待支分而立者，有如初主，名根本主，是依時間，觀待後續而立者，有如根本、註釋，是觀待釋續而立之三義。其中初者，如燈明論云：「集餘續部一切根本。」成爲根本之理，後當解說。彼是根本，復是續故，名根本續。然非凡具彼義者，皆名根本續也。第二如前說集密，十七品，觀待後說第十八品後續，爲根本續。依於此理，拏熱巴說：攝眞實續，爲根本續。集密根本續爲彼後續。第十八品，又爲彼之後續。後之梵文義，可譯謂上，即殊勝義。可譯爲後。雖有譯爲勝者，然大譯師（寶賢譯師）譯之爲後，極爲善哉。釋論亦作後義釋故。觀待集密，說攝眞實續名根本續。亦是攝行論之意趣。若爾，觀待集密，安立攝眞實續爲根本續，非僅時間在前。其理云何？曰：集密雖非四續部中之瑜伽續，然多總說名瑜伽續。故此續與攝眞實續，皆名瑜伽續，即亦歸入瑜伽續之一類續部。其中，攝眞實續，如理趣百五十頌釋說，以方便般若爲父母二品中屬於父品。故亦是方便續。如第十六品之燈明論說：「灌頂法類等，有此續說者，如攝眞實應知。」意似，由住持前基礎故，作如是說，仍須觀察。若因後文，解說前義，便立爲後續者，集密初品，總說續義，餘十六品，皆解釋彼。則應初品，待十六品爲根本續。後十六品觀待初品，立爲後續。又每品前後亦皆應如是安立，有大過失。若不如是安立者，則應宣說何爲安立後續之界限耶？曰：安立後續，總有多理。然此當說，安立集密後續之理。謂此第十八品，既是集密續，又於集密根本續後說。於根本續十七品之共義，及各品隱密難義，皆明顯辨別。說名集密後續。故無根本續之後品，成爲前品後續之過失。

集密之釋續，聖父子所親說者，共有五種。五次第論說：「四天女請問，授記密意，金剛鬘續為釋續。」攝行論說：「集智金剛亦是釋續。」燈明論中解釋序品初二字時，明引天王請問續為根據。解釋餘字時說：「釋續中云」，仍是前續。故說天王請問續亦是釋續。此未譯出。聖父子僅說第十八品為後續，未明說為釋續。然塔伽那與勝與論師，許為根本續之註釋，亦應許為釋續也。雖亦有說：金剛心莊嚴續與幻網續，亦是釋續者，然彼二續，是與集密同類之續，非是釋續。四天女請問續，彼釋論說：是有一千頌一切秘密經之後續。金剛鬘疏說：金剛鬘續有一萬二千頌，與略續二種。集智金剛續亦有廣略二種。又前引經說：金剛鬘續有三億頌。授記密意，僅有解釋根本續十二品以前之釋續。餘者未譯。

丁二、明釋續如何解釋之理。分二。戊一、後續與授記密意如何解釋。戊二、金剛鬘等三續如何解釋。今初

集密餘釋續，雖是彼之釋續，然非集密續。後續則二者俱是。此續解釋根本續之理，其解說續之共義者，謂問答勝集密瑜伽續之名義，方便續之差別，及續之總嗢柁南。餘者，謂問答，十七品之各別義。續之解釋，其解釋問者，謂由說何法，能使續一切義聯繫圓滿。拏熱大師許彼即是勝字義。其答中，謂從第二品，至第十七品共十六品，每四品文，解釋四支近修之一支。拏熱大師說：其第一品略標續義。餘十六品，解釋近修四支。第十八品，宣說彼等一切秘密教授。此等未各別分二次第。通明二次第共同之近修四支。明方便續之差別時，乃說二次第各別近修四支。又諸釋續，皆有一種不共特釋根本續之理。此後續中，是由根本續第十二品所說近修四支門，能釋根本續。解釋之義，謂勝字問答中，說以十六品，解釋近修四支。故各品之問答，皆彼中攝。方便續之問答，即是名義之問答。總義，亦攝名義之中。故根本續之經文，主要即解說續名之文，實能引發引有之認識。此中說每四品，解釋近修之一支，極難了解。故須善知彼義，及善分別二次第各別四支之界限，尤應善解，圓滿次第六支承事，而解釋根本續。然聖派中，了知如是解釋後續者，實須依憑拏熱巴之註釋也。授記密意續，與根本續，品目次第相同。諸品多先列本續所說，次乃解釋彼品難義。又總結說，此根本續十七品中各說何義。明集密續，不可如言取義，凡不了義所含隱密了義，皆令顯出。凡以相違異文，宣說異義之意趣，均善解釋。又每品中，多數數顯示，根本續中隱秘宣說之金剛念誦。是故此續，即以如是次第，特別解釋根本續義。燈明論中所引釋續，此續最多。彼多引其了義之說。

戊二、金剛鬘等三續如何解釋。

金剛鬘略續中，第十九品與第二十品之分界，有三種不同。謂第十九品首，從「次所應宣說，種種剎那體。」至「許爲種種相。」僅此九句。釋論中說：「第十九品之全文不傳，故此不說。」次從「次所應宣說」至「由師傳應知」，作爲第二十品。釋論中共作六十八品。寂靜光大師所譯本，「許爲種種相」以上同前。次從「由視、台、言說、及閉口作用，應知受喜樂。」至「領受俱生喜，是離相剎那。」以上作第十九品，名分別剎那品。次從「次所應宣說，四歡喜性相。」至「於變化輪中，領受俱生喜。」後從「諸脈大虛空」至「由師傳應知」，作第二十品名分別歡喜相品，亦共作六十八品。寂靜光所譯，盛精進改正本「許爲種種相」以上同前。次從「次所應宣說，四歡喜性相。」至「於變化輪中，領受俱生喜。」再次，從「由視召言說」至「領受俱生喜，是離相刹那。」再後，從「諸脈大虛空」至「由師傳應知」，總作第十九品，名分別歡喜相品，共作六十七品。雖有如是眾多異說，然曼達羅迦啦夏論師之梵本，與蘇哆囉那、室利若那、及寂靜光所譯本之品界乃是彼續之義。以顯見文中，有解說順逆四刹那一類，與解說順逆四歡喜一類故。「由視召言說」等文，接續「許為種種相」之後，極明顯故。「次所應宣說」句，諸餘品中，皆作各品起首句故。今此續中，金剛手菩薩，欲由金剛鬘門，請問集密續中未明顯說，僅略指示之二次第。先云：「惟願正說圓滿次第。」次從金剛鬘之名義，乃至風息性相，滅壞之理，皆伸請問。彼等答文，多說集密義，溫爵綳巴等瑜伽母續之義亦多宣說。彼亦多屬抉擇集密義之支分也。問答數量，釋論說有八十二種。此續明釋集密續何文？曰：根本續第三品與第六品所說，於鼻端上，修如芥子之寶等，雖亦多所解釋，然主要者謂燈明論所說「鄂旺摩耶」等序品四十字，攝盡續中一切義。即此續中「鄂謂最勝慧」等四十頌，每頌解釋一字之義。此等正說，身遠離、語遠離、心遠離、幻身。餘處亦多說：光明，雙運。故是完全解釋圓滿次第。又將彼道網要，攝爲五次第，即彼續云：「善修金剛誦，了知風相已，斷諸分別風，當得緣心義。自加持次第，能得八悉地。知明等差別，得證大菩提，住雙運次第，瑜伽師無疑，攝一切次第，現世當成就。」龍猛菩薩，攝圓滿次第爲五次第，即是隨順此續。生起次第，作三三摩地，四種瑜伽，三十二尊等，亦是隨順此續。故總略中說，主尊搖者，以金剛鬘撓桿，攪動集密秘奧大海，而得集密修法。勿執唯說生起次第。又依貪愛法秘外印，與金剛念誦等命力，引生四空與幻身之內外命力。抉擇此等之支分中，依於依處脈，行動風，安立菩提心，宣說內身成壞之次第後，廣說由彼二種方便，現起現觀次第等無量法門。又說：成辦道器之灌頂總綱，攝爲二十儀軌，及攝生起次第之總綱，與二次第之次序決定等，眾多法門。其尤要者，謂由命力金剛念誦，開啓心間脈結之要訣，如第六品；及開解心間脈結，爲開解一切輪中脈結最勝之理，如第二十二品，集三字了義咒時所說。然見甚少善了知者。此續特釋集密之理，謂由解說序品字義，開顯集密隱藏諸義。於抉擇彼義之支分中，引諸餘釋續。作爲二次第之總綱，必須如是了知解說。此續，釋跋中云：「諸釋續中，昔未譯有較此善者。」至今尙然。

四天女請問續，正釋命力諸關要。集智金剛續，宣說集密爲首解釋無上瑜伽續之究竟教授，七種莊嚴。其說明三空及從彼修幻身，較餘釋續，此爲最顯。以上二續廣釋集密之理，二續大疏中，已廣說訖。此不繁述。如是若能熟習至尊父子教授要典，以善達奧義關要之鑰，於以六邊及四理趣封鎖之根本續義，善巧配合諸釋續，而開啓根本續門者，乃是於此續教授獲得無畏之具教授者。如是知已，則於餘續，亦能配合彼理，方能精通一切續部。

甲二、述集密特勝。

根本續中說名義時，謂一切如來身語意密皆集此續中。是明此中總集金剛乘一切密要也。後續亦云：「希有極難得，修菩提方便，是乃後後續，名曰集密續。」此說最極難得，義利極大。若誰於此，能修四座瑜伽，或聽聞、書寫、讀誦、供養，皆當視同菩提金剛大金剛持，恭敬禮拜。又非僅此，即修彼續者，若誰見、聞、念、觸、引發淨信，乃至受持彼續少分，亦當視同大金剛持，恭敬禮拜。如後續云：「若有能修習，四座金剛者，隱身等種種，勝劣皆成就。依上師恩德，達此無謬道，當視同菩提金剛常敬禮，若人得聽聞，此極密集續，勤披續、諷誦，或能善思惟，勤修供養事，自寫教他寫，當視同菩提金剛常敬禮。」又云：「若有能見觸，勤修主尊者，或能善憶念，或聞彼名號，能生淨信心，受持一少分，當視同菩提金剛常敬禮。」曼殊室利親教論，讚云：「諸佛集密續，大密密最密，無上大教王。」又說：「聖教心藏住不住世，即隨此續有無而定。」如云：「若耳聞此義，乃至何時住，諸佛聖教寶，亦說爲安住。若此傳承斷，則諸佛聖教，當知亦隱沒。」非但此類續中，如是稱讚，即餘續中，亦同讚歎，如紅黑二續中云：「續究竟謂集，未出、後不出。」密成就論云：「無勝集密者，三世間大寶，心中最上心，諸續上中上，若有教與說，滿瑜伽次第。若不知集密，云何得成就？能斷一切疑，能除無明翳，諸佛大寶篋。若捨離集密，唯分別增益，愚欲求成就，如拳擊虛空，如飲陽燄水。」燈明論云：「乃至耶惹拉哈邊，迦喀迦邊、那嘐邊，達答邊及摩字邊，彼彼根本爲三字。能仁說法蘊，八萬四千量，集密爲彼器，故是諸續頂。」此說是餘一切續部之根本，及一切經藏之寶篋，故是一切續部之頂。集智金剛續說：迦等一一字邊之續，皆攝一千續部。此是總約四續部而說。福緣名稱與鳩摩羅論師說，此說是父音字邊續部根本者，僅是一例。故亦顯示，是母韻字邊續部根本。言根本三字之三字者，拏熱巴說：即三種子字。藏中先覺，說是薩摩哆三字。前者後續中說即集密所集之身語意三密。故是從所集，而明集密。若不作集密解，而解為一切續義，攝於三金剛三字義者，則失時位之義。此是宣說集密續為一切續部之根本故，根本義者，謂如一樹，雖有無量枝葉，然彼集處，即是根本。如是續部雖有無量異義，然彼一切究竟關要，皆悉攝於集密道中。經藏之器義亦如是。此即顯示，若能圓滿解說此道，則更無餘較此勝者。黑行論師讚集密道於二次第俱為增勝，及是一切續部之主。如前已說。無上諸續，雖不似下三續部，即由續部次第，亦有勝劣。然觀待少分特勝，非都無勝劣。譬如同一續部，宣說二次第，其文內部雖有勝劣，然彼二文，由續部次第，則無勝劣也。

（卷一竟）

勝集密教王五次第教授善顯炬論　卷二

甲三、解釋彼密意之漸次。

因陀羅補底，龍瑜伽母，與毗蘇迦拉跋王，所著論典，此間未見。大樂論師，抉擇集密義，著密成就論。此正抉擇集密經序品之文。其明修道漸次，則謂初安立諸字修生起次第。第二、依止業印，表顯自我體性，眞實義。第三、爲令彼堅固故，依止智印修習。第四、修習大印現證菩提。說此四修並諸密行。有說此明集密曼荼羅中，僅十七尊者，似因彼論云：「以十七菩薩次第，決定圓滿。」說以十七尊圓滿而說。若果爾者，燈明論云：「此中由幾尊，能圓滿天輪，爲明爾許尊故。」此於序品眷屬時說。彼亦應不許三十二尊曼荼羅也。故應知彼義，是說由幾佛、佛母及菩薩、父母、眷屬，能圓滿曼荼羅諸尊，即於序品說爾許尊。前論之義，謂除五佛，凡序品所說眷屬，總名菩薩，由彼圓滿，正說之菩薩眷屬也。此密成就論，是共稱爲「成就心要」諸論中，餘六成就部之根本，亦是心要類大婆羅門朵哈之根本。以於了知樂空和合俱生智，爲一切無上續部之心要，最重要故。薩惹哈論師，未見有專解集密經之論典。次有龍猛菩薩，解釋集密續義。此派如何解釋，後當廣說。喜金剛論師，雖略解說此續序品，未見別釋二次第之道規。喜金剛之弟子智足大論師，有妙音菩薩解說集密義之次第，共稱爲智足派。彼道二次第中之生起次第者，謂如以曼殊金剛爲主尊之十九尊曼荼羅普賢修法。及四百五十頌論所說。圓滿次第者，如至尊所說之親教論，及論師所著之解脫點論中所說也。親教中說：修圓滿次第，先於心間，修不壞空點，次於摩尼修秘密空點。引生名遮止支之命力支。及由修彼，名爲取支之能取支。次修十六隨念之隨念支。次修名變化點之金剛念誦。次仍修心間不壞空點，專爲引發俱生智而修也。此論未說，後續所說加行六支中收攝靜慮二支。僅說「後四支以此解說」，意似安立收攝靜慮二支，爲生起次第。智足派六加行論中，亦皆說收攝靜慮二支爲生起次第。後續所說：共同親近，有四金剛，最上親近有六支之義。此論不許，最上親近與生起次第二者相違也。此圓滿次第時，似以後續爲基本，亦集有四天女請問續與金剛心莊嚴續之義也。諸隨學此派，解釋根本續者，雖多解說後續，然以餘釋續，解說根本續之理，則多未說。特依親教與解脫點二論之教授，明根本續文，多宣說圓滿次第之理及順親教與解脫點二論，解說後續加行六支中後四支，似可善說。然未見如是說者。慶喜藏論師解說之理，有說茶惹所譯集密大疏，爲此師造者，是未觀察彼疏而妄說。不應道理。有說大譯師（寶賢）所譯註解，爲慶喜藏論師造者，淨密論師疏中，亦引彼第五品釋文，故是眞本。此釋凡經所說，依止羯摩印者，一切皆爲引攝，學毗紐經不能遠離五欲，多貪者而說。凡說依止大香小香等食三昧耶者，一切皆爲引攝，學非人經者而說。非爲上根所化宣說彼等。又修內身脈風點等瑜伽。餘論釋爲圓滿次第者，此皆未說。依此等義，故藏師說：慶喜論師解釋集密爲瑜伽部。此實與印度諸餘論師，概不相同，解釋無上續之規也。寂靜論師說：根本續初品，明方便所生果續。餘十六品，明能得彼之方便續有四。謂三成就四品，明親近。二成就四品，明近修。滿成就四品，明修行。歡喜四品，明大修行。後續，即顯示彼等。此說初次第中，修不動爲主之十九尊。生起次第堅固之後，修圓滿次第，六支之理。與智足派、聖者派、明輪派，皆不相同。依於後續，解說十七品之義也。除上諸師，諸餘釋家，多係隨學智足派而說，雖有一二家隨學彼派，不甚明顯，然不重要，故此不書。如是應知，解釋集密續之大車軌，如共所知，有聖者派與智足派二大派也。

甲四、聖派教典之數量。分三。乙一、聖父子二如何造論。乙二、餘三弟子如何造論。乙三、諸隨學者如何造論。今初

於集密類，聖者如何造論之理，燈明論說：有總略、總合、吽迦惹修法、五第次、續釋等。現在所有集密續釋，傳爲聖者造者，藏中智者說是一印度論師來藏地所造，內中引有詩鏡論、釋理論、俱舍論等。其末有云：「由修諸勝者，善逝故醒覺，安住我心處，智足依怙等。」其解釋續義，亦多與父子之論不符。故是依託龍猛者也。以是宣說生起次第者，造有總略與總合二論。曼荼羅儀軌二十論，藏中古師說是龍猛造。似因燈明論說，聖者造有曼荼羅儀規。故多意爲即此論。藏中後期智者，說彼論與印度眾多智者，作爲定量，龍智之儀軌二十論，多不相符。即與菩薩自論亦皆不合，故許爲依託。此說應理。宣說圓滿次第者，金剛念誦次第等。屬共所知。其解釋根本續第二品中，毗盧佛所說菩提心文。造菩提心釋。此有彌底之疏。阿毗耶等眾多論師，皆引爲根據。金剛念誦次第等五次第諸論。羅勤所譯五次第論，是於一論分爲五品，又說第二次第，是釋迦親造。臘彌之疏，與摩尼鬘疏，亦如是說。卡譯師則譯爲各別五論。但本論中，謂自加持次第第三，現證菩提次第第四。雙運之後，總造五次第之迴向。故決定有聖者自造之五次第論。阿毗耶與三昧耶金剛之疏說，第二次第，是聖者弟子釋迦親所造。如彼等說，則以總略爲一次第，共許爲五次第。能仁賢論師亦如是許。臘彌疏說，論師得成就時，號曰龍猛，出家之諱，曰釋迦親。故彼自宗，許第二次第，是論師自造。謂他派說：論師自造後，安立弟子釋迦親名，令歡喜故。摩尼鬘疏云：「或如前說，或如後說。」是隨多分說。此中，餘三次第，各有禮敬與立誓文，然無迴向。最後次第之後，造共迴向。總略論後另有迴向故。又金剛念誦次第略標時，有五次第總標。依此而言，似有聖者所造宣說圓滿次第之五品論也。若爾，說第二次第，是釋迦親造，其理云何？

曰：「此論之末，另有迴向。」又云：「以聖金剛之恩，得聞眾多續部。」諸餘所釋，皆不應理。若謂第二次第全文，皆是聖者所造，則光明位與雙運位，所說多義，此中宣說必不應理。故非此全文皆聖者造。若謂此全文，皆聖者弟子釋迦親造。則聖者集圓滿次第爲五次第，亦不應理。又兩次引云：「聖天所造，無上意趣。」尤不應理。似是聖者自造前半，餘令釋迦親補造者。深細慧者，希更研究。

若許如是，則五次第一論中，連第二次第前半，共爲五品。第二次第有二名稱，曰無上意趣，乃聖者所立之名。若不爾者，則五次第應非一論，以總略論乃別論故，第二次第造者，亦餘人故。又若爾者，論中云：「金剛念誦次第第一」，亦不應仍舊也。總之，聖者於圓滿次第中，以緣心爲第二次第，攝爲五次第。由金剛念誦次第即可了知。亦是建立次第論之意趣也。又有傳爲聖者所造決擇四灌頂義論。藏中智者，許是僞造。傳爲聖者造之四即次第論。教授穗論與筏喻疏，俱破除之。但彌達勒大師與諸隨學，則皆許是聖者所造。

聖天所造論中，五次第義釋攝行炬論，世所共知。自加持次第論阿毗耶論師引爲根據。淨心障論，是宣說心遠離者。雖是正說心之密宗論，然非集密部之別論。阿毗耶論師，亦引此論爲據。現證菩提次第論，傳爲此論師造。藏中智者，說有疑處。與攝行論極不相符，故是依託。又傳爲此師所造之耶惹拉嚩等字四理釋，與燒尸儀軌。藏中智者亦說俱是可觀察處。其中初論，解釋燈明論中「乃至耶惹拉哈字」等，二頌之義。引證攝行論。又說金剛頂經、金剛鬘經、授記密意經爲根本續。是將鳩拉答惹論師，所造燈明論疏中，以四理解釋耶惹拉嚩等字摘出者。決無聖天所造之理。後論亦屬僞託。

乙二、餘三弟子如何造論。

龍智或名龍菩提所造論中，正說生起次第兼說圓滿次第之建立次第論，是所共知。曼荼羅儀軌二十論，羅睺羅親、阿毗耶迦惹、大悲足、能仁賢等眾多論師，引爲根據。決擇四空之辨業論，燈明論中引爲根據。現在譯本，略標中說有一百六十自性。廣說中未滿八十自性。總結中僅說五十四種自性。或是藏本錯落，或是從錯落梵本迻譯之過失也。

依託此論師者多故，有傳爲此師所造之五次第疏摩尼鬘論、明顯義論、攝次第論等三論。此之初論，藏諸先覺，多依爲據。後諸智者，則說彼論與顯義論二俱僞造。其中初者，解說集密義，多與聖者父子不合。又列有獅子賢論師弟子佛智足論，引證月稱論。謂是月稱所引龍菩提論。又第二次第，究爲龍猛或弟子釋迦親，二人誰造，亦未能決斷。故是依託龍菩提者。傳說明顯義疏是此師造，亦屬依託。攝次第論，藏中智者，許是龍菩提造。卡譯師說是與龍菩提同名者造，此說，如現觀莊嚴論說：六波羅密多，一一各攝六種。如是從生起次第，乃至雙運，六次第中，亦各攝六種。次說：彼等攝時，則應彼時一一次第，修道之中，皆攝五種。然不決定。譬如心遠離時，說從月輪金剛現起天身之生起次第，許爲心遠離之生起次第等。是未能分別，彼次第時所說，與修彼次第之修持中攝二者差別。故實是依託龍菩提者。然此與摩尼鬘論，皆是印度人造。

釋迦親論師所造論中，第二次第論之情形，前已說訖。攝行論疏，傳爲釋迦親造者，若謂與此師同名者造則可。若謂是聖者弟子釋迦親造，則定非爾。月稱論師所造論中，燈明論是所共知。此師所造之加行六支論，乃從第十二品燈明論中摘出者也。金剛薩埵修法，有如來護與利拉班嘐二師註釋。摩羯陀國能仁賢等論師，亦許爲月稱之論。集密現觀莊嚴論、本頌、自釋，傳爲月稱造者，藏諸智者說是可觀察處。此二造者，謂與此師同名則可。若謂是燈明論造者，則純屬依託也。

此中聖天、龍智、釋迦親三師，共知是聖者弟子。摩黨笈者，集密瑪派諸師，許爲聖者弟子。月稱論師，廓譯師等諸先覺，皆說是聖者弟子。藏地中觀家，因顯句論末云：「聖者眾論與諸弟子，隱滅已久，現今宗義不明。」故說月稱，未見聖者。然彼因不定。如跋曹譯師傳中，記載金剛座論師說：月稱論師得持明位久住於世。故彼晚年，見龍猛之弟子與論典，皆久隱滅，與親見龍猛，不相違故。以是藏中智者，謂如阿底峽尊者說：「龍猛弟子月稱，實是聖者弟子。」燈明論亦云：「諸佛二次第印定，彼義吾從龍猛得，敬禮偏主金剛心，月稱於此漸次說。」此說集密教義親從龍猛獲得。福緣名稱亦說：「言從龍猛得者，即顯示是龍猛菩薩親傳弟子，非展轉得。」又云：「羅睺羅賢薩惹哈婆羅門，傳授龍猛。彼傳月稱，並讚功德。

燈善明論云：公迦那城中，吉祥山頂上，眾生遠離處，先安住於彼，等同天人主，宣說最上法，羅睺羅大師，於此地尊勝。由承事彼師，得大乘瑜伽，登地勤利他，龍猛願尊勝。從彼獲珍寶，名揚三世間，到集密海岸，月稱願尊勝。又拉慶迦惹弟子鳩摩羅論師亦說：此等顯示，以是龍猛弟子故具足教授。」以是當知，如拏熱巴、阿毗耶迦惹、大悲足、迦濕彌羅臘彌、能仁賢、福緣名稱、鳩摩羅、鳩拉答惹、如來護、利拉班哆等，隨順聖者父子，解釋集密義者，皆視月稱足等同聖者，爲所信處。

乙三、諸隨學者如何造論。

隨學聖者父子，集密法類，印度餘師所造論中，後續釋，名密燈者，有本謂拏熱巴造，有本謂名稱賢造。彌底譯本，末云：「普賢、虛空藏、名稱賢、拏熱巴、智成就等，是諸異名。」彌底論師，是拏熱巴與智藏二師之弟子。有一廣本名集密教授五次第論，與一略本，名五次第略明論，傳是拏熱巴造瑪巴迻譯。其中初者，說如梯級漸次引導，是中下根道。許於利根有頓超道等。有違背五次第論與攝行論之粗顯錯誤。故是藏人，僞託拏熱巴者。五次第略明論，瑪派之集密教授，由促師傳，共有兩派，俱依爲根據。瑪巴譯師之教授，多有一梵本略論根據。五次第教授，別無略論，似即以此爲據。且此總集聖派諸大論典之義。故應許爲瑪派五次第教授之根本論典也。其末頌云：「吉祥集密續，聖父子所說，拏熱得彼意。註釋家不知。但釋續略論，不共加持道。」此文譏刺燈明論。是欲讚揚拏熱巴，而不知如何讚者所加。拏熱巴所造後續疏云：「此明後續義，是隨燈明學，說龍猛教授。」又云：「龍猛聖提婆、龍智、釋迦親、月稱等教授，依彼我造論。」作如是說故。即由此故，促師弟子，康巴味等金剛等，執但解續派爲最殊勝者，說但解續文，與燈明論不符者，爲拏熱巴最勝規。當知亦破。

阿朗迦提婆論師，或名阿朗迦迦拉峽，所造金剛鬘釋續四十三品半以前之註解，是隨學聖父子派。總略論釋名寶鬘論，傳爲寂靜論師造。藏中智者說是依託。倘非同名，便屬僞託也。毗補底造總略論釋難。連總略爲五次第之疏有阿毗耶所造月光論，黑三昧耶金剛所造釋難論，跋貝笈底所造釋難論，共有三論。除第二次第外，總略與四次第之疏，名瑜伽師悅意論，能仁賢造。五次第論釋難，精進賢造。迦濕彌羅臘彌論師造五次第論疏。及前所述，諸依託者，皆是聖派論典。攝行論疏與金剛薩埵修法二種疏，如前已說。燈明論疏善明燈。燈明論略說心鏡。燈明論疏大悲足造。燈明論合解鳩羅答惹造。燈明論集難疏，傳爲清辨造者，係與造般若燈論之清辨同名。燈明論疏傳爲聖天造者，亦係與聖天同名，非眞提婆菩薩。此疏與依託龍智之顯義疏，似是藏人所造也。授記密意續所說金剛念誦疏，與七莊嚴釋，清淨論師造。十一音所造，金剛持道次第論。羅睺羅親所造曼荼羅儀軌。三昧耶金剛所造曼荼羅儀軌，與金剛薩埵供養儀軌等，亦均屬聖派也。中間頌曰：

此地正荷持　百千智者寶　力勵從彼前　領受諸妙說
時遷臨滅度　彼等心真味　書成衆論典　謹依師教授
善習而受取　智者知同彼　以此如實分　真似道差別

甲五、彼教授傳入西藏之情形。

阿底峽尊者，曾於俄日講燈明論。有從彼傳來之五次第教授。寶賢譯師，迻譯根本續，與授記密意等續，及聖父子五人之論典多種。但彼講說規，未能久傳。傳說瑪巴譯師講說集密規共有七派，似與迦濕彌羅阿迦惹悉地，同依拏熱巴，學燈明論。然未宏傳講燈明論。五次第教授，宏傳甚廣。廓譯師赴印度十二次，共親近七十位大論師，二位空行母，尤爲研習聖派集密，親近跋伽拉之神通論師、薩貨之具妃論師、公迦那之雲力論師、迦濕彌羅准陀哈日論師、文殊加持者，若那迦惹、尼帕爾之囉哆都、尼帕爾城中那伽俱胝、薩惹哈巴論師、金剛座黑三昧耶金剛論師、毗迦瑪拉然燈智論師等。後二論師，係來藏後從學。

依彼諸師，學習聖者師徒五人之論典講說，決擇灌頂教授法類。尤以神通論師、具妃論師、黑論師三人，爲最勝師長。講論與教授亦皆以彼三派爲主也。此師已獲集密事業，早年中年晚年，各有四大智者等，住持講規之無量弟子。講說法流至今未斷。又有若那迦惹傳授拏錯譯師之五次第教授。又跋曹譯師，亦學聖派集密，迻譯多論。又譯前述，燈明論疏等之譯師，初亦各曾講說，但未久傳。又有虛補譯師、卡譯師，先在藏中，學習廓師之講規。次依印度論師，學習聖派之講規也。如是由印度傳來西藏之聖派集密。講續之規則雖多，總以廓譯師之講規，爲最殊勝也。

甲六、正釋此寶貴教授。分二。乙一、總習二種大乘共道。乙二、別學集密不共道。今初

初入金剛乘之所依者，如金剛鬘續云：「弟子具何德，成瑜伽續器？」答曰：「淨信敬師長，常住於善業，離諸惡分別，多聞聖教法，遠離諸殺害，救拔有情心，正具大精進，具此等功德，是大信弟子。」若對不具法器德相者說，則使弟子現後受害。師長身中本能速生道等，得諸成就，反令遲緩。即前續云：「猶如獅子乳，不應注瓦器，如是瑜伽續，勿授非器者。弟子剎那死，現後俱受害，非器宣教授，師長失成就。」弟子身所依之德相，雖不須新修。但意樂所依之功德，如深信正法，恭敬師長，常住十善業道，多聞聖教正法，以欲救拔眾生之猛利意樂，恆常精進，修諸行等德相。非初發業者所能自生，必須修習新發。此是初成法器之相，非入密咒後方始發起。故彼法器諸法，是由修二種大乘共道所引發者。金剛手灌頂續亦云：「諸大菩薩，陀羅尼大曼荼羅，廣大、甚深、難測，秘密最秘密。對諸惡有情不可宣說。金剛手，汝說最極希有。若未聞者，當爲何等有情宣說耶？」金剛手曰：「曼殊室利，諸有已修菩提心者，若時彼等菩提心成就，曼殊室利，爾時可令修菩薩行，行密咒門，彼諸菩薩，入大智灌頂陀羅尼曼荼羅。若菩提心未修圓滿，勿令彼入，亦莫令彼看曼荼羅，亦勿示彼手印密咒。」此說菩提心未修圓滿，猶不可灌頂。事師五十頌云：「淨意樂弟子，先皈依三寶，此隨事師法，授與令熟誦。次傳授咒等，令成正法器。」此說意樂清淨修菩提心，具足不共皈依。由事師五十頌門，以意樂加行親近密咒師長，乃成灌頂之器。攝行論云：「彼次第如是，先學佛乘意樂。若時已學佛乘意樂，次學新乘一念三摩地。」此先成立入集密道者，須漸次學，非可頓學。後說漸學之理，謂應先學佛乘，即大乘意樂發菩提心。圓滿修學願行菩提心之理，謂如大覺窩教授所出，先於具足德相大乘善知識，意樂加行如法依止。彼師爲說，暇身義大難得之理，令修其心。則於暇身，發起取諸堅實之欲樂。取最上堅實，即是趣入大乘。入彼之門，即發菩提心。以自相續眞有彼心，則大乘人亦非虛僞。倘若彼心僅屬虛言，則大乘人亦徒有虛名故。以是諸聰慧者，必當斷除彼心障品，令發行相圓滿之心也。又若未先遣除現世之心，則俱障大小乘道。故當念死，現世不能久住。及思死後，沈淪惡趣之理，遣現世之心。次應深思一切生死過患，遮止愛著後世圓滿之心，令意趣向解脫。後爲遣除自趣寂滅之心，則於慈悲，及以彼爲根本之菩提心，長時修習，令發無僞大菩提心。次應了知諸菩薩行，發欲學心。若能荷負菩薩行擔，當受菩薩律儀，學彼學處也。次若能持金剛乘三昧耶律儀，則應聽聞事師五十頌，善修依止師法，趣入密咒。意謂應如是學，故集密聖派羅睺羅親亦云：「此中次第者，選善星宿時，弟子合掌禮，悔除一切罪，受持三皈依，善修菩提心，受近事律儀，及菩薩律儀，次復受長淨。此隨順次第，善依金剛師，此有多教證，恐繁故不錄。如是親近已，請師授灌頂。」此說灌頂之前，須受別解脫戒及發菩提心受菩薩戒，乃請師傳灌頂也。言受近事戒與彼長淨近住者，是約居家眾說。其學密咒之出家眾，則須清淨沙彌等戒也。金剛頂經亦云：「當遠離殺盜、婬妄與諸酒。安住居家律，次修大明王。若是出家者，當住三種律，別解脫菩薩，及持明勝律。」

若於前說大乘共道次第，未善修學。由未斷除現世貪心，修法必不堅固。由未發起誠實淨信，則必不能專心皈依。由於業果未獲定解，任何律儀，均不善護，性成粗野。由未眞實厭離生死，故求解脫，僅屬知解。由未發起慈悲爲本，無僞願心，則言大乘亦唯虛名。由於菩薩諸行，未起猛利修學志願，必不能生眞實行心律儀。由於止觀總相，未得清淨理解。則於微細三摩地，必生謬誤，於無我見，難獲定解。如欲不犯彼過，必當修學二種大乘共道。此是彌勒菩薩傳授無著，文殊菩薩傳授龍猛與寂靜天，三大法流合集之教授。大覺窩說，波羅密多乘與金剛乘，任入何門，皆須修學者也。若爾，藏地集密派諸師，亦許此耶？曰：廓師亦說，生起圓滿二次第前，先求通達空性正見，及修慈悲爲本之菩提心，是前引攝行論義。瑪巴派五次第教授四義論說：修道之身，當皈依三寶，深信業果異熟，修習十善。以共皈依爲先受別解脫戒，以不共皈依爲先，發願行二菩提心。受圓滿灌頂之瑜伽師，須如是學。由彼等門詳細引導之理，立道次第之名。故往昔學習集密道之藏地諸師，非無彼規也。若於圓滿道體能得善了解而修，則所修道基自易圓滿，與餘不同。學習共道之理，餘處已廣說。

乙二、別學集密不共道。分四。丙一、造成二次第道器。丙二、既成器已，淨三昧耶及律儀。丙三、淨三昧耶及律儀已，如何修行？丙四、善修習後如何證果？今初

以續部所說，定量所釋之灌頂儀軌，由具德相阿闍梨，爲法器弟子灌頂者開啓咒法之門。於相續中引發諸道，修成聖果之一切緣起，皆能無倒湊成。故成爲入密咒第一法器之後，當以清淨灌頂，造成聽聞咒道等二法器。此理餘處廣說。

丙二、既成器已，淨三昧耶及律儀。

受灌頂時，恭請師長，諸佛、菩薩爲證盟，親對其前發誓防護之三昧耶及律儀。了知守護法已，切實防護。是修道前，不容或少之事。此理，如事師五十頌，受律儀、說律儀、根本罪、粗惡罪，諸釋論中，廣說應知。若能了解清淨灌頂，與三昧耶等修持，是於二次第引導之前行，則兼能知師長瑜伽、百字明、壇供等，爲彼前行。若僅知後者，則於前者尚多不解。故於前者尤應力勵。

丙三、淨三昧耶及律儀已，如何修行？分三。丁一、二次第之次序決定。丁二、依次修二次第。丁三、增進二次第之方便行。今初

求上成就之補特伽羅，亦非不修生起次第。修行之次序，亦須善習生起次第，後乃轉入圓滿次第。五次第論云：「善住生次第，求滿次第者，佛說此方便，猶如諸梯級。」此說次序決定。為廣釋彼密意故，五次第義釋攝行論云：「吾等異生，耽著種種外物。由有、無、一、異、二、不二、非有非無、常、斷等自性習氣之因，耽著分別。若欲學圓滿次第三摩地者，為當依次修學耶，抑唯依師教一刹那頃各別頓證耶？」金剛阿闍梨曰：「唯應漸學，非可頓證。」此說無始時來由四邊耽著習氣之力，耽著境者，若學圓滿次第，為當從初發業地漸次修學耶，抑不必爾只以師長甚深教授，可頓學耶？答彼問曰，除漸學外，別無頓悟之門。為證彼義，引楞伽經與健行經，二經成立。以是應知，即入此道，最上如寶所化，若無初發業位者，則有不待修道，初即解脫之過失。故必須許初發業位。此如攝行論云：「初發業有情，欲悟入勝義，佛說此方便，猶如諸梯級。」若謂有於勝昔多生，已修下道，具足勢力，不須引修下道，直可引修上道，意說彼名頓悟者。此如觀察發生見道，須否資糧加行二道爲先。答說不須資糧加行爲先之理由，謂已得見道，不須前行者相同，實屬可笑。以是應知，如到彼岸，雖當棄捨船筏。但乃至未到，則須依止。如是若已得眞實圓滿次第，雖當棄捨生起次第。然爲得彼故，則須修習生起次第。故於初發業者，尤讚生起次第，至爲切要。如金剛空行續云：「爲證眞瑜伽，先當作假修，及以假念誦。若證眞瑜伽，假瑜伽屬外，故證眞瑜伽，不應復修假。譬如依憑筏，能度於彼岸，到岸則應捨，假修亦如是。曼荼羅等業，凡由假心作，能顯諸外業，對初業應讚，成就皆住此，非證諸佛性。」解脫點論、與春點論，亦如是說。彼諸論說：「勤修假事，不得解脫，唯屬苦惱者。」是說：若全不修圓滿次第，唯勤彼道，則當如是。非說求菩提者不修彼等。即以筏喻，亦可了知。故不可以到彼岸後捨筏之教，證在此岸即當捨筏也。

若爾，二次第之次序決定，理應以續教成立，云何引經教成立耶？曰：

欲使了知經咒二法，雖有遲迷之別，然要從初發業地，斷次昇進，則同也。二次第之次序，續宣說者，如金剛鬘續云：「先以六瑜伽，行者修上果，次應廣念誦，無韻之哈字。」六瑜伽者，謂初加行中，有瑜伽、隨瑜伽等四，加勝曼荼羅與勝羯摩爲六。念誦無韻字，即金剛念誦也。秘密成就論亦云：「集密中所顯，眾生怙所說，上品上品道，所修有四事，先安立諸字，住於生次第，行者所應修。第二自體性。第三當修習，智印妙天質。第四當修習，勝上謂大印。」如朵哈等論，依於修道漸進，正有俱生智可修時，遮止修生起次第等諸戲論法。有誤解此義，謂大婆羅門派屬頓證，龍猛派屬漸證。以是有說：初入此道之次第，中鈍根者，有漸修道，極利根者，有頓修道。如斯建立亦與一切續論相違。此等建立，廣如大金剛持道次第中說。

丁二、依次修二次第。分二。戊一、修生起次第。戊二、修圓滿次第。

今初

若已先作二次第之前行，次須先修生起次第者，應於幾許生起次第，如何次序修學耶？此中分二。

己一、須修幾許生起次第。己二、依次修學。今初

根本續第十二品，說生起次第，有承事四支之義。燈明論說：始從修智地，乃至勝羯摩也。又彼品云：「或以四金剛，堅禁而承事。」燈明論說，此中所說生起次第，乃生起次第略法。即後續中：「初空性菩提，第二種子攝，第三身圓滿，第四布諸字。」所說之義。拏熱巴說彼義謂始從智地，乃至勝曼荼羅者，意謂以四金剛廣生也。論說略法者，謂始從修智地，乃至安布金剛蓮花之字耳。此唯約正宣說者。其後修細分與念誦等，亦當例知。第十一品之燈明論中，說從修智地，乃至三重薩埵，爲六部一念已。次說：於彼四座修學，成熟相續。與此略法義同。除於修法，分廣略二種外，聖父子論中皆未宣說。故此派中，先於如金剛持等一尊引導，俟其明顯穩固。次進引導所餘修法。除有此傳授外，若僅修學父母一雙，不能成熟完滿引發圓滿次第智德之善根也。以是瑪巴派有說：修曼荼羅輪，乃廣修羯摩資糧者

所需。圓滿次第之前行，只從空中頓起父母智身即可。論云：「善住生次第。」亦指彼許耳。此說與聖派諸清淨論皆不相符。又違自宗，以五次第略明論云：「生次第天身，諸佛妙壇輪，諸能現證者，善學故究竟。」作是說故。言修圓滿次第之前行，生起智身者。與攝行論說：從生起次第，乃至心遠離，皆無天身。故從幻身，乃生智身，亦不相合。尤其生起次第中，分咒身與智身二種，非住此派之規也。總應了知，隨修幾許生起次第，即是成熟相續，完滿引生圓滿次第智德之理。生起次第最低以上，必須修習，極爲切要。第十三品根釋中，亦說爲護初發業者散亂心故，須修四次護輪也。

己二、依次修學。

學習生起次第之次序，如攝行論云：「已學佛乘意樂時，當學一念三摩地。已學彼時，當學分別瑜伽。已學彼時，當住初發業三摩地。」即說此義。此中攝行論疏說：若於生起次第，一刹那能學，名爲一念。多刹那能學，名分別瑜伽。不應道理。燈明論說：從毗盧遮那等五種證菩提所生，名一念故。又有因第十一品燈明論中，毗盧遮那等，一一尊生，皆說一念。故謂：先學一尊名爲一念。待學彼後，進學完全修法，名學分別瑜伽，亦不應理。說毗盧等名一念者，彼中亦修增上勝解曼荼羅故。以是應知，言一念者，非說僅念一次，或但念一尊。是說專念本尊，或念自與本尊爲一也。彼雖可通，修粗細二分。但此處是說，能依所依粗分天瑜伽。此如攝行論說：學習此道，如同學射，先射大的，後射細的。故學生起生次第者，先當引生粗分明顯三摩地，即勝曼荼羅以上。俟學彼後，次於細點之內，修曼荼羅等，學分別瑜伽。分別或假立瑜伽，雖是生起次第之通名，然此處特詮細分瑜伽。如第六品燈明論中，說修細分瑜伽，名學分別瑜伽。初發業三摩地者，即初次第瑜伽。言住彼者，即彼堅固或到究竟也。生起次第中，各有隨順引生圓滿次第智德之甚深緣起，能得諸佛菩薩加持相續。一切生中皆蒙本尊攝受，不離念佛、修供讚等，容易圓滿廣大資糧。諸魔礙神不能爲害，現生能修息災等無量悉地。有如是等功德資糧，故於能依所依粗細曼荼羅，乃至未能隨想皆現不想不現。隨心所欲長時專住以來，應勤修學最爲切要。此未說者，餘處已說，故不廣述。

（卷二竟）

勝集密教王五次第教授善顯炬論　卷三

戊二、修圓滿次第。分三。己一、略明圓滿次第要旨伊旺二字義。己二、廣釋伊旺二字義。己三、別說此續圓滿次第。今初

總無上續一切要義，皆悉攝入伊旺等四十字之序品義中。彼義主旨，復皆攝入最初二字義。金剛鬘續云：「續中始宣說，如是我聞等，如是等初語，義廣說云何。」初二句問，集密等續，最初所說序品之義，云何攝入伊旺二字義中。後二句問，伊旺等一一字義，廣釋云何。爲答後問，每頌解釋一字。爲答初問，宣說三種伊旺字義，謂所得果之伊旺，能得道之伊旺，能引相之伊旺。初伊字義，謂表大師說法住處。有續說名秘密，有名空界。如是有名薄伽、法生、蓮花、獅座等。旺字之義，謂表大師，有名有金剛、或金剛薩埵、或金剛能怖、或金剛自在、或黑茹迦、或時輪、或初佛等名號。

諸續各別宣說。如云：「伊字密、空界，薄伽、法生、蓮，瑜伽住獅座，宣說勝妙法。旺字有金剛，及金剛薩埵，金剛怖、自在、黑茹迦、時輪，初佛等名號。」又彼秘密等之了義，謂空性。金剛薩埵等之了義，謂大悲。此表空悲無別。如云：「伊旺如來印，表示無二義，空悲無分別，即此所宣說。彼即如來印，表示無二智，說諸續序品。」

第二伊字義，謂般若空性。嚩字義，謂方便大悲。空點之義，表示方便般若，和合無別。及是普徧八萬四千法蘊，總略要義，法王正印。金剛鬘續云：「伊字謂空性，如是嚩大悲，空點和合生，和合最希有。徧八萬四千，法蘊略法印，法王正印性，諸續首宣說。」如是無二智，若何續中宣說，彼中即有最勝實性。未說則無。如云：「諸續總略義，謂空悲無別，若續說彼義，彼即如來印。謂伊旺二字。若經無彼二，彼即無眞實。」密成就論云：「諸續首安立，心中最心要，此即大樂依，所說密眞實。諸佛諸菩薩，眾生安樂源，秘密大教王，集密中所有。伊旺清淨字，三界普敬禮。」又云：「現見虛空界，猶如胡麻筴，盡恆河沙數，如來悉充滿。彼字眞實義，由修習方便，能證得無上，諸佛菩薩位。」此讚二字義，即成佛道之心要。是故彼論云：「此中二字義，續首不許缺。」此說一切無上續序品時，必須有彼二字。意謂即無伊旺二字，亦必有彼之了義也。

第三伊字義，謂所依佛母薄伽。嚩字義，謂能依金剛。安住能依金剛之空點，表示能現種種變化金剛薩埵大樂等一切安樂之依處。如云：「伊字薄伽相，應知所依蓮，能依名金剛。能依金剛持，上有空點形，現種種變化，一切樂依處，金剛心大樂。」此顯由父母相伊旺和合，引生道伊旺之方便。如桑補札續亦說：由專住內身要點，引生道伊旺之方便自身要穴相伊旺義。如云：「頂上臍中輪，安住伊字形，心間喉中住，許如旺字形。」此說頂上與臍中脈輪之形，如伊字三角形。心間與喉中脈輪之形，如旺字圓形。是伊旺義。此中言相者，謂形狀之相也。

如是善知果位伊旺，欲求得者，當善了知得彼方便，如二續所說，道位伊旺和合之理。能引彼之方便，謂外相伊旺，與印和合。內相伊旺，專住脈輪之理，先善巧已，於引彼道之方便，俱攝二續一切要義。故若善知二字深義及彼支分俱攝一切續部之理，則諸續中，稱讚二字義，爲最要義，皆可了知也。

己二、廣釋伊旺二字義。分二。庚一、廣釋伊旺二字了義。庚二、明欲生彼，須由相伊旺，專住身要。今初

一切續中最主要義，即伊旺義。若彼了義即空悲者，當說二義云何。

此中分二。辛一、釋樂空無別之空與悲義。辛二、釋二諦無別之空與悲義。今初

伊字與法生之形，均有三角，故表無我眞如。爾時三角，亦表三解脫門。諸法自相、因相、果相，皆自性空之空、無相、無願，即伊字所表義。故若無決斷之空見，則伊字義不全。若僅有彼，而無專住內外身所生大樂，則嚩字義不全。若有彼二，而不了知，起眞空見為溶樂體，及空性境與大樂智，以此無倒決定彼境。樂空和合之理者，仍不具足空點之義。故欲了知樂空無別伊旺義者，須知彼等。

此又分三。壬一、釋空義。壬二、釋樂義。壬三、釋樂空無別和合義。初

又分三。癸一、明生死根本。癸二、明破彼求無我見相同。癸三、破計不同。今初

攝行論云：「如是有情，由離善知識故，不能偏知自心實性，執我、我所，計虛僞法，增益善不善等，自從無始生死以來，受諸苦惱。」此說，由諦實執，不知心眞實性。愚蒙增上，執補特伽羅我及我所，流轉生死。引證八千頌及業障清淨經等成立。謂龍猛菩薩亦顯說彼義云：「若謂此皆空，是無生自性，苦樂等生死，云何由業轉。由執我無間，即起貪等垢，隨他增益轉，故一切唯心。如幻相出現，次由善惡業，當生善惡趣。」大樂論師之弟子，無支金剛亦云：「即由此等故，增長生死等，心著不實法，流轉受諸苦。故諸劣慧者，乃至有實執，永住三有獄。」此說由執不實法爲諦實之實執增上，流轉生死。乃至實執未斷，不能解脫生死。此與寶鬘論說：「若時有蘊執，爾時有我執，有我執造業，由業故受生。」謂乃至未斷於蘊實執，即不能斷，由惑業力受生相同。

癸二、明破彼求無我見相同。

是故非僅盡斷生死根本實執習氣，須通達蘊無自性之空慧。即欲斷除由惑業力流轉生死之繫縛，通達無自性慧，亦不容少。故斷除生死繫縛之聲聞、獨覺，亦必先修彼義。此如餘處廣說。以是釋菩提心論云：「若不知空性，不能依解脫，故愚者流轉，六道三有獄。」無支金剛亦云：「是故諸知識，欲慶樂三趣，及除自錯亂，當斷除實執。」非但相乘如是，即入金剛乘者，斷除實執生死根本，亦須先求通達無我空性正見，進修彼義。如是亦如金剛心莊嚴續云：「善知一瑜伽，往靜處勤修，淨罪現成佛。善修法無我，當得一切智。」此說，善知一種瑜伽，勝靜處勤修，現生即能成佛。其瑜伽者，即修法無我。如斯甚多。如是斷除實執，及通達無我，必須破除實執所執之境，了知其無。非僅於實執境，攝心不散，便爲完足。如正理自在云：「未破除此境，不能斷彼執。」聖天亦云：「若見境無我，當滅三有種。」入中論亦云：「慧見煩惱諸過患，皆從薩迦耶見生，了知我即是彼境，故瑜伽師先破我。」先引生無我見決定認識之理。密咒與中觀論所說無別。如釋菩提心論云：「諸修密咒行菩薩，如是先發願自性世俗菩提心已，次以修習力，發勝義菩提心。故當說彼自性。」其後廣破外道所計補特伽羅我，內道聲聞部所計能取所取異體實有，瑜伽師所計能取所取異體性空，內心實有之法我。抉擇無我。說密咒師以修習力發勝義菩提心，先求無我見之理，如中觀論所說故。聲聞部說有外境二宗，計能取所取實有，聲聞獨覺一切聖者，不許如是。入彼道之異生，則有二種應知。

癸三、破計不同。

此中有說，自所許見，如略標云：「觀諸蘊空性，無實如芭蕉，具眾相殊勝，空性則不爾。」故說以觀察慧，觀察決擇我執境空，修彼空性，非密咒規也。汝謂以正教理決擇無我義，定解修習，為無堅實之修者，誠可謂有觀慧者也。彼教之義，如第五品無垢光大疏云：「觀察極微合集性法為空，當遠離彼斷空。」是說未善了解，中觀正因所破界限，僅以正理觀察蘊等，誤以生滅等全無所有，為無自性義。乃遮此斷空。非遮觀慧之一切觀察也。若不爾者，第二品無垢光大疏云：「謂識勝義有，智者亦不許，離一異性故，猶如虛空花。」此說以離一異因，如空花喻，觀察識蘊無自性。又云：「此是中觀師所了。」又云：「成立無我等，此是略標中說，廣如大論應知。」此說彼教略說無我，廣如中觀等餘論應知。皆成相違。又大疏云：「金剛謂不可壞、不可斷。此即是乘，故名金剛乘。咒理與波羅密多理，果因體性和合為一。」此說因乘波羅密多空性見，與果乘咒乘大樂，合成一體故。故有說特輪規，不同波羅密多乘決擇之見，另有決擇之理者，極不應理也。如是決擇空性見根本續中雖多處宣說。然第二品，毗盧遮那說菩提心云：「離一切實事，蘊界及諸處，能所取皆離，法無我平等，自心本不生，即空性體性。」釋菩提心論謂決擇空分也。其中初句，破外道所計我。次二句，破小乘兩部所計實有異體能所取。餘句，破唯識宗所計實有內心。其後又云：「言事即分別，無分別即空，若處有分別，彼中寧有空，所別能別心，如來皆不見，若有能所別，彼豈有菩提。」此所說之分別，即如彼續云：「佛說菩提心，我蘊等及識，分別不能覆，恆為空性相。」是說計補特伽羅我等三種分別，非說一切分別也。根本續第十五品，說一切法如夢。釋論解為加持我之次第。以觀察慧思擇之理，根本續第九品之釋續授記密意中，雖說於因不妄計果。然是說觀察時，以都無所住之理而觀察也。金剛鬘第十六品，說於三世，各分爲三漸次觀察。同品方便續，金剛心莊嚴續亦說：於諸色法，以微塵方分觀察。於諸心法，分刹那三分觀察，決擇空性。故求正見之理，皆如波羅密多乘而說也。密成就論亦云：「以一異性善觀察，三世諸法皆無性。」又云：「究竟至有頂，三界一切性，以道善觀察，諸蘊非實有。由誰能觀察，此中何所觀，力勵求實性，隨幾時觀察，爾時皆光明。」此非僅說初求正見時，是說後修習時也。然此中第四喜俱生喜，與第四空光明現起，樂空和合時，則不以觀察慧數數觀察。唯起定後得位中，乃如是觀察。波羅密多乘，說勝解行位，定中修毗鉢舍那，須以觀慧，數數觀察而修。則與此不同也。總之，諸大論所說空見品，有高下四級。謂如經部所決擇之補特伽羅無我，除應成派中觀外，一切大乘宗派所許相同。瑜伽師許，能所取異體空，及增益諸法自性差別自相實有偏計執空之空性。自續派中觀師，不破名言自相成就，破諦實有，許爲空性。應成派師，於二諦中俱破自相成就，爲無自性。故有四見。其中若依無上咒乘如寶所化補特伽羅增上，說樂空和合之空見，是第四種。依餘所化說樂空和合之空見，以所化增上空有唯識自續二見。觀待無我見，彼四爲下品、中品、上品、上上品。

密宗諸論，雖有依唯識見增上，說樂空和合之規。然未有依如上說補特伽羅無我見增上，說彼和合者也。以是當知，樂空和合之空，最低亦須於唯識宗異體二取空之空性，獲得定解。此等建立，餘處廣說。

壬二、釋樂義。

若爾，樂空和合之樂云何？此中若唯修心一境性三摩地，引心輕安。由彼力故，身內風大得妙堪能，起順益相內身輕安。即依此故，引生身心廣大樂喜。如瑜伽師地論所說者，此是內外二道，大小二乘，顯密二教，皆所共有。凡能令心不分別住，久久修習，皆可生起。彼理及教證，於菩提道次第中，已廣宣說。是故彼樂，非此中樂。又如相乘所說修出入息，及事續後靜慮經，行續毗盧遮那成佛經所說，停止出息，於內攝持修天瑜伽，名曰命力。依修彼故，亦能引生妙三摩地，起身心大樂。然彼非是專住內身脈輪要穴風息瑜伽。故彼安樂，亦非無上乘所說，樂空和合之樂。與金剛念誦，及瓶相風之命力亦不相同。佛密論師，於瑜伽續，亦說停止外息，內持修天。

除此等外，有於心經疏中，說修瓶相風，及於下續部，說上部專住身要等，是未善知顯密教，及上下續部諸道差別者之所杜撰，不可憑信。總之，瑜伽續以下三續部，及相乘中，雖多宣說，無倒修習空義，出世間無漏樂。然皆未說，專住內身脈輪要穴，由風入中脈之力，然猛利火，溶菩提心之樂。故彼皆無樂空和合所說之樂也。教授穗論亦云：「若爾，諸得初靜慮者，如轉輪王尚有妙樂，況善通達二無我性。如是由得增上歡喜故，說初地名極喜地。答曰：實爾。然此非俱生樂，故非大樂。初發業位亦非方便。如說針孔，是虛空孔，非此便與虛空平等。」此謂，若全未通達無我，得初靜慮者，尚能引生廣大安樂。何況波羅密多乘人，無倒通達二無我義久時修習，引生修空之大樂。初地名極喜者，亦因彼地樂極增盛，故立彼名。故無上乘，非由安樂，超勝波羅密多乘也。答此難云：彼雖實有修空大樂，然彼非俱生樂。故非是無上部所說大樂。波羅密多乘亦未曾說初發業位引發俱生樂之方便。故非由大樂門不能超勝也。又彼論云：「若爾，般若波羅密多中，亦說無上正等菩提大樂。答曰：雖亦說此，然未說彼方便。其方便說是俱生大樂故。故彼唯此次第乃能通達。」此說波羅密多乘，未說菩提果樂之方便，因道俱生大樂。故雖果位大樂二乘之差別極大也。密成就論亦云：「眞實住續中，集密續所顯。廣說諸戲論，餘經秘未說。事行諸差別，及經藏等中，唯一勝歡喜，非一相而住。五蘊寶器中，有情意樂別，善隱秘彼性，諸佛所安立。」此說俱生歡喜眞實性，下三續部及經藏中皆隱秘未說。故言唯一勝歡喜性，於彼等中，非一相而住者，意謂欲漸次引導於勝歡喜實性。說爲非一相。非說彼等中，宣說彼實性。若不爾者，彼等之中，亦須宣說上諸灌頂。以未傳祕密灌頂等，不准宣說大樂實性故。如是所說俱生樂，乃不共餘乘及餘續部之最上勝法。無上續部及一切定量釋論，雖皆宣說，然恐文繁不錄。

如是無倒定解空性而修之無漏安樂，然有無量非俱生樂，凡學習此理，而粗知波羅密多乘者，皆能了知。又即彼樂，縱與堅固天瑜伽隨轉，亦非無上圓滿次第之義。凡其粗知下三續部者，亦能了知。然值慧力極弱之時，故有眾多，竟將前說第一種樂，執爲無上樂空和合之大樂者也。以是應知，所言樂空和合之樂，是俱生樂。彼初起時，是由左右二風，行入中脈之力，然猛利火溶化菩提心而引生。是故彼樂，與前說諸樂，樂名雖同，義差別殊大，故當辯別莫令錯亂也。又此乘中亦說彼名無緣大悲。如教授穗論云：「方便謂無緣大悲，饒益眾生俱生大樂爲性。」如此說者甚多。

壬三、釋樂空無別和合義。分二。癸一、正義。癸二、斷淨。今初

若爾，無緣大悲之樂與空，無別和合之理云何。此如桑補札續云：「無戲論自性，共名爲般若，如如意摩尼，利有情名悲。無緣處般若，無緣大悲性，與覺同一體，如虛空合空。」決擇方便般若成就論，亦說彼義云：「智於所知顯，加行徧觀察，諸法無自性，說名爲般若，無餘度苦海，及度眾苦因，悲愛諸有情，故說名貪愛。」此說，分別觀察色心，決定無自性者，名慧。由何方便能利眾生，其大貪俱生樂，名悲。又云：「如水乳交融，以無二加行，所有二和合，名般若方便。」此說當如水乳交融而和合也。

若謂彼樂與彼法性體無別者，任何法生，即與自空性、體無差別而生，此不須瑜伽成無差別。如是亦非餘智通達空性，以樂印證。及生樂之後以餘空見印證。以彼譬如以無我見攝持施等，非即施等，成爲彼見體性。如是彼

樂與通達空性慧，非是互爲一體故。

若爾，云何。謂能知智，生爲俱生樂體性。以彼無倒通達空性境義。即此境智和合，乃名樂空無別。此於勝義俱生時，境智一味如水乳合。微細二相悉皆清淨。未生勝義俱生以前，由未親證眞實義故，僅能以勝解作意，悟入眞實義。故於一味，唯能勝解。由與空性境和合無二之理，如是，故通達空性慧與樂體性，和合無二之理，即彼二心，生爲共同安危之一體也。決定空性見解之軌，較中論所說更無過上。故此乘與波羅密多乘，於空性見，實無勝劣。所定解之義雖同，然能定解之心，如俱生樂定解空性之力，餘心定解，則無彼力。故空性雖無差別，然樂方便，則大有差殊也。若未定解無我空性，則必不能解脫生死。其能解心若未發起俱生大樂，則無咒道最勝要義。故一分不足，必須雙俱。如薩惹哈云：「若離悲心修空性，彼不能獲最勝道。若人但修於悲心，淪落生死不解脫。若人能修二和合，不住生死不涅槃。」朵哈中說，俱生智爲道之心要。故此所言悲心，即是俱生大樂也。若生如前所說俱生樂者，諸粗分別自息，內心自然安住不動。倘唯修樂心於任何境不流散不分別，即是修空義者，則說唯修樂不能解脫生死，不應道理，故必須善決擇無我義，修習定智也。

癸二、斷諍。

若修以俱生樂定解無我義之定智，即修空性者，桑補札云：「不應修習空，不應修不空，瑜伽不離空，亦不離不空，執空及不空，生不少分別，欲離廣分別，故偏斷彼二。」此說，隨執空不空俱不應修，則成相違。彼經之義，教授穗論作如是釋：「由色等勝義有空，遠離常邊，由世俗有不空，遠離斷邊。故執世俗有空，與勝義有不空，而修，俱被遮遣。色等勝義無自性，即世俗色等之體性。故遠離勝義空，與世俗不空之體，不應道理。」以是應知，若執勝義不空，及執名言無之空，俱生邊執分別。若離勝義空，則生墮常邊之分別。若離名言不空，則生斷執業果之分別。是彼經義。非如汝等所說。即彼經前文亦云：「法界平等性，應執如芭蕉。」此說執無堅實故。又彼經云：「欲盡一切苦，欲得佛勝樂，堅心勤觀察，彼自性無事。」此說，力勵觀察定解無自性，是盡一切苦，及得最勝樂之因故。復次，執事諦實即執不空。諸事雖不實，若執實事所空之空性，爲諦實者，即執空義。如方便般若成就論云：「欲除諸錯亂，知識斷事執，雖名有殊異，分別無異故，智者捨事執，亦不計無事，如燈然可息，息則難再滅，執事則可爲，執無事不爾。」此說執事實有，略名事執。如彼須斷，彼與執實事空之空性爲實有。名雖不同，義爲實執分別，則無差別。故亦須斷也。燈等之義，與中論所說執事實有者，修彼無實，易遣實執。其能遣執事實有之實事空，若執此實有者，則如治飲食不消之藥，入腹不消，成爲不可救治之見，其義相同。由此應知，釋菩提心論云：「無生及空性，并名爲無我，下智所修空，非眞能修彼。」亦是遣除，妄執無生無我爲實有而修者。如出世讚云：「爲除諸分別，故說空甘露，若又執著空，是佛所極呵。」諸經論中，於如斯理，固多宣說。亦多宣說，觀修空性，無我、無生等。其不相違之理，如是應知。對於引發斷除生死根本之無我定解，勿作留難。如斯定解，於異生時，雖非全離微細分別之無分別智。然與無分別智極相隨順。故說修此，能生無分別智。集密疏握花論、教授穗論、入修我方便論，均明了說。餘處已說，且恐文繁，故此不錄。

總之，生死涅槃於任何法，均應定解，無微塵許，執實相執所緣之事，并於彼義，觀知一切因果緣起能作所作，皆極應理。於此離二邊義，以正量力獲得定解，通達空性，下至略起如理猶預，亦能破壞三有等無邊勝利，諸經論中數數宣說。無上金剛乘，說於彼義，若以殊勝智，俱生歡喜，善決定已。由大樂門，即生能得上悉地等，現時，究竟無量勝利。故諸智者，當求決斷無我義之定見，及引生不共大樂之方便，善學教授。於尋求樂空無別和合之俱生智，尤應奮勉。

集密後續，問根本續所說菩提心義時，謂空悲無別爲菩提心。根本續第二品所說菩提心，燈明疏說，有光明與雙運究竟二菩提心。前者即勝義俱生智。故樂空無別之空悲菩提心。集密派中非不宣說。五次第論亦云：「能仁所宣說，八萬四千法，現證菩提相，說爲心中心。」說勝義光明證菩提爲心中心者，亦是指勝義俱生樂空無別之菩提心也。無上續部與諸定量論，有者顯說樂品，未如是顯說通達空性之理。有者顯說通達空性之理，未如是顯說樂品。當知皆說樂空二和合義，切勿誤爲一分也。

樂空無別之語，雖如風通行，然能知諸樂中特殊之大樂，與衆空中特殊之究竟空性，和合之理者，極爲希有。故薩惹哈云：「雖然家家說彼語，然無偏知大樂處。」是故不應略學便足，應爲通達秘密之中，最秘密義，長時勤學。

辛二、釋二諦無別之空與悲義。分二。壬一、正義。壬二、如是宣說之因相。今初

若樂空無別之空悲，即是伊旺字義，如上所說。二諦無別之空悲菩提心，云何釋爲伊旺字義耶？曰：前說之樂空無別。作瑜伽母續註釋者，亦多說名樂空雙運，二諦雙運。聖派之雙運義，雖亦有如是說者。然聖龍猛派實不許，唯前所說勝義俱生樂空無別，便爲雙運也。如集密後續云：「無前後寂滅，事無事無盡，空悲不可壞，是名菩提心。」所言菩提心，有如前說之二種。此中當說雙運菩提心，其言無事即表示空，言事即表示悲也。亦說此二，名方便般若。即彼續云：「無事即般若，方便謂事相。」此是說方便般若等至爲瑜伽義時所說也。六加行支中第六支時，說方便般若等至之義，如燈明論說，方便即世俗諦，般若即勝義諦。彼二和合乃名雙運。總之，方便般若雖有多種，此中是說雙運之方便般若也。其眞勝義諦，乃諸法法性，雖是無爲。此中是說彼與大樂一味而轉之光明智，名勝義諦。不各別分能緣所緣。如斯之勝義俱生智，有二種，謂但勝義光明位，與雙運位之光明。初即五次第中第四次第所說成菩提次第，或光明次第。第二種即第五次第雙運次第之一分。故餘書所說樂空無別之勝義俱生，僅是四理中二種究竟說之光明究竟。其上更有雙運究竟。故尚未至彼位也。

若雙運一分之勝義品如是者，其餘一分世俗諦品云何？曰：餘書所說之世俗諦，與此不同。此中是如數數宣說以空智同體轉彼智所乘五光智風爲因所生相好莊嚴清淨幻身，名世俗諦。心遠離第三空後，由五光風所生幻世俗身，是五次第中第三次第名我加持次第之幻身。此等下當廣說。以是前說，如斯勝義光明，與清淨幻身者，是所和合無別之伊嚩字義。和合之理，前意與後身，同體和合，是空點義，即第二伊旺義雙運究竟。此如集密釋續天王請問經云：「伊旺二字幻，徧智住其中，是故說法初，先說伊旺字。」此所言幻，即雙運道。故是明第二種伊旺義。此有學無學二種雙運。聖者亦說此名般若大悲，如第五次第云：「若了知慧悲，同一體而轉，說名爲雙運，此次第佛境。」第三次第我加持時，亦有幻身與空智和合之伊旺義。彼是秘義伊旺。如此派中所說四空。瑜伽母續與彼論中，說爲四喜。然如此中，說第三與第四空之間，由風心修成幻身。瑜伽母續等，第三與第四歡喜之間，未如是說。又如此中，說勝義光明之後，唯由風心修成幻身。餘經論中俱生歡喜之後，未如是說。故明了宣說：果位色身之親因，有學雙運身，與彼親因，第三次第幻身，由風修成之理。實是此派之無上別法也。

壬二、如是宣說之因相。

若無上瑜伽續，必須宣說修成如是幻身者，固然如是。然決定須說修成如是幻身，由何證知耶？曰：有智者善聽。此最難通達處，吾當以正理決擇之。

此中分四。癸一、由色身不共因成立。癸二、由所淨不共要義成立。癸三、依起天之要義成立。癸四、依方便般若體性無別之要義成立。今初

現觀莊嚴論云：「發心爲利他，欲正等菩提。」譬如渴所逼迫，正所求者雖屬飲料，然能飲之方便亦求器皿。如是諸大乘人，見諸有情眾苦煎迫，缺乏安樂，起難忍大悲，發動內心，其正所求，雖是利他。然未成佛，以餘方便均不能圓滿彼事。故彼方便須求成佛。此是密咒與波羅密多二種大乘所同者，以發菩提心無差別故。如是親現有情前，饒益有情者，是二身中之色身，非佛法身。故正所求是佛色身。故修成色身之方便，其殊勝同類因，爲餘乘、餘續部，第一次第所無，唯圓滿次第所有之無上別法也。

其中若無通達空性之般若，必不能得解脫生死之解脫，如斯般若，即諸小乘亦皆共有。然無色身因之圓滿方便。任其如何修習空性，僅能得解脫三有之解脫，必不能得一切種智。以是應知，色身因之方便中，雖不容少通達空性智。然空性智乃至勝進至法身位，亦必須修圓滿方便。是爲二種大乘共規。波羅密多大乘中，雖有隨順法身之道可修，然無隨順色身，修天身法。故色身之方便，有勝劣差別。又隨順二身之道，須不須修，其理相同，及四續部道皆應許彼等，金剛持道次第論中已廣說，此不繁述。

又下三續部之天瑜伽，是色身之遠因。無上部初次第之天瑜伽，亦僅能成熟發生圓滿次第智德之善根。故較彼最勝之圓滿次第天瑜伽，總須能作色身之因，特須爲有學道圓滿次第後，果位色身之近因，相好之同類因也。此中波羅密多乘說色身因，謂總修集無量福德資糧，特於多生，修集迎送師長等相好別因。登地之後，始得隨順果位相好之身。此復地地漸進，至最後有時，始得彼道，有學道究竟相好。次成佛時，即彼身相好前念同類，爲果位相好之同類因。非初未得相好之身，頓時轉依也。如是以無上部道，即生成佛者，未說彼初生時，即須得相好莊嚴之身。若有學道中不得相好莊嚴身者，由無同類因故，頓時轉依，亦非所許。故須圓滿次第有學道位，獲得相好莊嚴之身。又非即此粗異熟身，由修天瑜伽力，生爲相好莊嚴之身。如生起次第位，唯由觀慧修爲天身，亦不完足。故除彼外，應更有餘，能得相好莊嚴身之殊勝天瑜伽。又彼親因，除風息外，餘不應理。是故必須由風修成幻身之理也。又依釋續金剛鬘續，與授記密意續，說因位有情身，有暫時之粗身，與唯由風心所生之原身二種。後當成立。爾時，如許智法身之親因，是原有俱生心。如是亦應許，唯由風心所生之原身，爲修色身之親因。一切相等。如後廣說。

癸二、由所淨不共要義成立。

無上續中，宣說所依器宮殿，與能依身諸尊，初構成之次第。其構成器界之次第，須隨順因位器世間，壞成之次第。既是所許，亦是續義。以此要義，則生起能依諸尊之次第，亦須隨順因位有情，生死中有之次第也。非僅生起次第如是，圓滿次第亦須如是修也。爾時如死時次第，現證光明之後，如離粗蘊舊身之外，唯由風心另起中有。如是光明之後，亦須唯由風心修起幻身。此於龍菩提之建立次第論疏中已廣釋訖，此不繁說。圓滿次第之建立，與彼等相同，金剛鬘續所說者，後當廣說。

癸三、依起天之要義成立。

自事續起，凡修天起之儀軌，必於入空之後，現起天身。最後圓滿次第位，非僅如是勝解，是須入空之後，彼瑜伽師自起天身。若知修幻身者，可如是起。其不知者則不能起。以此要義，亦知如死次第入光明後，須修如中有生，唯由風心所成之天身也。此即攝行論中，問：自生起次第，乃至身遠離、語遠離、意遠離，皆無天身，其智身如何生起耶？答說：幻身由風修成之義。彼雖從生起次第開始，即說入空之後，生起天身。然非唯由勝解作意修起天身，眞修天身之理，則非彼等位所能有。故次問答修天身時，說修幻身也。

癸四、依方便般若體性無別之要義成立。

究竟生起次第，善學圓滿次第，至應修行位，正行行時，如有戲論行所說，須以手問手答，等了解所作，及後得位，除觀察諸法無自性等外，凡波羅密多乘及下三續部所說後得位所修事，如造塔佛、讀誦經典、獻曼荼羅等修集福德資糧，皆悉遮止。如密成就論云：「不應禮木石、泥塑諸尊像，唯供養自身，應敬禮師長。不禮土石塔、莫讀經典等，夢中亦不作，壇輪等手印，對學三乘者，不應禮供等。」諸餘續中亦多如是說。尤其修極無戲論行時，說除飲食、大小便利之外，餘一切戲論皆須棄捨，唯依入光明次第，修光明性。十地經說，八地菩薩，斷盡煩惱及彼種子，住眞實性義，專修勝義忍時，勸起定後，如我之身智佛土等，汝皆未有，應勤修集。亦莫棄捨此忍門。勸彼定中，專修無分別智。後得位中，當勤修集色身因福德資糧。具觀慧者，觀此二理，則可了知，無上部所說，修俱生喜與第四空光明之上，明有二身同類不共因。如波羅密多乘所說，即第八地根本無分別智中，雖有色身之俱有緣，然不具足彼親因緣也。前者具足之理，謂俱生喜或光明智，其爲智法身之親因，易於了解。其爲色身之親因者，謂由空智同體轉五光風所成之幻身，極爲明顯。以如是故二身親因之方便般若，可成體無差別。若作餘解，極難成立。

此亦是如前說，先以共道淨治相續，次受灌頂與三昧耶，究竟生起次第，修增進圓滿次第之行時乃爾，非說餘時如是。若全未了解彼等建立，僅說有速疾道，便障礙修集廣大資糧行者，實是俱害自他。大婆羅門之朵哈等，亦是顯示得如前說，高上道時，當棄捨諸餘戲論，專修俱生智爲心要。有誤爲說，初入道時諸利根者，便可如是頓修之規。故於成就心要諸論，尤當細心觀察也。依前所說諸要義，則知餘書所說樂空無別之方便般若，乃聖父子派二諦無別雙運之一分。若能解說此雙運義即伊旺義，於圓滿了知餘續部規，尤爲重要。集一切如來秘密之義，以四理解說中，其秘說之心要，謂第三次第之幻身。究竟說之心要，謂雙運身。但此秘密、極密、最極秘密之處，除此派外，餘處皆未明說。即久習此派者，亦難如實獲得此義之總相。故諸具慧者，尤應長時承事善巧師長，勵求通達也。

（卷三竟）

勝集密教王五次第教授善顯炬論　卷四

庚二、明欲生彼須由相伊旺專住身要。分二。辛一、引生樂空無別之俱生，須專住身要。辛二、引生二諦無別之雙運，須專住身要。初又分二。壬一、總說二種方便。壬二、別釋。今初

如前所說，尋求究竟了解無我眞實義之理，即密咒中亦無勝過波羅密多乘者。以未以正理澈底遮遣實執所著境，破壞實執所緣。僅內攝其心。此與實執行相無違，則於實執全無害故。由遮何事能得無我義，其所破事，若較應成中觀所說略粗，而求無我者，內不能遮實執之微細所緣，則於實執猶有餘剩故。若較彼更細而破者，則於彼義，不能以正量力，引生緣起定解。墮斷空故。以是應知，決擇空義之理，實無差別。然修彼義時，由左右風融入中脈之力，然起猛利，以溶化菩提心之大樂，定解修習空義。如此俱生智，

速能淨治二障習氣之力。餘任何心皆未能有。故必須引生彼大樂智。又若不能專住身要，彼必不生。故說專住身要二種方便。謂依止明印，與內修脈風空點等之方便也。其中初者，下三部中，況眞實羯摩印，即緣彼之視笑等，亦未說以貪心而作。除與自等至外，說緣所修印，笑視執手，故彼諸續，名笑等續。無上瑜伽部中，說與羯摩印智印，等至之方便。故說彼續，名和合續。若何續中，未說與羯摩印和合引生大樂之方便，則彼續中亦必不說，與智印和合。亦更不說，修內身脈風空點溶化菩提心，引生大樂之方便。若何續中宣說前事，則彼續中，亦必說後二事。若何續中，宣說專住內身要穴之方便，則彼亦說，與二印和合。彼等方便，一切均是由左右風融入中脈之力引生大樂。故彼等之所爲，皆是爲令定解空性之殊勝俱生喜。未生者生，生者安住增長。

壬二、別釋。分二。癸一、明印方便。癸二、修內脈風等方便。今初

若專住身要之方便，是令左右風趣入中脈之方便者，修內身脈風空點等方便，雖然可爾與二印和合，未能如是故說一切方便皆如是者，不應道理。故非曰：依羯磨印能如是者，身境俱須具足續中所說一切德相。此極稀有，由等至說餘補特伽羅也。具足德相者，如教授穗論云：「具足般若之方便，由與羯摩力，左右諸風趣入中脈，猛利熾然。焚燒蘊等，溶化月分。」此說由與羯摩印和合，令左右風趣入中脈，然猛利火，溶菩提心。如來金剛說：「爾時二鼻孔風停止行動。」是說二風融入中脈。此方便即是外命力。無上續部，未有不說此命力道者。雖皆宣說，然多難通達。以此方便，將風收入中脈之要理，但能粗知，亦於了解續義，極爲有益。如依業印所生影像，其依明了堅固智印者亦多能生起。故依智印，亦有令左右風趣入中脈之階段。此要了知後續所說三種命力中下門命力之教授也。

癸二、修內脈風等方便。

修內脈風空點等之方便者，謂中脈外，有左右脈環鎖之脈輪，於身何處有彼脈輪，即彼中央，有左右風入中脈之門。令入之法，謂金剛念誦，與瓶相等風瑜伽，集密兩派。及鈴論師論中，所說多種空點瑜伽。種毗黑茹迦，與黑行論師論中，所說修猛利等。總有多門。此復時輪等中，說於臍輪處修瓶相風瑜伽，令二種風趣入中脈。種毗黑茹迦與黑行論師，說於臍處修猛利所緣。此是說先專住臍輪也。智足派說，先住心間，次住密處，後仍專住心間。聖派則說，先專住密輪處，次專住心輪處。此中有說：瑜伽母續規，必須於臍處。不應道理，鈴論師說，先於心間修空點。姑姑日巴，依大幻續，說先於心間修命力金剛念誦。海生論師歡喜金剛修法中，說於心間收諸戲論入光明故。如諸定量論師所說各別諸門，即諸續中亦有宣說。當知彼等各有一種不同勝法也。彼諸論中雖有明說，彼是左右風趣入中脈之方便者。然有多論均未明說。又修習時，明觀三派者亦甚少。以此關係，由說於何脈輪中，安布修習空點字等，令左右風趣入中脈之義亦難了解。故當依諸明了說者，及總合經續與可信之論典，詳細研尋，乃可了知也。如是二風趣入中脈之門雖有多種。然以彼等方便，然猛利火溶菩提心，引發四喜或四空智，認明俱生喜或光明智，修彼相續。則是二續所同。由彼等因有多種差別，故其俱生及光明果，亦有多種差別。若能了知，於身脈輪中央，或中脈下端等，內身諸重要處，觀想諸字及空點等不共修法，而修習持心者，由心風同轉之關係，雖未正式修風，亦成爲二風趣入中脈之方便。若善了知此理，則於多種圓滿次第論之要義，皆能了知，故於彼等能得定解。如是若於二風趣入中脈各別諸門，不共功能，善了知者，則知彼諸論義雖非同一。然彼等行跡，二風趣入中脈之果，現起四喜，及四空智，得定解已，修習俱生與光明，樂空和合之相續是爲道之心要。由於教授總綱，得無謬決定，則於諸續了義，獲大無畏。依此密意薩惹哈云：「飲噉兩會生歡喜，數數充滿諸壇輪，以是法修他世，蹦跚愚世頂上行。若處風心不行動，日月亦皆無動轉，無知於彼心安慰，射箭已示諸教授。」此說由專住內外身要之方便，令日月風融入中脈，然猛利火，溶菩提心，充滿內身樂空和合，斷諸愚癡，總攝一切教授要義。若不了知前所說義，有見引發俱生各別諸門，其義不同，遂計相違。又有讚賞自知教授，實非一切皆同一義，於一教授強使相同。有餘深著某一教授，便輕餘者也。

辛二、引生二諦無別之雙運，須專住身要。分二。壬一、圓滿次第諸道，

須依生死中有次第引生。壬二、依此宣說專住身要之理。今初

一切無上瑜伽續之意趣，初次第中生起所依能依曼荼羅時，要順器情世間生滅之次第。下三續部則無此事。如是修者，是爲順彼次第引生諸道。此復生起次第，僅是隨順圓滿次第行相而修，成熟引生圓滿次第之善根。故主要者，是爲隨順有情生死次第，引生圓滿次第諸道也。集密諸續明說此理，如金剛鬘續云：「如火燒物滅，無因則火息，後仍現命風，種種業風起，彼與俱起識，仍安住三世，從此有業生，從生貪等習，從此復死生，迴環如輪轉。金剛誦等次，如前成差別。」此是問答死時風滅之理。謂如猛火焚燒，柴物皆滅。如是，死時諸風，乃至持命風，漸滅而死。復從死有光明，現起業風。彼與識同時，受生安住三世。又從業風，起貪等分別，由此造集善惡二業，再死再生，如輪流轉。前說金剛念誦等五次第，即以因位生死次第，而成差別。轉成之理，謂出入風相續不斷，即是因位金剛念誦。即前續云：「三界諸有情，依於命及力，實誦密咒王，無知捨定誦。」如是晝夜恆作風誦之後，至臨終時，內外風息，四大漸滅，現起明增得三相，即是心遠離

次第。近得之後，現起死有光明，即光明次第，亦名因位法身。死有光明之後，唯從舊蘊中之風心，離舊身外，另起中有身者，即幻身次第，亦名因位受用身。因位雖無淨不淨二種幻身次第，然此能表，道位之二種幻身，后當廣說。因位中有受用身，非通常肉眼所見之境，若受生生有，即成彼境。是爲因位化身。此理，如五次第論云：「世俗諦幻性，圓滿受用身，即尋香有情，亦即金剛身。」此說第三次第之幻身，亦是中有尋香有情。是故應知，道位之幻身，亦假名中有。因位之中有，亦假名幻身。如是說之理由，謂無方便善巧教授者，當起中有之風心，其具善權方便教授者，即成現起幻身圓滿受用身之因。如攝行論云：「如是凡夫異生，所謂中有者，是生死因。其由師承獲得一切如來之教授者，即名自我加持。猶如壁畫，影現鏡中，如是金剛身自性，化爲自我。身具一切種殊勝，觀者無厭。三十二大丈夫相等莊嚴其身。」由聖父子，於中有生，如是說故。則死有生有，無教授者，成爲通常生死，轉生死輪。其有教授者，能將死有轉爲法身，通常受生，轉爲化身。故因位可名二身。道位二身，亦可名因位二法也。建立次第論亦說，安住金剛念誦，了知第二緣心次第。以二靜慮，如死漸次現證光明。此亦明說，圓滿次第諸道，須如死時次第，漸次生起也。廓派諸師於二次第所淨治事，雖依三有生滅次第宣說，然未說因位，三身與五次第之建立。瑪派諸師，如五次第略論云：「生有及晝夜，并配一座說。」依此所說，故於生死中有，立三身名。及立因位金剛念誦等，五次第名，極爲善哉。以如是說者是爲令諸道，如因位生死次第，於相續生起故。若僅立如是名，未知彼所爲。而說死有法身等教授，唯於死時，及中有時所修。及因位五次第名，別作餘解。均非善說。一晝夜中安立五次第之義，瑪派有說：一日之出入風，即金剛念誦。本性分別融入心間，即緣心次第。睡眠即光明。起夢即幻身。醒覺即雙運。總之，將睡夢教授，作爲聖派教授者，除依據攝行論解說而外，聖派餘論，均未明說。燈明論中，雖曾引攝行論彼文，亦唯引之而已。若如彼論意趣，應說金剛念誦如前。始從睡眠，乃至未起夢境，現四空中之前三空，乃是緣心。第四光明，亦名睡眠法身。非僅現夢，要起特殊夢身，乃是幻身次第。此亦名夢受用身。此亦能表第三與第五次第之幻身。次醒覺即化身。此亦非僅醒覺，是有特殊醒規也。如前所說隨五父子行印度餘師，雖皆未說，三有生死之五次第，與因位三身，及一日夜之五次第。然拏熱巴教授中說，亦是前述諸論之密意。故定須爾。若善了知，因位五次第奠基之理，則於合雜教授之要義，亦能得極大定解。故此略說。

壬二、依此宣說專住身要之理。

如是唯從風心修二幻身，既須如中有而修。則彼前之四空，亦須如死有四空而修。如金剛鬘續云：「若誰能證知，諸風極息滅，知死刹那相，互相正收融，猶如生次第。」謂如生時順生次第，則死時逆次而融攝也。又彼續云：「染意即命風，恆常遊行轉，最初轉生時，猶如魚行相。」謂初轉生時，先成持命風，從此漸次成下除等九風。言：「命風住心間」者，謂持命風，安住心中。故諸風死時，皆收入心間。此與無著菩薩說，父母精血中，識最初入處，即成心臟。次漸成上下身。最後死時，識即由心臟脫出相同也。桑補札等中，說臨終時，識從眼耳等九門脫出，亦不相違。以心之主要所依，即是心臟。乃至未從心臟不壞處脫出，識必不從餘門出故。彼諸續中所說之往生教授。教授穗論亦說學習識從心臟脫出之瑜伽故。以是應如因位五次第而修，謂於心間修不壞息。次緣心間，風出入住三，修金剛念誦。其後由風停止出入，漸次融入心間，現起四空之後，唯由粗身內之風心，修成極微細之幻身。此復有勝義光明後之雙運身，與譬喻光明後之幻身。此受用身，非通常眼目所能見。若彼受取粗蘊色身，亦成肉眼之境。此即化身。以是聖派，專住身要之要穴，厥爲心間脈輪之中心。當知此是最重要義。

其將因位生死中有三鬘迴環之輪轉，變爲死有法身，中有振身，生有化身之究竟善權方便。及彼方便教令認識有情本具之出入息。此命力王，乃龍猛大金剛持指示三身之教授。如一日夜修五次第，專住身要之理，後當廣說。

己三、別說此續之圓滿次第。分三。庚一、解說究竟抉擇教授之理。庚二、諸先師教授亦須與彼符合。庚三、正說圓滿次第之道次第。今初

五次第教授之究竟出處，謂集密根本續。故彼續乃此教授之究竟聖教。然彼續中，將五次第之圓滿次第，禁制隱密。爲解彼制顯其密義說諸釋續。

如是若不從，配合本釋，圓滿解說續義之具相師長口授，即如珍寶之補特伽羅，亦不能圓滿了知續義。故當依待師長教授。若爾云何五次第論云：「勝集密續中，此等皆禁制，要隨學釋續，師口授應知。」以是所說根本續中禁制隱密之義，要從師長口授了知者，當如是知。不可執為續中不忍明書，要由師長語言相傳也。若如是妄執，則於本釋諸續，引生無上恭敬成大障礙。現生不能獲知續義，餘生亦恆等流隨轉故。此言隱密者，謂所隱密之續中，雖已宣說，然不明顯，故成隱密。如金剛鬘續云：「咒眞實極顯，彼性最秘密，餘處均未說，由無福因緣，續中所隱密，今說當善聽。」謂下三續部中，均隱密未說金剛念誦。此是彼續中未說而密。於如斯密中，不能獲得，彼法教授，須於餘處尋求。總說二種隱密之理，當知其差別。如是金剛鬘續云：「如諸無知人，欲遊行大地至四海邊際。然不訪問路，隨自任意行。如是有行者，離難行教授，終無果利故，善巧亦起瞋。起瞋剎那頃，無果墮號獄。故當偏策勵，信師長傳承，學習諸教授。」說善巧本釋諸續，離師長教授之過患。故說本釋諸續，即教授之究竟聖教，不應道理。曰：彼所言善巧者，乃說善巧諸餘明處，而無師長教授，非說善巧本釋諸續。若無彼教授，說善巧二續，成相違故。如前說已，金剛手問，彼教授云何。續中答時，明說其教授故。又須配合本釋善說之師長教授，與本釋諸續即最勝教授，全不相違故。彼諸續說：從初發業地，乃至佛地，隨其趣彼諸道，若不先求了解，後乃修習教授。而自混亂修道者，則與欲往大海邊際，不先於識者訪問路徑，冒然而行者相同。故當知彼是，於修教授之前，須先善求了解之根據。由見如前所說師長，能配合本釋而解說者，於末世中極爲難得。若將彼師配合本釋所得教授，書之於書，則能長時久住。故聖父子，著述五次第論，攝行論等，二次第教授之多種論典。當知彼等，即是獲得續義須從師長口授之究竟教授要義也。彼等事實雖是究竟教授，而後世補特伽羅不能了解者，是因後世慧力，較昔時漸次退減之故。非是教授究竟要義，於彼中不顯了也。彼諸論中，非僅不似根本續，令義隱密不顯，且將密義，顯了宣說。然以時勢由補特伽羅覺慧不明之因緣，致使諸論，亦不明顯。有爲通達彼等之方便，於彼文義，作極顯了之註釋。或雖不爾，然爲通達彼義之方便別作教授諸文也。

庚二、諸先師教授亦須與彼符合。

如是若善揀擇，西藏諸師對此教授所作之引導次第者，須善了知本釋諸續配合之理，及久學習五父子論并諸支論，亦須學習別行教授等。廓大譯師廣釋此二次第教授，著千段大論。現在拏熱巴之教授，由瑪巴譯師傳來之規，所宏較盛。此中，有依託瑪巴大師造名曰師語光明之五次第講義，以無二尊勝僞經爲定量。與諸單釋續者相合，與瑪派可依諸論不符，可知非彼師所造也。從粗敦、傳格巴瓦者現有兩派，色頂巴所造之講義，與餘派五次第略明諸說，大體相同。其中，瑪派此教授之綱領，即如前說，五次第略明論。故色頂巴亦是依止彼論也。色頂巴所造集密教授類中，亦說瑜伽母續所出轉舍、往生、猛利等者，是因五次第略明論中，各有彼等之根據，依彼而造。於彼論中宣說彼等之理，至下當說。

餘集密教授，雖有廣略多種。其主要者，總有四論：謂五次第五義論、四義論、五次第一座圓滿論、輪相論。此等是爲此派，圓滿解說五次第義之講義。故非過去諸師，不將完全講義書諸文字，唯語傳授也。其中五義論之前四義，別有教授文字，故於此中僅列科名而未廣說。第五義中，僅說於一座上修五次第，及道相徵之教授。故彼亦是於一座上修五次第之教授也。四義論者，謂說行者、住處、同伴、正教授之四事。正教授之大體，與前相同。五次第一座圓滿論，稱爲父部之心中心，如彼論云：「教授謂六義，生圓一座修，轉還斷無明，取安樂爲道，猛利與往生，并轉入餘舍。」此說六義。此於瑪派集密教授之各類法義，雖具宣說。然主要者，是說於一座上修五次第也。輪相論者，雖亦宣說五次第，是由心間修習咒輪，故立彼名。亦說此是於一座上，五次第輪轉圓滿之教授。然於心間修習咒輪，四教授中，皆有彼義。故彼似說，唯就彼分名輪相論。又五次第於一座上輪轉圓滿修習，名五次第一座圓滿論，則彼四論，皆是五次第一座圓滿之教授也。四義論中，記載格巴瓦對賈康巴，起誓傳授教授之數量時，未述前四，而名五次第一座圓滿之赤導。亦即彼等也。如是立名之因相，如五次第略論云：「多乘到彼岸，三有生住等，以時分差別，合於一座修。」說五次第於一座修，依此而立也。拏熱巴傳授瑪巴時，依於四種殊勝續，傳授四種殊勝教授。其中依止集密續，傳授於一座上圓滿修習五次第之教授。當知即前所說者也。

西藏晚近智者，謂將瑪派集密教授中所傳，編列成書者，其中除一、二種外，似住持此派教授諸師，將散傳集密教授，與拏熱六法所出諸義，編集而成。如斯編集，以前書中雖未集中一處，然非全無所書。瑪派講義等，亦非於彼以前，未著成書也。前述四種一座圓滿之教授，雖同一作者，或係師承各別，或是前後說規不同，或因作者前後覺慧差別關係，諸多乖違，寫誤甚夥，傳來亦久也。以是當將彼等所說，五次第略論義。依據拏熱巴弟子智生傳授拏錯之教授，與瑪巴傳授餘師之教授，總合觀察，是否五次第略論之義。總考彼等，是否本釋諸續與五父子諸論中所說。倘彼未說，其清淨者，義中應有之理。其由傳承久遠，未合原本教授意趣者，則當指出錯誤之理由。若作是說，乃能圓滿顯出，瑪派集密教授之功力。故當如是解說。

庚三、正說圓滿次第之道次第。分四。辛一、圓滿次第之差別。辛二、次第決定。辛三、數量決定。辛四、諸差別義。初又分二。壬一、正說差別。壬二、五次第攝六支之理。今初

圓滿次第中，有幾次第？日跋曹所譯根本續第六品云：「審察咒以身，以語策發意，應修勝悉地，意喜及安樂。」釋論說彼義謂，審察咒即語遠離。言以身者，謂能修金剛念誦之化身，即身遠離。以此所修之語遠離策發意者，即緣心間金剛薩埵爲境。故瑜伽師身中，應修勝上等四法也。其中勝上，謂由金剛念誦所成之心遠離。悉地，謂我加持。意喜，謂能清淨幻身之勝義諦光明。安樂，謂雙運大金剛持身。故此處是說身遠離等六種次第。此段本續與釋論之翻譯，均以新譯爲善。攝行論，於一種姓之身遠離時，引此頌文。說彼義爲成身金剛後，由上顎舌唇和合，轉入語金剛。意金剛乃策發彼者。由是三法和合，當修意歡喜安樂之悉地，亦不相違。以一金剛句，可有多種異義轉故，喻如第七品說，弒如來眾得上悉地。龍猛菩薩，釋爲將勝解諸爲收入光明。提婆菩薩，釋彼義爲轉入圓滿次第之光明也。

第一品之燈明論說，生起次第爲一次第，圓滿次第爲緣心等四次第。即彼論云：「總攝諸續義。」謂於續中所詮一分，不作五次第而攝一切主要義也。福緣稱論師等以論云：「善修密咒身。」謂亦說金剛念誦。西藏智者則謂，身遠離、語遠離，皆攝入緣心。此說較善。以與金剛鬘續，解本續序品密說，於心密時，說初二遠離，極相順故。五次第論略標中，聖者以金剛念誦爲第一次第，分圓滿次第爲五次第，是隨順金剛鬘釋續末品所說而作。攝行論云：「五實性」者，與彼相同。其廣釋中，則將身遠離，單作一品，亦說六次第。建立次第論亦云：金剛念誦次第。以此爲一次第。說緣心爲第二次第，與五次第論略標相同。故亦許爲五種次第。聖者，除於第三次第中，云身遠離，略說其名外，未明顯說身遠離義。攝行論中乃廣宣說。如攝行論，說彼於語遠離之前，聖者何以不說耶？此中迦濕彌羅拉彌與福緣稱二師，謂「善住生次第」一句，俱說三種三摩地之生起次第與身遠離。是許聖者亦於語遠離前，說身遠離也。身遠離句，宣說身遠離者，月光疏等，說身遠離爲生起次第者，亦須許爾。五義論云：「聖者許幻身中具足生起次第，故不別說。」四義論云：「於幻身中攝生起次第，以爲前行。」意許，身遠離起天身與幻身起金剛持，二理相同。且許彼二，俱是生起次第。故雖言「幻身攝生起次第」。實是說身遠離幻身，皆生起次第攝。即是離生起次第外，不別說身遠離之義也。此說與聖派諸清淨教皆不相順，亦未通達五次第略明論義而妄說也。

自宗則許，身遠離中，有二次第之二分。其第二次第之身遠離，聖者未於語遠離前說者，意謂金剛念誦次第中攝。以是當知，或將初二遠離收入緣心，圓滿次第，作四次第。或分出金剛念誦次第，將身遠離收入彼中，作五次第。或亦將身遠離分出，作六次第。僅是開合，都不相違。

又集密後續云：「承事分六支，當修上成就，若作餘修者，不得上悉地。別攝與靜慮，命力及執持，隨念三摩地，名加行六支。」此說圓滿次第勝承事中，有別攝支等加行六支也。其初四句說，若不以六支修上成就，則不能得上品成就。故無上續，一切修上品成就者，皆須具足六支。然非各派所釋六加行之理，完全相同。若不爾者，應一切圓滿次第，皆成一義。若爾，一切生起次第，理亦應同。是則爲利無量所化，說無邊續，應成無用。以說一續即完足故。如生起次第修法，以初加行等三三摩地所攝，雖多相同，然爲彼三義，須修幾許事，則有多種差別。如是圓滿次第，須六支建立雖皆相同。然義有多差別。故別攝等名同，義不必同。一名多義，一義多名，顯密教中，其例無邊故。

壬二、五次第攝六支之理。分二。癸一、列諸異派。癸二、觀察彼等應不應理。初又分二。子一、列諸釋派。子二、列藏師派。今初

此中能攝，謂連身遠離之六次第。所攝，謂加行六支。此中復有三菩薩釋派。曼殊室利親教及隨行派。握花論派。教授穗論派。如來金剛，依盧伊巴勝樂所說六加行等。名同義殊之多派。此中非說彼等相攝之理，是說燈明論解後續義所說六支相攝之理也。月光疏云：「總略次第、生起次第、攝別攝與靜慮二支。其別攝者，謂修諸尊。以世俗勝義理，觀察諸尊，即尋伺支。次由趣問眞實義故，即喜樂支心專住空性，即心一境性。是爲靜慮五支也。說於不壞收攝諸風，爲命力支。雖未說明五次第中歸何所攝，然是金剛念誦所攝。說幻性金剛持身光明爲體，是執持支。故執持支，即爲幻身光明中攝。於光明後，刹那圓成金剛持身，是隨念支。修彼即以雙運爲體，是三摩地。說後二支，雙運中攝。此乃總攝隨行燈明論，心要之說。」善明燈論說：別攝靜慮二支，心遠離攝。命力，金剛念誦攝。執持，光明攝。隨念與三摩地，雙運中攝。心鏡論中亦如是說。彼二俱是五次第攝燈明論所說六

加行之理。十一音論師說：「十根」等一頌所明別攝支，是身遠離基礎。次「五欲」等四頌所明靜慮支，即身遠離。此所依經中，似無「密續」等二句。次「五智」等兩頌所明命力支即語遠離。次「自在」等二句，所明執持支，即心遠離。「別顯從彼生」句，即明幻身。如是說者，是爲折伏智者慢故，於第五支後，隱密安立。現證光明之方便中其一合執，謂由「方便慧等至」句，說於父母金剛蓮花瑜伽中，方便般若等至顯示。其隨滅者，由「總說一切法，由團理所攝」二句顯示。爾時引生五相之理，由「心成滅金剛」等二頌半宣說也。光明即大密，故於第五、第六二支中，混亂宣說。彼意謂「心成滅金剛」等爲第五支。「方便慧」等三句，爲第六支之文也。「堅固」等五句，明雙運。彼計，幻身、光明、雙運三法，皆從隨念支中分出。「中央色」等三句所明三摩地支，爲任運道。宣說第六支之三句，即說光明，已如前說。故第六支，亦須許爲光明之一分也。此中雖未親引證燈明論文，然亦是依據燈明論所釋後續義，說明六支。故亦是攝彼之理。

子二、列藏師派。

往昔廓派智者倫說：六支爲眞實三摩地與彼隨順行，二事所攝。別攝支、攝幻身位諸行。餘五支明三摩地。其靜慮支之尋伺，攝身遠離。喜，攝身遠離之勝利。命力，攝語遠離。樂，攝彼勝利。心一境性，攝心遠離。言「諸佛」句，明靜慮之勝利，攝幻身。執持支攝光明。隨念與三摩地，明雙運。此亦是攝燈明論所說六支之理。瑪派有說：別攝身遠離攝，靜慮心遠離攝，命力金剛念誦攝，執持心遠離攝，隨念幻身攝。次言光明與雙運，三摩地攝。實應說，後者爲前二所攝也。此是許攝時輪所說六加行之理。

西藏後期智者有云：無畏師說，別攝靜慮爲生起次第，不應道理。以與後續中說，生起次第之四金剛承事，修共悉地，又說若離六支作餘修者不能得上悉地。謂六支，是修上品成就之不共承事，生起次第非修上品之法，成相違故。倫師說，別攝明行，靜慮明身遠離，尤不應理，以修上悉地之前，先得諸行，次第相違故，身遠離中，未有滅盡能知所知之勝利故。以是應如無垢光云：「我加持乃於空中，三界所能共見相。」金剛手上疏云：「此言自加持者，謂別攝所見，煙等世俗諦。」故別攝靜慮二支，爲幻身攝。命力爲金剛念誦，執持爲光明。隨念，與前別攝位所見相同，就所見清淨影像分，爲幻身。就爾時領受溶樂道分，爲心遠離。心遠離者，是明增得道，以彼是三喜之異門故。三摩地即雙運也。此是說五次第攝時輪中六加行之理。

癸二、觀察彼等應不應理。分二。子一、觀察諸釋各派應不應理。子二、觀察西藏諸說應不應理。今初

破月光疏說，別攝與靜慮，爲生起次第攝。引證後續說，生起次第，修共悉地，六支修上悉地。都無違害。若有害者，則以一道修二悉地，應成相違。是則圓滿次第道應不能修共悉地也。續言，離六支作餘修者，不能得上悉地者，是說若不以六支修，則不能得上悉地。非說除六支外，餘道皆非修上悉地之道也。單修生起次第，雖不能得上品悉地，然許生起次第是上品悉地之因，有何相違。若相違者，圓滿次第亦應相同。圓滿次第六支，一一不能修得悉地，則應彼等亦非修上悉地之道也。若生起次第，決不能修上品悉地，則經說承事，有共同殊勝二種承事中，汝自釋共義謂共因，乃二種悉地之因，豈不相違？不動世尊與勝樂輪等修法中所說之義，亦不決定。修彼等之勝利時，說爲成佛之方便，一切皆成相違。若二種道，俱是二種悉地之方便者，云何別說彼二，爲修共不共之法耶？曰：即不觀待圓滿次第，生起次第亦能修成諸共悉地，故說彼是共悉地修法。又生起次第，是能成熟引生圓滿次第智之善根。其修上品悉地之主要道，厥爲圓滿次第，故說彼是上品悉地修法。二種修法，實不相違。別攝與靜慮，餘定量師，皆就圓滿次第解說。親教論之意趣，亦須說通生起次第。故總言別攝與靜慮整體，不應定說生起次第或圓滿次第。應許俱通二分。別如各經說爲二次第何分，即應許爲彼分。以是如聖者派，似說爲圓滿次第分，較爲善哉。說執持支明幻身義，未見應理，此如後說。善明燈論所說攝規，應不應理者，於後文明六支時解釋，較爲易知也。十一音論師說，別攝爲身遠離之基礎者，意謂是燈明論所說別攝爲所淨治，靜慮爲能淨治之義。其言「自在」等二句所明執持爲心遠離。「別顯」句明幻身。宣說最後支之三句，明二種靜慮。離三摩地支外，別說雙運。最後三句，離雙運外，別明任運道等，皆非善說。此等於下文解釋六支時解說，較爲易解也。

子二、觀察西藏諸說應不應理。

藏師有破倫師所說別攝明諸行時，謂修上悉地之前，先得諸行，次第相違。汝自宗亦然。說別攝與靜慮二支明幻身，亦不應理。以修上悉地之前先得幻身，尤相違故。若謂先說者不必先得，則行亦應然。若說次第相違之過失，六加行與五次第相同。於命力金剛念誦之前，先引生別攝靜慮之幻身。於執持光明之後，乃引生隨念之心遠離，與第三次第之幻身，極爲相違。又五次第中，命力之道與心遠離，幻身，既然決定前後漸次引生。則時輪派，命力之金剛念誦，與隨念之心遠離，亦應於別攝靜慮幻身之前行。隨念之一分，應於執持之前生。以許彼等，義相同故。此等過失，是於不可說爲同一者，強說爲同一之過失。如是汝自許，幻身爲十一地，光明爲十二地，又說彼是，自解勝行地所數之第十三地，則十二地乃是聖地。是則聖十一地之幻身，應於修上悉地之初，別攝時即獲得等。與時輪之三摩地支，從異生地即已證得。復說彼是雙運道等，皆成相違。其言靜慮支明身遠離，不應道理之因相，謂身遠離中，未有滅盡能知所知之勝利故者。然敵者許，滅盡能知所知之心一境性，乃心遠離。故無彼過失。以是當知，聖父子所說，與時輪派所說，我加持與世俗諦。二名雖同，義實不同。譬如鈴師五次第中，說於心間修習空點，爲我加持。斯類甚多。西藏餘師，說時輪六加行，攝入六次第之理，亦是計爲其義相同。即以前所說，可知其非理也。是故後續六加行之文，拏熱巴後續疏中，亦如燈明論而釋。略明灌頂疏中，則如時輪而釋也。如是雖不可說其義相同，然若研究，何者能相代替，極爲善哉。以如是作則於各續教授能得決斷故，今略宣說。

時輪派之別攝與靜慮，是乃二風趣入中脈命力之前行，淨治中派法。餘雖不必如彼所說而修。然二風入中脈之前行，其能淨治中脈者，即代替彼者也。如是，時輪之命力，是能令風入中脈者。其已入者，於諸輪臍中任持不動者，即是執持。故雖不修如彼所說之命力與執持。然有能成辦彼事之方便，即代替彼二。如是，依前方便，由修習力，然猛利火溶菩提心，降至密端，受歡喜者，是爲隨念。持菩提心不外流散，受不變樂，即三摩地。故雖不必如彼所說而修。然有能辦彼事之道，即能代替彼二也。以是若就能辦彼事，觀察五次等餘道，明諸道互攝之理，雖不說彼等其義相同，然能辦彼義。故於各續之要道，能得無畏，即以彼理於諸餘道亦當了知。應知此是諸大慧者不共觀察之理也。倫師以別攝配諸行者，相雖略同。然說後續，離六支外別說諸行，則不應理。故除彼外。於圓滿次第之六次第，配合六支。其別攝靜慮二支，配身遠離，如十一音論師說極爲善哉。燈明論說，於三鼻端修三種命力。故雖有非語遠離與金剛念誦之命力，然彼二法，就主要命力立名，即彼二攝。心遠離者，除與靜慮支之心一境性，及入光明前之三空，由相相同，略可解外，實無明文。燈明論說，執持與光明義同。故說彼支，明心遠離與幻身，均不應理。隨念是光明後逆起諸相。三摩地是雙運。燈明論中所說極顯，故作餘解皆非續義。詳如後說。第三次第之幻身，除與雙運幻身，由相相同略可解外，釋論解說六支續時，未有明文。說「諸佛」句，明幻身亦非續義，后當廣說。若廣釋彼義，則幻身與心遠離，亦均完具，故六支道中，亦無攝不盡圓滿次第修上悉地重要道之過失也。

（卷四竟）

勝集密教王五次第教授善顯炬論 卷五

辛二、次第決定。

五次第論，說二次第如梯級者，圓滿次第之五次第亦爾。彼說要安住金剛念誦，乃得緣心。要以實際光明，淨治幻身。從彼定起，乃得不二雙運。以是亦可知，要安住緣心，乃得幻身故。此亦即說，要依前前乃生後後之次第。五次第論未詳說者，攝行論廣說，謂佛乘意樂二種發心。粗分，一念天瑜伽；細分，分別瑜伽。從身遠離乃至雙運，學前前已乃學後後，是順次第。又說，從身遠離，若無前者，後者不生，是逆次第。是故當許次第決定。除如是略說外，本釋諸續與五父子論中，皆未明說次第如是決定之因相也。迦濕彌羅拉彌論師說：先須清淨凡常身故，從初加行，乃至百部身遠離，說生起次第。次爲清淨語故，說語遠離。次爲清淨凡常心故，說心遠離。次爲滿足夙願果利，及爲遠離如大自在教之斷邊，又爲經劫利益眾生，并爲遠離如聲聞菩提之滅諦，故說幻身。若愛著彼即有所緣，爲淨治彼故說光明。爲遠離光明斷邊，故說雙運。西藏先賢，說如琵琶，若未善治其身，必不能發妙音。如是乃至未以身金剛三摩地，遠離凡常身，必不能生語遠離。異此則生。乃至未調心所乘風如野馬者，必不能調如人之心。以語遠離調治風已，乃生心遠離。若未了知心遠離位，一切粗法，唯自心者，則必不知細法如幻。或心遠離位，若無自證樂三摩地者，必不能生幻身。以幻身，唯從彼成故。譬如心未了知瓶者，則必不知彼法無常。如是若有法幻身未到究竟，必不能證以二靜慮滅彼之光明。若先未得無相光明，必不能證顯空無別之雙運。如心了知鏡中影像顯空無別，必先了知影像無本質性。瑪派有云：前二與拉彌相同。爲顯身語，歸心攝故，說心遠離。爲離彼實執，故說幻身。爲離執唯幻，故說光明。爲離斷邊，故說雙運。

其中初派意說：三種遠離，能淨三業罪垢。此復從粗漸離，故彼三次第決定。心遠離中容有斷邊，爲離彼故當修幻身。於此復有常執所緣，爲離此故宣說光明。其中復有斷邊，爲離彼故宣說雙運。此未說明三遠離中，由前者引生後者之不共規。爲離斷邊所說諸道引生常見。斷彼諸道復生斷見，如象沐喻，故非正道。攝行論云：「由離世俗諦智故，不能證得眞勝義諦。」此說證光明者，須先證得幻身。故當就證光明者，先須引生幻身之品，說明其因相。豈是爲離幻執須入光明而說明其因相耶？其心遠離幻身、光明、雙運等次第之因相，亦應如是說。若作餘說，未見心要。又言，爲了知身語歸心攝故，說心遠離者，是未細察心遠離所緣行相如何生起之過失。攝行論說：「如實了知心眞實義，當修幻身。」故非有心遠離位未能斷除之實執猶預，要待幻身方斷除者。以說修生起次第時，亦須善解空性義故。

中派宣說，要由語遠離風自在之力，乃引心遠離。要以心遠離，作爲修幻身之基本。須將幻身以二靜慮入光明已，乃證光明。修雙運之一分，須先證光明。此諸因相，極爲善說。前二遠離次第之因相，說琵琶喻者，法喻相同之理，尚須成立，故猶嫌不足。自宗次第決定之理，後成立數量決定時當說。

辛三、數量決定。分二。壬一、正義。壬二、此道攝餘道之理。今初

攝行論中，如前說漸次學道之理已，說得雙運以後，更無新學之道次第。五次第論亦云：「安住雙運定，後都無所學。」謂彼諸道次第中無所不攝，及須學彼等。由不須學彼所不攝之餘道，故遮數多。若無彼等，即不能成。亦遣數少。故許數量決定。雖然如是，但二種續與聖父子，皆未明說數量決定之理也。此中拉彌師說，由三遠離，能遠離清淨身語意三業。由光明，能遠離清淨世俗勝義諦。由雙運，能得二諦一味金剛持。此後別無所學，故不須六次第。唯以前所說，乃能成辦所欲求義，故亦非四次第。故五次第數量決定。福緣稱說：初三如前。清淨三業，為利有情，故自加持。以光明故，離彼耽著。以雙運故，離彼斷邊。此後更無可學，故無六次第。若無彼二，則不能修自他二利，故亦非可少。西藏先賢云：「約暫伏諸障現行，及永壞種子根本，有六次第數量決定。謂為暫伏煩惱與分別之現行，立三遠離。樂空所依奢摩他中，立身遠離。由風自在不起分別，立語遠離。此二是緣。心遠離乃正行，謂此樂空要依明印，乃能生故。由幻身力，通達空性，故離執所取有自性之所取分別種子。以光明力，通達心之空性，故離執能取心之能取分別種子。以雙運力，遠離執二諦異體之種子。除彼等外無所斷故。」

前二家所說，僅文辭稍異，義實無別。彼是否應理，如前已說。如第三家說，雖亦須說，觀待所斷，唯此許道即足。然若說暫伏道樂空合者，當如波羅蜜多所說，雖同緣空性，然修止觀之理不同。未如是許，故不能各別安立止觀之道。後三種道，亦不決定是三種分別之各別對治。故非善說。若爾觀待何事成立數量決定耶？曰：應觀待究竟所修。謂修彼果即需此等。此不攝者非所需故。當以此理成立。此中智法身與彼所依之不共色身，和合雙運之果，如前已說，後亦當說。修成如斯雙運者，必需引生有學道位，以大樂智現證眞實義之勝義光明，與從彼智所乘五光風爲因所成就之清淨世俗幻身，二事和合之有學雙運。其得二諦雙運，先須各別修彼二分。攝行論云：「先未通達勝義諦者，不能現證雙運次第。」若未先得世俗幻身，亦說不能證光明故。是故悟入光明之所依，先須引生幻身。此中因相後當廣說。第三次第之幻身，與第四次第之光明，於雙運時二俱非有，雖非雙運時之二分。然總言世俗幻身與勝義光明，可成雙運之一分。意謂前二亦是此二，故作是說。如是幻身所從修之風與心者，謂以地入水等門，諸風漸次攝入心中，由八十種自性分別動搖之風等融入次第，引生心遠離三智之心，與彼所乘之風。故修幻身，須以心遠離爲先。由是方便修攝入心間之殊勝次第者，須外修與羯摩或智印和合之命力，內修風點等之命力二法。故心遠離之前，須先修語遠離金剛念誦次第。言：語遠離及金剛念誦者，是以命力一分立名，此次第之總名，後續說六支之第三，名命力。此中於下鼻端修物點，於心鼻端修不壞咒點，於面鼻端修光點，有三種命力。方便般若二下鼻端中，由於後者修物點故，顯示與二印和合。修與二印和合之命力者，謂於金剛念誦究竟之前與究竟之後，共有二位。

修幻身所依，須要總攝諸風融入心間中脈所起風心之主要因相，如前已說。其詳細因相，與二印亦成於心間攝風之方便，後當廣說。其修如是攝風入心間殊勝融攝次第之命力道者，先須緣身諸餘要穴而修。總須修，令二種風融入中脈引生俱生樂，與觀一切所見皆彼變化，并修觀彼爲天行相之身遠離。如斯之身餘要穴，不定有脈輪差別。此中皆歸修下門空點所攝。其成熟如是圓滿次第於相續中完全生起之善根，須先四座修習，由取生死中三有，爲三身、門、淨治相續之第一次第粗分一念瑜伽。與細分曼荼羅分別瑜伽，其作成堪修二次第之法器，必須獲得清淨圓滿灌頂，與善守護所受之三昧耶及諸律儀。其圓滿能受灌頂與守護三昧耶法器之德相，須先學二種菩提心及諸支分之共同道次第，如前已說。其能增進之諸行，即以外命力而表詮。此等即是，一切道之數量決定，與二次第之數量決定，及二次第中諸次第之數量決定也。由此亦知次第決定。任何一補特伽羅成佛皆需此等，故拉彌與福緣稱等說，雖一補特伽羅亦須具修五種次第。非彼一一，依一一異體，補特伽羅而說，極爲善哉。月光疏說，上根補特伽羅，修後二次第，中根修第三與第四次第。下根修生起次第與金剛念誦。下下根者，即修前二與語念誦三法。次說，上中下三根，約一相續智慧漸次展轉增長而安立者，爲他宗義。約異相續，爲自宗義。此既有違聖父子宣說次第之論，亦與瑜伽圓滿鬘論相違。故非善說。又此數量決定，若配餘續部，則後三次第之漸次，如前所說。如勝樂五次第，與姑姑日巴之大幻教授，明說有攝入心間之次第者。趣向彼義，較易通達。其未說者，凡說專注臍等要穴之道，當知最後亦是趣向、攝入心間。餘續雖無身遠離之名，若有彼義亦即相同。義亦無者，其不相違之理，當知此中所說，是最易攝入心間之次第。生起次第，亦應例知。

諸餘共道，一切皆同。

壬二、此道攝餘道之理。

燈明論云：「此最勝修支，攝一切續義。」此言並初次第之五次第中，總攝一切續義者，非僅說一切集密續。是總說一切續。即彼論說，集密是一切續部之根本，及一切經部之器故。以是彼論云：「此次第差別，分出多次第，若知攝彼等，即了知續義。」亦非僅說集密續，是總說一切續部也。若爾，此說餘續部之道次第，皆是從此分出之次第。及說了知此中總攝彼等，即是了知續義。其義云何？曰：此如前說，非由義同故相攝，是由作用相同故相攝。此復從心遠離，乃至雙運，是共需者，如前所說。引生心遠離之主要方便，是心間收攝次第。其未明說，心間收攝次第，而說於臍等餘處收攝者，亦當了知最後趣向心間之理。因恐文繁，此不廣書。其生起次第，雖不全與此同，若知成熟圓滿引生圓滿次第之善根者，其義相同。若善了知如是攝道之理，則於一切續義能得無畏。

此中有說，五次第略明論中，如前引「於一座應修」之後，繼云：「正通達此故，勝道五次第，波羅密、諸乘，有生、一晝夜，一座上應說。」其中初義，謂般若經說，大師端身正坐，即顯生起次第。從身放俱胝光明，即顯金剛念誦。十八空性，即顯緣心。言色如幻等，即顯幻身。言色無自性等，即顯光明。言無二不二等，即顯雙運。配合諸乘之義，則謂生起次第攝聲聞乘。以聲聞人所計，由極微塵合成粗色，與生起次第分別瑜伽，法相同故。金剛念誦攝獨覺乘，以十二轉風之金剛念誦，與獨覺十二緣起，法相同故。緣心次第攝唯識乘，以彼二俱重心故。中觀如幻派，幻身中攝，以彼二俱許一切法如幻故。中觀無住派，光明中攝，以彼二俱許一切法空故。一切密咒乘皆雙運攝，一切密咒見俱是二諦一味雙運故。此是五義論所說，輪相論與父續心論亦爾。然彼論言，五次第，當與般若波羅密多及種種乘，配合解說，其配合之義，非如前說。於生死有次第及一晝夜中，配合因位五次第而配合也。若爾云何？曰：總大小種種乘諸經，別如甚深般若波羅密多經之要義，皆集密續所攝。故顯彼道五次第中，亦盡攝彼等要義，是說當與彼配合解說。即彼論云：「五次第諸道，菩提分法經，三秘究竟俱，諸言所表詮。」謂明菩提分法之諸經，及明三種秘密、二種究竟之諸續部、諸字之義，五次第中表示宣說故。相攝之理，謂諸餘經所說之道，此雖未說，然彼諸道要義，是修出離生死之解脫與一切種智。此中所說之道，總攝彼義而有餘，且彼諸道，最後亦皆歸趣於此，故說此是彼等之根本。餘派所說，此道攝餘道之因相，皆是不定與不成也。

辛四、諸差別義。分二。壬一、學三遠離三摩地之理。壬二、學二諦三摩地之理。初中分三。癸一、學身遠離身金剛三摩地之理。癸二、學語遠離語金剛三摩地之理。癸三、學心遠離意金剛三摩地之理。初又分六。子一、觀察身遠離為二次第何者攝。子二、生起次第與殊勝身遠離之次序。子三、身遠離之體性。子四、身遠離之差別。子五、此成別攝與靜慮支之理。子六、如何修身遠離之理。初又分三。丑一、別列各派。丑二、觀察彼等應不應理。丑三、安立自宗。今初

安立身遠離於二次第中爲何次第，有多異說。謂無畏、能仁德、拉彌、

福緣稱等，多說身遠離爲生起次第。廓譯師千章論說，具妃師與神通師，許爲圓滿次第。黑三昧耶金剛，則許百部、五部、三部之身遠離爲生起次第。一部之身遠離，爲圓滿次第。瑪派有說：弩熱巴亦許爲生起次第。然此非實，以五次第略明論中，彼二各別說故。如是成異說者，因攝行論云：「善學一念及分別瑜伽，當安住初發業三摩地。安住彼後，學身遠離。」又云：「從生起次第，乃至身遠離究竟。」由將彼二各別宣說。依此故安立爲圓滿次第。初發業者，此派許爲從初修生起次第，至彼究竟。如五次第論云：「以初業加行，當得第八地。」攝行論云：「於此金剛乘，善學生起次第已，當得第八地。」又攝行論云：「蘊界處等無間所說，乃身遠離。於彼安布諸尊乃一切所共，是粗瑜伽故。」其後則說：「語遠離，非生起次第者之境界，極微細故。」由此可知，言一切所共者，乃明二次第所共。依此故說通二次第。其安立爲生起次第者，意謂修蘊等爲諸尊，與生起次第者，修諸尊各別清淨，同一義也。若爾，諸計身遠離爲生起次第者，許於何位宣說身遠離耶？曰：無畏師說，生起次第者，增上勝解所修金剛持身時，即說身遠離。故是增上勝解主尊。餘尊雖未明說。然於身中安布增上勝解餘尊，皆須勝解與蘊等無別，似許彼等爲身遠離。然說唯由增上勝解而生，則從種子所生之身曼荼羅，似不許爲身遠離也。能仁德師僅說：總略論所說之生起次第，明身遠離。然未明說，如何宣說身遠離之理也。後二論師，說學總略論三三摩地之後，學身遠離。故雖許彼是生起次第，然不許是總略論所說之生起次第。西藏廓派，多許身遠離爲圓滿次第。倫師則說：若於蘊等未分五五之粗分身遠離，是爲尋求。若從百部乃至一部，詳細伺察之身遠離，是爲伺察。前者是共生起次第之身遠離，以說生起次第者，於善瑜伽位亦如是修故。後者，許爲圓滿次第不共之身遠離也。

丑二、觀察彼等應不應理。

如是諸異派中當取何說？曰：若計一切身遠離，皆是總略論所說之生起次第。則與攝行論說：「學初發業三摩地後，當學身遠離」相違，無可避免。若謂總略論所說之三三摩地所不攝，是餘生起次第。尤不應理。以總略論之三三摩地，除修羯摩時少數生起次第外，凡屬圓滿次第前行之一切生起次第，皆宣說故。總略論之粗細二種生起次第究竟之後，前未曾證，更須修學身遠離生起次第，諸尊行相之理，無可安立故。除修諸尊身相之外，彼中無餘修身遠離之理故。若計一切身遠離皆是圓滿次第，亦不應理。以說身遠離爲一切所共。特說語遠離非生起次第者之境界故。由成立是否所共，說爲粗細，亦可知故。以是亦不可說，論言：於彼安立諸尊。是顯於蘊等安立諸尊，爲二次第所共，非顯身遠離爲彼所共。故身遠離，當分有二次第之二種身遠離也。雖爾，然非如三昧耶金剛所說。以攝行論說，從百部乃至三部之身遠離，皆一部身遠離中攝。其所攝爲生起次第，攝彼等爲圓滿次第，不應理故。又身遠離修蘊等爲諸尊，若是修習現爲諸尊行相者，則說生起次第，於芥子量中，觀能依所依圓滿曼荼羅，明顯堅固之後，次乃修此。然前未證者，此更無可修。故學彼已，別說學此之道次第，不應道理也。五蘊等中別分五五，此第一次第位，雖未明說，然粗細生起次第皆究竟後，則隨所見，用意觀察，皆能無間現起諸尊明顯堅固。不能說彼，詳細分別則不能生。故倫師於身遠離，分判二次第之理，亦不應理。有說：生起次第者，是新起爲諸尊。身遠離修蘊等爲諸尊者，乃觀諸尊本來成就，是爲圓滿次第修諸尊規。此說是未善分辨，二次第中，有修咒身與智身諸尊二法。如圓滿次第位，雖亦由心觀想空點字等，實無而觀。然彼不須經歷餘異類所緣，即能引生無造圓滿次第，故是圓滿次第所攝。其想蘊等本來是諸尊者，未能如是。彼修諸尊之規，由心造作觀想，較生起次第尤重。故如是二種觀諸尊規，不能分辨二次第之差別也。如是若謂由通達空性慧相分，現爲諸尊者。彼亦不能簡別，生起次第。以生起次第位，亦能生起彼故。生起諸尊之前，說誦「虛內達」等，淨修空性。彼義，亦非，未得空見，僅收現象故。

丑三、安立自宗。

若爾，身遠離，分二次第，其理云何？曰：修蘊等爲諸尊之身遠離中，通達空性慧之相分，有現不現起諸尊之二種修法。其現起中復有是否以不共樂通達空性之二類。以樂通達空性中，復有是否左右二風融入中脈所生妙樂之二類也。其生起次第中，有初二中之後者，及非以溶樂通達空性而通達空性，並由後二中之第二門，修蘊等爲諸尊之身遠離。由後二中之初門，修蘊等爲諸尊之身遠離，即安立爲圓滿次第。其修蘊等爲諸尊之生起次第身遠離。是增上勝解，身曼荼羅，收曼荼羅時，及觀一切境爲金剛持時所宣說。此亦表說，生起次第者，觀五境爲男女諸尊之方便般若清淨。故學如是身遠離者，乃學生起次第時所說。其說，學初發業之三摩地後所學身遠離，乃圓滿次第之身遠離也。

若爾，何處宣說？由大樂門、修蘊等爲諸尊之身遠離耶？曰：攝行論中，說修五部身遠離時，引虛空平等續云：「眾生皆是五佛體，猶如舞人及畫圖，若處唯一大樂性，一性、多態而舞蹈。」此文宣說也。此說如獨一舞人，戴著各種面具服飾，而作舞蹈。又如青等一色，現爲多種色相。如是唯一大樂以多種姿態而作舞蹈者，非說唯佛金剛持乃如是作。是通約道果時一切大樂而說也。如是身遠離位，亦是修唯一大樂性，現爲五部等多種遊戲。又此亦非自身，無彼大樂，僅緣他身大樂而修。故要自身生起彼樂，乃如是修。以是攝行論爾時，引證摩耶勝樂續云：「非從繪鑄等，能起諸瑜伽，勤修菩提心，乃成天瑜伽。我即一切佛、一切勇識體，故修自爲天，當善修自體。」此說非緣外天像，要勤修菩提心，修自身爲諸尊也。所言菩提心，亦即樂空無別之菩提心。歡喜金剛續云：「一切法清淨，定說爲眞如，後一一差別，說爲諸尊淨。」又云：「唯自證體淨，非餘淨能脫，爲境事淨故，自證最勝樂。」此說決擇內外一切法自性空，之眞如清淨，乃總清淨。修色蘊等一一法，爲一一尊，乃各尊清淨。諸瑜伽師各別內證大樂，乃自證清淨。共說三種。其中第二，即前續云：「生次第品中，此淨治諸蘊。」此說，不以大樂修習諸尊，而修諸尊各別清淨乃生起次第。故修大樂，即圓滿次第清淨。其眞如清淨，乃彼二所共也。若不了知如前所說，圓滿次第修身遠離諸尊之理。此位既無引生智身諸尊之理，則雖安立爲圓滿次第，然較引生咒身諸尊之理，別無殊勝，非能了達此中要義。若不安立此大樂爲生起次第，則生起次第究竟，乃至未到身遠離前，未有引生此樂方便。身遠離位，亦無引生此樂之理。則此位中大樂云何生起耶？曰：此乃此中極難解處，故難了知。下次序時，再當廣說。

子二、生起次第與殊勝身遠離之次序。

生起次第，與圓滿次第之身遠離。次序決定，其理云何？曰：總修完全粗細生起次第，是爲成熟引生圓滿次第之善根，故亦爲成熟引生圓滿次第之身遠離。特於摩尼內修微細標幟或明點者，是將左右風收入中脈之方便。依彼引生如前所說之大樂，即修身遠離之正行。故與微細生起次第，如是連係也。云何得知修下門細相，是將左右風收入中脈之方便耶？曰：事行續中雖說命力，然彼不能將左右風收入中脈。前已說訖。若修無上續所說之命力，其命謂左右二風。力謂遮止彼二，於左右脈轉，令入中脈。時輪法中多次宣說。燈明論等，命與力義，雖不如是說。然修命力，能作彼事，則皆相同。故後續說，於秘密鼻端，修微細相，爲命力之義。親教論釋云：「空點心力理，降至心蓮花，安住自金剛，摩尼之中央，五大勝色相，五智爲自性，五光明熾然，想本尊細相。」攝彼義云：「止息爲空支。」謂遮止於鼻孔中息風出入，說爲空支。此明命力支，與止息支，二義相同也。如來金剛亦云：「五大體性之命風，向下降行量如芥子，以菩提心點降注之理，降至金剛鼻端。當以前說之別攝，與五支之靜慮次第，而思惟之。」此中空點加行，是爲遮止諸命向外流散。以此因緣，故集密後續說名命力。此僅一例，其於臍間，修微細音韻之加行，與於心等處修空點等加行，凡彼靜慮，皆爲遮止諸命流散，說名命力。特由如此靜慮之力，遮止左右脈中遊動，令命風力行入中脈。此亦說名命力也。」由修下門微細相，遮止左右風於鼻孔出入，令入中脈，故後續說彼名命力。彼亦僅是一例，即緣臍心等處，修空點字等，亦顯然說爲能作彼事之命力。由此凡說：於脈輪處安布字等修圓滿次第者，亦皆當了知也。言以別攝與靜慮修習者，由許彼二爲生起次第，義謂具足生起次第而修。智足派六加行之梵本中亦如此宣說。教授穗論說：摩尼內之脈輪，有八支脈。略灌頂云：「摩尼水生。」意亦指此。故於彼中，修微細相，實能將風，收入中脈。鬘論云：「觀住摩尼中。」說於母邑，改爲蓮花。此中亦同。故於彼身亦當了知。聖派則說，先於摩尼中，修細相堅固，次放入佛母蓮花中，修曼荼羅。故除容易收風之種姓外，雖堅固修生起次第微細曼荼羅，亦難將二風融入中脈。故多係微細曼荼羅堅固之後，轉入身遠離時，於摩尼中修微細點或細標幟。待二風趣入中脈之後，乃修身遠離正行之樂空和合等。後續所說：於心間及下門，修空點之命力，親教論說，一切皆是遮止息支。二梵論中，均明說彼義。特說於脈輪處修字及空點等，一切皆是收風入中脈之方便。此擴大命力範圍，實是最希有之善說。若不解此，則覺命力狹小。既不能知無上部多種圓滿次第，皆須配合六支中之命力。亦不能知，觀想脈輪安布字等之要義。則集密兩派，與鈴師五次第等，未明說脈輪，僅說於彼處安布空點，及字等之要義，更不能知。故於究竟教授不能發生廣大定解。若知此理，則於彼等一切教授要義，均能引生希有定解。其未如實知此派修圓滿次第身遠離之理，亦係未知修微細點，即收二風之命力，及由彼能引大樂之過失也。粗細生起次第究竟之後，依仗智印亦能將菩提心，從頂降至秘密下端。此復由於所緣穩固，以泮字力，而能止住。雖依彼緣亦能引生四喜，然彼非由將二風融入中脈而生，故不能立爲圓滿次第之大樂。由如是樂空和合門，修蘊等爲諸尊，亦不許是圓滿次第之身遠離也。

子三、身遠離之體性。分二。丑一、他宗。丑二、自宗。今初

藏師多說，有四身遠離，如攝行論云：「如此身體，積聚而住，謂於肉摶」，乃至「眼肢等合集，名爲積聚。」此說三十六種不淨物合集，名爲

身字積聚之義。即明諸色身遠離。謂遠離外道等妄計清淨、安樂之身，是共聲聞所知。又云：「五蘊、四界、六處、五境、五智，如米麥等，多穀堆積，說名積聚。如是內身支節合集，說名積聚。」此明本性身遠離。謂蘊界處等多法合集，遠離妄計唯一之我，是共波羅密多乘所知。又云：「諸界和合故，般若、見、意、無明、習氣、愛、煩惱相續，說名積聚。諸識合集或積聚，都不可得，無處所故。」此明諸識身遠離。謂識不可得故，遠離能取所取，是共唯識所知。又云：「蘊界處等，從無始來，住凡常慢。謂顯一切如來微塵，所成自性。」此明三摩地身遠離。謂二我所空之身，以百部等差別，起一切如來微塵所成慢。是密咒師不共所知。

丑二、自宗。

如是說前三種爲身遠離，已譯聖派梵論，皆無此說，亦非攝行論意。若爾，攝行論意云何？曰：先明所遠離之身，次立彼身遠離。謂身字義，是合集、堆積、積聚之義。此有三種。初明此凡常內色身積聚之理，謂肉摶等合集。此是金剛鬘續所說。次說五蘊等二十五法積聚之理，謂如米麥等多穀，說名積聚。如是於身支節等合集，說名積聚。二十五法中，亦有心心所法，彼等積聚之理，與米等色法占據方位、積聚之理不同。爲簡別彼故，說「諸界和合故」等。謂眼等根與色等境諸界和合故，生意六心聚及慧等心所法。彼等合集堆聚之理，乃時分前後不斷相續，多分合集。非同一時各占方位多法合集。言「於相續說名積聚」，特簡明相續而說故。言「諸識積聚，都不可得，無處所故」者，明識非身法。不住東西等方位之因相，是明非能占方位之多法合集，非破能取所取異體也。如是所遠離之身爲從何事遠離耶？言「從無始來住凡常慢」，此句顯示。修何對治者？言「謂顯一切如來微塵所成自性」，此句顯示。故前說遠離之理，及諸餘說，皆非論義也。

子四、身遠離之差別。分四。丑一、最勝百部身遠離。丑二、本性五部身遠離。丑三、秘密三部身遠離。丑四、大密一部身遠離。初又分四。寅一、五蘊。寅二、四界。寅三、六根。寅四、五境之身遠離差別。今初

根本續云：「總說五蘊等，即是五佛陀。」此說五蘊身遠離之遠離所依身，謂色等五蘊。修五蘊爲五佛，即五蘊之身遠離。其中色蘊毗盧佛，差別有五，謂內外二俱之長短等形色，自他二俱等行相色，內外之青等顯色，內外之日月等明色，及無表色。如其次第，即毗盧之毗盧、寶生、彌陀、不空、不動等五部種性。受蘊寶生佛差別亦五，謂平等捨受、痰風所生受、樂受、苦受，和合及膽所生受，即寶生之毗盧等五部種性。想蘊彌陀佛差別亦五，謂不動不變想、四足想、無足想、多足想、二足想，即彌陀之毗盧等五部種性。行蘊不空佛差別亦五，謂身行、三界行、語行、解脫行、意行，即不空之毗盧等五部種性。識蘊不動佛差別亦五，謂眼乃至身識，即不動之毗盧等五部種性。

寅二、四界。

根本續云：「地界名佛眼，水界末摩雞，火是白衣母，風界名度母。」此說界身遠離之遠離所依身，謂地等四界。修四界爲四天女，即界身遠離。

其中地界佛眼，差別有內外二類。內又分五，謂髮、骨、大便、肝、心，毛、爪、膿、心，齒、皮、肉、心，筋、肉、肋、心，垢、腸、膽、心，此處說五心之依據，如攝行論引云：「安住於五心，出生於五續，具足五種風，受用五妙欲。」此所引第二句義，是如盛精進所譯金剛鬘續云：「從五根出生」、「受用五妙欲」句後，亦云：「由彼彼根道，行者得境界。」此如金剛鬘續云：「心中安樂體，佛日放光明，由能所取色，故彼光十二。」謂心中所生十二種風，依諸根道，成六能取、六所取風。故云，五心者，謂五根風所依是心，由彼而分。外亦分五，謂須彌山、南、西、北、東諸洲。內外之五類，即佛眼之毗盧等五部種性。水界末摩雞，內亦分五，謂痰及淚、汗、血、津涎、小便。外亦分五，謂流水、河水、泉水、池水、海水。即末摩雞之毗盧等五部種性。火界白衣母，內亦分五，謂頭煖、臍煖、一切支煖、腹煖、心間煖。外分：石所生火、晶所生火、木所生火、林所生火，及常存火。即白衣母之毗盧等五部種性。風界度母亦內分：徧行風、下遣風、上行風、平等風、持命風。外分：上、南、西、北、東風。是度母之毗盧等五部種性。四界若以內外別計，雖有兩聚二十。然合內外界，爲地界等一一界，故成二十。

寅三、六處。

根本續云：「諸金剛處性，菩薩勝壇輪。」此說內處身遠離之遠離所依，謂內六根。修彼等為菩薩，即彼等身遠離。其中眼處地藏，差別有五，謂眼緣三色、眼珠白球、側視眼色、眼動搖、葡萄量之眼根，即地藏之毗盧等五部種性。耳處金剛手，差別有五，謂耳本性、緣三類聲、耳孔、耳根、如截樺皮之耳根，即金剛手之毗盧等五部種性。鼻處虛空藏，差別有五，謂鼻本性、鼻內中央、緣三類香、鼻孔、如眼藥細錍之鼻根，即虛空藏之毗盧等五部種性。舌處世間自在，差別有五，謂舌本性、舌之根本、舌端、緣三種味、如半月形之舌根，即世間自在之毗盧等五部種性。身處除蓋障，差別亦五，謂身根骨、肉本性、皮本性、緣觸塵者，即除蓋障之毗盧等五部種性。明增得三所攝意根曼殊室利，差別亦五，謂大圓鏡、平等性、妙觀察、成所作及法界智，即曼殊室利之毗盧等五部種性。此等如攝行論云：「猶如鏡中現諸影像，頓知一切諸法。了達無足等四類有情，皆唯心一相。分別觀察內外諸法，了知皆是諸佛本性已，別觀一切諸法支分如蓮花瓣，全無疑惑。圓滿成辦自他三門一切所作。淨三業障，脫離惑業，善惡習氣，皆悉清淨。」此中意說，果位五智。若如建立論說：四智融入次第意趣，謂如明鏡現諸影像，明見諸境。三受同一領納性平等，各別記憶父母等眾生名號。能憶世間所作所為。是初四智。第五，謂可能斷垢轉依之意根自性。此中有謂攝行論云：「曼殊室利之三摩地，已說。」意謂說色金剛母等五境之後，宣說五智。故以曼殊室利為附說，而別說五智。彼說非理。此是三十二尊中，除十明王與彌勒、普賢外，於一一尊各分五部故。百部之五部中，所計之五智，乃意識所攝故，諸餘處中，非彼處之法，亦多安立為彼處種性故。

寅四、五境之身遠離差別。

根本續云：「咒師色聲等，常修為諸尊。」此說五境身遠離之遠離所依，謂五境。修彼五為五金剛母，即彼之身遠離。其中行風，依止眼根，資助見五種色，其所見色金剛母，差別有五，謂依三緣和合所見總色、愛著色、可愛不可愛中庸三類色、成所作色、嚴肅遊戲嬉笑色。即色金剛母之毗盧等五部種性。善行風，依止耳根資助聞聲，所聞聲金剛母，差別有五，謂耳內、頭及髮聲。歌與相續聲。顎、唇、語聲。林園、河流、擊掌、敲鼓等音樂聲。吽字之寂靜威猛聲。即聲金剛母之毗盧等五部種性。正行風，依止鼻根，資助齅香、所齅香金剛母，差別有五，謂總香、支分香、三香差別、味香、無盡香。即香金剛母之毗盧等五部種性。極行風，依止舌根，資助嚐味、所嚐味金剛母，差別有五，謂甘味、淡味、鹹味、辛酢味、苦味。即味金剛母之毗盧等五部種性。決定行風，依止身根，資助受觸、所受觸金剛母，差別有五，謂同坐觸、抱持觸、吻觸、吮觸、二根交會觸。即觸金剛母之毗盧等五部種性。如是二十法各分爲五，現爲諸尊之理，譬如毗盧。面臂數量、標幟與毗盧同。唯身色不同，差別爲五。餘亦應知。若爾，三十二尊中，說二十尊，餘十二尊，此何不說？曰：根本續中，明了宣說：始從色蘊，乃至觸塵，於二十法，各別修爲諸尊。未明顯說十支，與骨節、筋、脈，修爲十大明王與二菩薩。今依彼而說。如云：「於上四類一一圓滿，解說根本續義。」如是百部，從此略爲五部，復略爲三部之根據。攝行論中引密月點經，僅是一例。後續亦云：「眞實說五種，秘密說爲三。大密增上尊，最勝百種性。」即顯彼義。金剛鬘釋續亦說百部。又彼續中解釋序品秘說身遠離時，說十支分爲十明王。又說眼爲地藏等，其等字中，亦說彌勒、普賢，故當圓滿三十二尊。以餘處說修身爲諸尊時，皆宣說故。前二十尊，皆可各分五部，此十二尊獨不可分，無此差別理故。可不可安立爲身遠離，理相等故。以是有說，若以前說十大明王配身遠離，則多於百部。故於貪秘法中，解說前者。然貪秘法中無此配合。於圓滿說三十二尊，不應障礙。彼等一切，皆歸身遠離部類也。自身遠離，分二十種，由彼成立。其分百分，是明五部之種性諸尊。論云：「自身，由一切如來微塵成立。」言「彼微塵」即分爲百分，各修諸尊之名也。

丑二、本性五部身遠離。

如是所分最勝百部，略攝爲本性五部。此中遠離所依身之五部，謂地等四大種與識界。其中從色蘊毗盧種性，至觸金剛母毗盧種性之二十種，即地界所攝。如是寶生種性之二十種，即水界。彌陀種性之二十種，即火界。不空種性之二十種，即風界。不動種性之二十種，即識界所攝。此中攝行論說，色蘊等大種所造者，謂除四大種及法處色外之色蘊，即正大種所造。唯名四蘊，由依大種身故，假名大種所造。若說能攝百部之五界，謂五如來種性，最爲善說。

丑三、秘密三部身遠離。

如是本性五部，略攝爲秘密三部，謂身金剛毗盧部中攝寶生部，語金剛彌陀部中攝不空部，意金剛不動部中攝第六金剛持部。此中攝行論說：從百部乃至五部之諸佛菩薩，皆自身語意三業所攝。與前說：分百部中，除行者外，有他相續所攝，與俱非自他補特伽羅所攝之器世間多分，亦不相違。以此相攝之理，非如色蘊攝四大種，以是彼體性之理而相攝故。如后當說。此中遠離所依之身，即身語意三業。

丑四、大密一部身遠離。

如是三金剛種性，略攝爲一大密種性。謂於三金剛分身語意三門。三金剛無別，即第六金剛持增上尊。此即究竟身遠離也。

（卷五竟）

勝集密教王五次第教授善顯炬論 卷六

子五、此成別攝與靜慮支之理。分二。丑一、身遠離攝別攝之理。丑二、身遠離攝靜慮之理。今初

別攝支，如後續云：「十種根亦於，一切自轉處，由別攝諸欲，故說名別攝。」其中諸欲，總有二種，謂以此欲，及欲此事。此說後者。以是所貪欲故，名之爲欲。即色等五境。由其諸根別別數數攝取，故名別攝。於諸境上，亦假立根名，故說十根。眼等五根能取性轉，色等五境所取性轉，謂之自轉。於彼安住，名自轉處。一切者，謂勝劣中，各別而住。於者，囉字義，謂諸根於彼一切中行也。卡師譯本：「十種諸根於。」釋論中，亦無「亦」字義也。別字梵語，爲「波羅底」。顯句論中，解釋緣起時，說爲會遇，與重複義。別解脫之梵語，爲「波羅提穆叉」。俱舍論中解釋彼義，謂最初解脫。又「波羅底剎」，說爲各別受義。此中是重複義，謂數數也。如「我別別堅受」時，餘疏皆作數數義釋。故別別義，不可專作「別異」與「各別」解也。燈善明疏說：各別受用色等，爲別攝色等之義。此不許爾。攝字亦有多義。此如徵稅名爲攝稅，是收取義。其所攝者，謂五妙欲，即五根受用五境也。又已究竟四種金剛共同承事，轉入最勝承事之大瑜伽師，雖亦是根受用境，然非僅爾許，即修別攝之道，以彼要於意識而安立故。以是十五品燈明論云：「言：當食大小三昧耶。言大者，謂色等諸境。言小者，謂眼等諸根。彼等三昧耶者，謂根境和合。言食彼者，謂以別攝等次第修習。」即說根受用境爲所食，別攝爲能食也。是故前說瑜伽師五根受用五境之理，雖亦說名別攝。然六支中之別攝，謂諸根受用境時，是以定位身遠離大樂之樂空，印持受用之瑜伽。故別攝支，乃後得位所修之身遠離也。若爾燈明說：爲淨治別攝故，明第二支。此說何義？曰：別攝、靜慮，雖皆以諸根受用境界爲道。然如靜慮時，修彼等爲諸尊而受用，則爲別攝中所無也。雖然亦無非身遠離之過，以大樂性即了義諸尊。由彼印持而修，即能遠離凡常分別故。

丑二、身遠離攝靜慮之理。

靜慮支者，如後續云：「五妙欲總略，以五佛加行，觀察名靜慮，此靜慮有五，謂尋伺及喜，如是安樂性，並心一境性，此五攝靜慮。一切秘密續，宣說多種相，三密起爲尋，彼受用即伺，觸喜爲第三，樂攝即第四，知所知起盡，自心五應知。諸佛體寂滅，善住於諸欲。」言色聲等五欲塵總略，即與諸根合爲一體者，謂與諸根，成爲境與有境同時和合之根境二法也。燈明論云：「五佛謂眼等。彼等加行謂正加行，故言以五佛加行。是故色等亦即佛性。」此意是說，五佛謂彼眼等之加行。然譯文稍澀。眼等五根，既正加行，修爲毗盧乃至不動之五佛，故色聲等五，亦可配修五部也。如是根境俱是佛性，謂正觀爲清淨諸首，即靜慮支。此中共有尋等五支。此釋通相時，說以靜慮修根境爲諸首者，僅是一例。如身遠離時，應知亦修五蘊等爲諸首。又不應執，唯修諸首身相。亦必須修諸尊眞實。如廣釋時應知。甘露密論說：「五欲、五蘊、及彼一一，內部差別，雖有多種，然總攝爲五。即總略義。」實非經義。根、境、識三，謂之三密。若觀三種五聚，即五部種性者，是爲尋求。跋曹與卡師譯爲「三密是爲尋」較善。以釋論中，無「起」義故。彼尋所受用，謂觀察彼境而住，即是伺察。如甘露密論說，分別修習，是爲伺察。謂由細察不細察門，安立尋伺。此二亦是後得所修之身遠離。如是初別攝位，先學觀察根境等諸法，爲樂空現相。此堅固後，進學靜慮，觀樂空現相，即爲諸首。此處燈明論云：「如是觀已，若由趣向悟入眞實義故，意成樂相者，是觸歡喜。若由現入眞實義故，得身輕安等行相樂者，即安樂攝。」此說喜爲意喜，樂爲身輕安。等字則攝心輕安樂。前者，爲趣入眞實義時所得。後者，爲正入眞實義時所得也。跋曹譯本，爲「如是觀察」。卡師譯本，爲「從如是觀察」。舊譯二本，俱云：「如是觀已」。義謂由尋伺二法，如前觀察已。即結前文義。言趣入眞實義，得喜樂二法者，即明後文得義也。悟入與趣向眞實，其義相同。由彼理得喜樂者，謂由先修下門細相之力，而得大樂。即以此樂定解眞實義而修。觸證通達空性之勝喜，及得通達空性之身心輕安樂。正身輕安，謂身最堪能性之妙觸。此非說彼，是說能成身心最堪能性之輕安樂，即與前喜相應之心所也。由如前說如是修習，爲得下說極究竟故，能知眼等六識，所知色等六境，隨起皆盡者，謂自心之能取所取異體空性。故於智相心一境性，說名自心。此處卡師譯云：「諸佛性寂滅，住一切虛空。」又云：「瑜伽心如是，諸佛性寂滅。謂所取等分別寂滅，故名寂滅，即唯顯現也。彼一切空，及專一究竟。」前段甚善。後段，如跋曹譯「彼謂一切空唯一究竟」。較爲妥善。前之心一境性，謂入諸佛本性空性。唯字，是遮爾時有諸分別，顯寂滅義。虛空，即空義。言一切空，即第四空。善住彼者，謂由前三空，漸次入彼。此二句文，亦是說明心一境性。以是倫師，說心一境性，配心遠離。諸佛本性，配幻身。說餘文，略明光明。不應道理。金剛鬘續：密釋序品，說界身遠離時，亦云：「風火水及地，佛眼等四妃，知爲三智體，能給佛菩提。」說修四大爲佛眼等四妃者，當知三空三智體性。故身遠離時，即有道位三空智也。前說第四空者，是譬喻光明。彼於身遠離與幻身之間引生，都不相違。然幻身以下，僅說三空者，意將譬喻光明，攝於近得大空。以是此等位，凡說近得入光明者，當知是說，無念時之近得，入彼後分猶如無雲淨空之一切空中也。

若爾所說靜慮通相，尋伺二支中雖有，然喜樂與心一境性中，不具。

是則彼三，應非靜慮所分出也。曰：前說由靜慮力，修根境等爲諸首者，內有修面臂行相諸首，與修諸首眞實之二，故無過失。燈善明論說：若受用境時，觀根等三法，即五部體性，是爲尋求。若觀諸法即五智體性，是爲伺察。若思證眞實者即我是，而發妙喜，是爲歡喜。若得喜已，起身輕安，是爲安樂。又說：尋伺二支，屬明。喜支，屬增。樂支，屬近得。是許爲心遠離之三智。此是於集智金剛續所說三智義。攝行論中，心遠離時，所說之所緣爲何，以何行相，緣彼之理。未得定解之過失也。拏熱巴說二支義，僅錄燈明論原文。聖派之六加行，實須詳釋，然諸昔賢皆未詳說。故此廣辯，後亦當說。

子六、如何修身遠離之理。分三。丑一、由修細相攝風之規。丑二、從此引生溶樂之理。丑三、已發生時，根本後得修習之理。今初

若緣微細曼荼羅之瑜伽，已得堅固，先已能引殊妙溶樂者，應當了知引生歡喜之理，如下所說而修。若已得瑜伽，而未能引樂者，當從此起，專住主尊父母瑜伽而修。若均未得，現前進修者，當先修曼荼羅輪瑜伽，後乃修習。如五次第略論云：「身時及境風，了知四要義。」身要義者，如語遠離當說。時要義者，總謂恆時。特於心智明了，及下午火時修習。風要義者，自宗即可。所緣境要義者，第六品燈明論說，男子於金剛穴中修麥許標幟。女子於落伽內，修哆那迦許。第三品燈明論說，於自金剛口，修世俗菩提心，如芥子許，五部體性。親教論前說：於摩尼中修。與前說於金剛穴修，並不相違。以言於金剛口修，意指中脈下端。故二論相同也。親教論說：由心間種子放光，召請曼荼羅入自心間，溶點下降住摩尼中。燈明論說：如因位男女等至，愛火溶點，墮蓮花中，生起諸有次第，當如是修。故知是所修明點，降至下門而修也。明點顏色，燈明論意，作本尊色。若能於最細明點持心，易斷除分別。故亦易滅除，搖動彼之業風也。若於細點極難持心者，可略放大。能持心時再爲縮小。此是生起次第未固，躐等而修之過失。若已堅固，絕無不能持心之理也。其特殊持心之理，與遠離沈掉護修之理，雖能住所緣而風不能滅及不能引生安樂等，當如何修，或風將息滅，先起微苦，遣除之理等，詳盡教授，餘處當說。如是緣注摩尼脈輪中央，或中脈下端內身要穴而修。由風心同轉關係，若能於彼持心，則能息滅左右脈風，令趣中脈。其後，臨融入彼時，先現五相。親教論云：「次諸密點聚，微細如前說，自心徐徐持，轉入無性處。由修攝持故，其後地界捨，如陽燄相現，當知第一相。如是水界捨，猶如煙相現，當知第二相。由捨火界故，空燄爲第三。如是由捨風，明耀如燈燭，當知第四相。如是由捨識，深明無二義，如無雲虛空，明顯、第五相。由如是五相，證無住涅槃。行者當勤此，是爲攝持支。」後續攝持時所說五相，謂臨入光明之前，先起四相。第五即光明時，意謂趣入光明，亦由修習三種命力而入。故親教論，於修下門細相，與修心間不壞時，皆說現起五相。當知修彼二金剛念誦，亦能現起諸相也。燈明論所說，由五相門轉入光明，雖應釋爲究竟三種命力，證得心遠離與幻身後，轉入光明。然非不許，以下諸位，入譬喻光明時亦起諸相。故於下門修細相時，說由五相漸次，轉入無性處光明之攝持支，亦不相違也。如來金剛說：言於心間修吽字已，由修諸風轉入彼點，而得攝持光明者，僅是一例。即於臍脈修微細音韻，或於金剛鼻端修明點，或修猛利等瑜伽，皆能證得攝持光明。智足派六加行之梵本中，亦同彼說。此皆善說。故於身脈要處持心，與餘處持心不同也。其間雖有於下門修細相之作法，然如前說，若未知修彼，引何功德，則於教授不得定解。故依據後續，及文殊菩薩所說，善爲解釋。當知此道，是殊勝命力無誤教授。如云：「行者當勤此」，唯應精勤修學。

丑二、從此引生溶樂之理。

總修未修道二種，人凡領受溶解菩提心降至密處所生喜者，皆定能然臍間與密處猛火，而溶解。故然猛利火，溶解菩提心，不須命風融入中脈等。故有一類補特伽羅種性，如前修時，雖未將風融入中脈。然能引生溶解菩提心之安樂。修餘專注身要教授，亦同此理。往昔諸師，由見此明點降至金剛摩尼，極難攝持。故先以內外降注方便，降菩提心，未至摩尼於上諸處，即強行呵退。或至金剛時無間回導。又見強行呵止，若未散布身中，則引生疾病，故作多種散布方法。然於風入中脈溶菩提心，與未入中脈而溶解者，攝持菩提心之難易。及彼須不須強行呵止，并遮止時未散布身中生不生病之差別建立，皆未宣說也。

其中以修道力，然猛利火溶解菩提心之目的，是爲引生俱生妙智。其生彼智，溶降菩提心者，若未降至臍輪以下，特未能降至摩尼，暫時安住不流散者，必不能生德相完全之俱生智。故安立俱生智，爲圓滿次第大樂者，實須由風融入之力而安住者也。若是由風融入中脈之力，而溶解菩提心者，雖於摩尼端攝持，乃至未生德相完全之俱生智，必不流散。以菩提心，從頂降時，其風動力漸漸微弱。至摩尼時，其向外飄動菩提心之風力，全息滅故。此位，乃至未起俱生定時，必不流散。但起定時，風極動搖。爾時須知，不令流散之方便。又彼初未熟習時，須修迴轉之方便。後熟習已，即不迴遮亦能自然迴轉。於此二時向上迴轉，即不散布全身，亦定不引生疾病。若非由風融入之力，而由修細相等力溶解菩提心者，不能於摩尼中暫時任持。故須無間遮退，亦須了知退處之高下。若溶解力弱，遮退即可。若溶解力強，則須散布身中。此復若已久習，即未無間遮退，亦有暫能任持者也。續及梵譯大論，關於此類，未如餘教授中廣說者，以此所化主要機，速能引生諸風融入之圓滿次第，故彼不須此等教授也。其溶解菩提心，降至何處，引生降注四喜者，如金剛鬘續云：「其後說順次，於頂大樂輪，說彼名歡喜，受用輪勝喜，離喜住法輪，次於變化輪，領受俱生喜。」此謂從頂至喉間，安立歡喜。餘三種喜，例此應知。引生堅固四喜之理，亦如前續云：「化輪為歡喜，勝喜住法輪，受用謂離喜，俱生在大樂，說為逆次第。」此等處所，亦由前說道理應知。此與大印點論亦相符順。此中復說：上下四中，各分四分，故成月十六分。及由日宮，各分三分，共成十二分。即前續云：「此諸兔相分，即十六喜點，應知為韻體。四輪如次第，如其所宣說，亦為日十二。」此菩提心上下昇降時，皆帶惹達昇降。於彼四處各分四分，每一分間，領受一樂。又彼四處，各分三分，每一分間，由降塵門，各分下中上三種樂。此極微細，修者應知。教授穗論說堅固四喜，是俱生喜中，分為下、中、上、上上。故堅固四樂，須較降注四樂廣大也。堅固喜時，乃至未到頂輪，樂不堅固。頂中堅固，乃名堅固。即前續云：「其次風上意，由相違流注，住蓮花蕊中，其後成堅固，依怙不動轉。如無孔器中，水安住不盡，爾時樂堅固，堅故俱生喜。是故瑜伽師，定得無盡佛。」教授穗論說：意謂明點，相違謂逆次，堅固謂住頂上。拉彌師說：由頂上降注菩提心時為明相，降至一切支節時爲增相，從金剛端分一點時爲近得。於頂端堅住時，引生光明。又前二相同，至金剛端或中部時爲近得。住摩尼中央時，引生光明。亦說彼等名四歡喜。餘多同此。能仁祥說，至金剛根爲明相。至摩尼中央爲近得。至摩尼端引生光明。由此須許，從金剛根至摩尼項間，引生增相。大印點論，說四喜爲明增得三及光明爲四也。集密本釋諸續，及聖五父子諸論，皆未說四喜即爲四空。五父子亦未說，溶解菩提心，降至何處，引生四喜或四空之何空。僅說由風融入，引生明相，由心融入引生增相等。聖五父子之諸餘隨行，除說從頂乃至密處金剛，由降菩提心之次第，引生四空外，未說其餘道攝四空智等。若不許者，則不能通達此派要義。后當廣說。如是由降菩提心次第，引生四喜之理，此取何事？曰：如下所說之殊勝四喜，是由專注心間要穴而生，此時雖不能生。然彼隨順四空，此亦可生。如能仁祥所說，似較相符。

此中大樂，乃道之命根。彼堅固者，要依堅固之樂。故引生彼理，最爲切要。如教授穗云：「彼現起者，謂從摩尼乃至臍間。未流散之菩提心，正增長中，向上遊行。」若如文義，似從摩尼，初未流散，自然迴轉。然非彼義。以有雖未流散，然不依前下降之道，而不知何往者。亦有雖能迴轉，然不定直達頂上，而散布低處者。以是上迴直達頂者，須瑜伽師特加修爲。金剛鬘續云：「風眞實爲先，令彼向上行，瑜伽師修爲。從此至化輪，當知名歡喜。」次行至法輪，次行至受用輪，要由瑜伽師修爲而成也。如是由修細相，風融入規，現諸相理，然猛利火溶菩提心下降之理、上迴之理，及從彼二，引生降注堅固之十六分歡喜，及十二分等。其於臍間及密處，然猛利及降注，與於彼處安布諸字、空點，及於彼處修瓶相風等，亦皆相同。故知於彼一切均極重要，尤當了知是瑜伽母續道要義，不錯誤之方便也。此於下門修微細點，則下除風，易向上轉。故猛利火然力強大。及善表示降注俱生，須菩提心於摩尼中長時安住，故有於彼長時住等多種所爲。恐繁不書。

丑三、已發生時，根本後得修習之理。

如是若能引生上下俱生歡喜，則須配合眞如清淨無我正見。故於定中當修彼二心同一安危，空性與大樂，合爲境與有境也。次由風動增上起彼定後修學之理，如金剛鬘續云：「諸根行境時，隨住善防護，空無二幻等，世俗增上修。慧智灌頂等，修習生大樂。由念大樂故，諸根從境退。」空性謂光明位，無二謂雙運位，世俗謂幻身位，等字攝彼以下諸位。此明諸位皆須增上受行諸境。故語遠離以前，凡引四空之一切位中，隨所現境，皆須以樂空印定。如此所說，皆當了知。謂當憶念眞實第三灌頂時所受大樂，及等字所攝如前所說大樂，受用境時以彼印定。防護與彼相違作意。一切所現境皆成樂體。此後由大樂熾盛因緣，令根門轉動諸風，皆向內轉。亦攝根識。故風融入，如前引生大樂也。如第一次第時，隨內外一切所見，皆須現爲天身。如是第二次第時，亦隨一切所見，皆須現爲大樂變相也。彼是已得圓滿次第俱生大樂以後所有，此中說，由身遠離門，當觀一切所見，皆爲大樂變化者，是爲令一切所見，皆現爲樂體也。其中，先須抉擇諸法，本性清淨，了知一切有法，皆是空性變相。次由樂空和合門，當修大樂變相。略說彼義，如攝行論云：「言：我自性清淨者，謂當發起堅固我性。增上勝解三種金剛之體性，即大金剛持者，說名加持瑜伽。」此於一部身遠離位，說瑜伽師，了知自我本性清淨，發堅固勝解，修爲大金剛持者。非僅自身，凡遠離所依一切身。非僅一部時，百部等時，亦皆相同。

以是抉擇一切遠離所依法，本來由自相空之本性清淨體性。了知即此無自性之空性，現爲彼諸有法。是爲諸法，乃空性變相之義。諸法雖有多種不同，然由所破諦實而空，則無差別。是故空性亦同一味，無多差殊。俱生大樂，即緣此空性爲境。現在境與有境，雖未能如水注水。然須如是勝解。爾時，由勝解樂空一味關係，如知是空性變相。由勝解力，亦易安立爲大樂變相。此即憶念定中樂空，印定一切所見之正確因相也。由如是觀一切有法，皆是樂空一味變相之力，則知生死果法，與惑業等因，亦是大智所變現。故尋常生死與彼因法，皆無處現起。攝行論中，百部身遠離時引經云：「蘊界及諸處，分別五、五性，如來各加持，寧起生死業。如是五外境，各各由五佛，各別自加持，正住三、五智。」卡師所譯甚善。由見此義，故薩惹哈云：「不應分二應合一，種性不分諸差別，三界無餘此一切，轉爲一色大貪性。此無初中後，非有非涅槃，最勝大樂中，無我亦無他，前後及十方，隨所見彼性，今知是依怙，不須詢他人。」大貪謂俱生智。如是如百部等所說，先以聞思決擇。於修學時，先學別攝，當觀一切所見皆是樂空變化。善學彼已，當學究竟身遠離，觀彼一切，現爲大密金剛持一尊。亦修自身現爲樂空金剛持行相。復與佛母平等和合。金剛持爲藍色擬爲白色，父子論中皆未明說。若未能生如前說之大樂，僅能生溶解樂者，可住彼上而修。若彼亦無者，則由善解樂空和合，與根本後得修習之理，而修學之。其修大樂爲道者，於此根本後得修習大樂之理，由修習堅固之力，隨所見一切，皆成增盛大樂之助伴。是不容缺少之方便。故諸續論所說多法，此派於身遠離時，明了宣說。當善知已，數數學習，乃善增長此道種性之不共堪能也。

癸二、學語遠離語金剛三摩地。分六。子一、身遠離與語遠離之次第。子二、破計語遠離為生起次第道。子三、明語遠離所知風之實性。子四、明咒之真實。子五、明語遠離為命力之支分。子六、如何修語遠離法。今初

論說：學身遠離後乃學語遠離，若先無身遠離則不生語遠離。其義云何？曰：如攝行論說：若已學粗細生起次第，則安住初發業三摩地。若已學身遠離，則安住身金剛三摩地。初次第中雖亦有身金剛三摩地，然此中所言身金剛者，乃殊勝身金剛，即圓滿次第之身金剛也。又如幻身中所說之金剛身及智身，此雖未有。然此是已得圓滿次第俱生大樂，由彼所現之身金剛。故有與大樂不可分離之金剛義。彼須於語遠離前修者，以語遠離，是圓滿次第不共誦咒法。其修能誦者之天時，若無彼身，則所持誦，不能發生如經說之功力故。復次攝風殊勝處，謂心中中脈。若先總於中脈中融攝引樂者，則於彼融攝，較爲容易。倘先未總攝，則於彼攝殊爲艱難。即由此理，故說如是次第。金剛鬘續說：解除心中中脈之結，較解除餘結爲難。故先於餘處攝入中脈者，以較攝入心間爲易故。

子二、破計語遠離為生起次第道。

月光疏云：金剛念誦，亦如是修習。由先說彼支分，故立爲生起次第。謂攝行論於語遠離後，如是安立。由安住語金剛三摩地，故名已超生起次第尋求心遠離。由緣刹那圓滿之天身，說名圓滿次第。即待彼義，攝行論云：「語遠離者，非生起次第行者所行境。此說安住語金剛三摩地者，尋求超越生起次第之心遠離。故語遠離時，猶未超彼。以是一刹那頃圓滿天身，假名圓滿次第之境，非漸起天身之境。故說非是生起次第之境。」然攝行論如是說者，是顯安住語遠離三摩地者，已超越生起次第。非說心遠離乃超越生起次第。故譯文云：「已超生起次第」。卡師譯謂：「超已」。俱甚妥善。又攝行論，說生起次第得第八地。說住語金剛三摩地，亦是第八地自在。然亦不應謂彼，是生起次第道。以雖同立為第八地，然彼地中前後有多位，不必同立為一處故。此諸地義如下當說。又攝行論云：「語遠離亦是瑜伽師智，最極微細，非諸大乘人境。金剛乘中，亦非生起次第行者之境，極微細故。」此所說義，不可釋為，非漸次生天身生起次第者之境，而是一刹那頃生天身生起次第者之境。以是否彼二之境，理相等故。又攝行論語遠離前，第三品中，說於鼻端修五色寶珠之義，若各別說，二次第之微細瑜伽，說金剛念誦，是了義圓滿次第之瑜伽故。五次第論亦說：已住生起次第之後，欲學圓滿次第，當說金剛念誦等五次第故。又說，非生起次第者之境者，非說生起次第者無彼了解。是說非生起次第之道也。以是，餘定量論中，於生起次第時，說金剛念誦。亦不應誤解。以彼時所說，與非彼道，都不相違故。

由此亦破，說給跋瓦，許出入息之金剛念誦，是生起次第之教授也。

子三、明語遠離所知風之真實。分七。丑一、風咒、金剛念誦，漸次修學之義。丑二、了不了知風真實之德失。丑三、風之差別。丑四、釋差別義。丑五、諸風遞換之理。丑六、諸風所有作用。丑七、依彼了知修持要義。今初

五次第論云：「由知風眞實，漸入咒眞實，通達咒生已，學金剛念誦。」此說以入風眞實漸次，入咒眞實。及通達彼後，而學金剛念誦也。此中福緣稱說：三毒種性三金剛瑜伽師，由於秘密鼻端，修菩提心物點，於心中鼻端，修咒點，於面上鼻端，修諸風爲點形所攝之光點，而悟入風眞實。及由頂上嗡字，入喉間阿字，阿字入心中吽字。吽字之空點、初月、首晝、哈字、嗚韻等，前者攝後者之後，嗚韻轉成短阿，緣此而修，即悟入咒眞實之義。拉彌等亦多如是許。然彼等，非是後續與金剛鬘續之義。故亦非五次第論與攝行論之義也。以是當知，論說漸入三眞實者，是如廓師所許，要先了知風眞實已，其後能知密咒眞實，要以聞思善知彼二，其後乃修金剛念誦也。

丑二、了不了知風真實之德失。

金剛鬘續云：「次風眞實性，勝義說應聽，瑜伽師修風，速得諸成就。」律生續云：「不知風瑜伽，或知而不修，彼受眾苦逼，當成生死蟲。」其欲修習風瑜伽者，先善了知諸風要點，極爲重要。非僅正修風息，如金剛念誦等如是。即於身諸要穴修明點等，及由外命力門引發諸道，亦須善知彼義也。以是當知凡專注身要，修圓滿次第者，皆須善知諸風變化，或直修或間修諸風，是此道中不可少者也。

丑三、風之差別。

若爾諸風差別定有幾種？曰：諸佛平等和合續，與集智金剛續，皆以俱札喀等十種不如實言，宣說十風。金剛門續則以命、下遣、火等住、上行、周徧、行、善行、正行、極行、決定行等，如實言宣說。金剛鬘續與授記密意續中，前五，如上說，後五，則云：「龍、龜、與蜥蜴，天授及勝弓。」釋論等亦有說後者名勝財者也。兩聚五風，名根本風與支分風。聖派餘論雖未明說。十一音師，則作彼說。若爾金剛鬘續，說捨取等百八種風。十種風中，攝彼不攝？西藏智者有云：「十種風，各有十種異名，及有八通名。」金剛鬘續疏則云：「變化、法、火、受用、風、大樂六輪，除徧行風，以彼離諸作用，普徧全身。各有餘九風行。此復晝有五十四，夜有五十四，共有一百零八風。其中持命風，於六輪之臍中行。除風火二輪，餘四諸瓣，從下遣風至決定行風，各有八風行。受用輪下之火輪，說有三瓣，眉間之風輪，說有六瓣。前者，加中脈三結，左右乳二脈，及本輪三瓣，共爲八支。後者，本輪六瓣，加左右眉二脈。共爲八支。其中有餘八風行轉。」別譯續中說：從夜半至日午，有五十四，從日午至夜半，有五十四。釋論中未說。顯見，此說九風，行於六輪，而成百八。故第一說，不符經義。若一一輪，各有下遣等九風，行者，若餘處亦行，則百八之數，尚須解釋。若不行者，既從臍輪，向鼻中行，亦應從心喉等處行。故不應理。又疏中引云：「從半夜時起，六輪九體性，至半夜邊際。」如是誦文，亦不合理。總之十風，攝百八風，顯是續義。然說六輪，各有九風漸次行轉，極難安立。故尙須研尋也。

丑四、釋差別義。分三。寅一、釋五根本風義。寅二、釋五支分風義。寅三、釋二風共義。今初

其中五風爲住何處，及係何尊之風。如金剛鬘續云：「命風住心中，從不動種生。下遣住密處，從寶生部起。上行住喉間，無量光爲性。等住住臍蓮，是不空自性。周偏偏諸支，毗盧遮那體。」攝行論中，亦如是說。又云：「顯此風眞實，即五智體性。」說爲五智者，當知亦由五種性而說。其持命風，行鼻孔者，是粗持命風。其住心間名不壞風者，乃微細持命風。如金剛鬘續云：「心蓮花蕊中，智金剛常住。」又云：「大主不動尊，即世界實性，彼中常住處，名之曰命智。」此說乃至存活以來，常住心中之風，爲持命風。故知持命風，有粗細二種。四天女請問續云：「半量極微細，意法明點形，常安住心中，大光明熾盛。」亦是說五光熾盛之不壞風。金剛曼荼羅莊嚴續云：「心中不壞風，光明如燈燭，不變最微細，阿即最勝主。」亦是說不壞風。總之心中不壞者，有赤白菩提心、因位光明，微細持命等多種。金剛鬘疏中，說此名光明風。眞實成就論說：餘風滅後，俱生風安住本處，通達眞實。亦指此風也。以是金剛鬘續，說諸風如初生時次第，臨命終時，由下入上。最初成時，既持命風先成。故最後諸風滅時，皆入微細持命。攝行論說，諸風最後入不壞中。亦是融入心中不壞風之義。心中之不壞風與明點，住於心間脈結之中脈中。鼻中遊行之持命風，雖亦住心間，然非住彼中。金剛鬘續身語意心藏品，說下遺風，住便門密中者，秘密蓮花乃根本處。意說，遣除大香之下遺風，行於便門也。燈明論說：地界風住於便門蓮花者，亦是於秘密蓮花，假立彼名耳。若爾，金剛鬘續云：「六十四、八瓣，上下如相望，命與下遺風，依上下而行。」此爲說心間八瓣脈之上下耶？抑說臍間六十四瓣脈之上下耶？若說前者，與前說之處所相違。若說後者，則與：「心蓮花蕊中，智金剛常住。」二句之後，續云：「命下遣大風，依上下而住。」而成相違也。言上下者，係指心間脈結之上下。彼言住者，即行動義。是所行之道，非所住之處。故無前失。若爾，續說地界下遺風，行二鼻孔。云何此說，依心下而行耶？曰：彼是說由心間脈結所阻，其下遺風，不能循歷彼中脈道，向上遊行之義。持命風亦爾。如持命風，從心喉間，於上鼻孔出入。如是下遺風，亦從臍間，於便門及根相端出入。紅大威德經云：「下遺起臍間，下道密邊捨，命從心喉起直往鼻孔行。」等住風，與臍間猛利火平等安住。由金剛鬘續說：因心中脈結所阻，持命風不能過彼下行，下遺風不能過彼上行之理，則餘三風住餘三輪，現在亦不能由脈結中間出入也。金剛鬘續云：「於喉心臍間，及密蓮往返。」此說：除周徧風外，餘四風從何處出入之理。此復是說彼風初起，與行完安住，是彼諸處。非說中間行時，不能越彼處外行，及越彼處內入也。諸風出入時，為於何鼻孔行，及是何大種輪之風，并為何色。如金剛鬘續云：「住五佛種性，從於鼻孔出，五風往上行，常行於身中，行於世俗鼻，由彼門而轉。左右與二俱，及徐行為四。右行大種界，即是火輪性，微妙赤紅色，蓮花依怙行。左行大種界，依於風輪性，現為綠黃色，羯摩依怙性。俱行大種界，現為眞金色。大自在輪性，是寶依怙行。徐徐無行界，現如淨水晶，此乃水輪性，金剛依怙行。徧從諸界生，所依能依相，毗盧遮那性，臨終乃現起。如是四壇輪，等住恆念誦。咒師念誦數，晝夜常誦持。」攝行論中，釋彼義爲，從金剛與蓮花鼻孔，放種種光，往上遊行，經左右等世俗鼻門。一一輪中，各以三字咒主隨轉次第，恆自念誦。其第四句，餘譯本中，作「常正行身中」。由說：五風，皆上從鼻門遊行。故顯周徧風亦從鼻孔出也。左右各別行外，別說徐行，故當知是二鼻中行。言無行者，攝行論說：即遲緩之義。言從左右等出者，攝行論說爲左右鼻孔，與二鼻孔。律生續中如是說者亦與此同。律生疏中說是隨一鼻孔之左右及中間者，非彼經義。金剛鬘中如上宣說。與親教論說：右鼻風行，左鼻水行，二鼻地火行，亦不相違。前者，意說主要風行。後者，說平行者，亦說各別行。說各別行者，亦說俱行，是表彼二不定。又說左行者，亦說右行。是表二鼻各別行風，亦不決定之義。說一大種風行時餘三種風，亦相隨行故。從右鼻孔等行動之四風，此續與聖父子論中雖未明說，是何根本風。然以此說四依怙風，與前引說持命等風是何依怙。二文配合，即能了知。燈明論說，地水火風之四風，如其次第，於密處、心中、喉間、臍部蓮花中遊行也。其顏色者，金剛鬘續諸譯本，與舊譯攝行論中所引金剛鬘文，皆說左風爲綠黃色。解說彼時：謂綠黃色，黑光爲性。跋曹與卡師所譯，攝行論中，引文譯爲綠藍色。解說彼時亦爲綠藍色。如攝行論說：四風如其次第，爲黑、紅、黃、白光體性。第十四品燈明論，亦作是說。燈明論第三品，說四風色爲紅等四。授記密意經，亦如是說。燈明論第六品，除說右風爲紅光體性外，餘三色，如前說。如是雖有種種異說，然當知持命、下遣、上行、等住風之自性色，如其次第，爲白、黃、赤、黑，各別決定。光明，則皆具五色。如攝行論云：「雖然如是，但一光起時，亦定具五光。以一界曼荼羅，徧四界曼荼羅故。」大悲足說：「沙耶摩言，俱於綠黑色轉。」故應作綠藍色或綠黑色，不應作綠黃色也。拉彌師因經說，周徧風爲毗盧，持命風爲不動。故說爲白色與黑色。後者與多書相違。前者雖無明文。當如廓師所許，爲紺色也。說諸風隨一界曼荼羅，徧四界曼荼羅者。如持命等一風行時，亦有餘三風俱，故有四風行。第六品燈明論亦云：「一一曼荼羅，作曼荼羅轉時，餘三曼荼羅爲其眷屬。故皆入其內。」此即解釋續中，「眷屬諸差別」之義故。爾時之四曼荼羅，亦說爲於左右鼻及平等行之四曼荼羅。故當知是持命等四風。故上行風，於右鼻行時，持命、下遣、等住，亦與彼俱行。於餘三風亦當了知。

（卷六竟）

勝集密教王五次第教授善顯炬論　卷七

爾時上行風中，餘三風行動之理，依火界風故，餘三風，爲白色紅光、黃色紅光、綠色紅光，如彩虹而生。以是等住等三風，從左鼻孔等行時，亦當了知各以一風爲主，餘三風爲伴，隨彼中而轉。故說上行風於右鼻孔行，等住於左行，命下二風，平等行者，是約爲主而行。若爲伴行，則不決定。右鼻孔中，上行風爲主，四依怙風行時，先行二百二十五次，謂白衣母風。次行爾許三次，如其次第，謂度母、佛眼、摩摩雞風。一一佛母風中，復各有四依怙風。如是左鼻孔中，等住風爲主，四依怙風行時，先從度母風起。平等行中，以持命風爲主行時，先從摩摩雞風起。下遣風爲主行時，先從佛眼風起等，亦當了知。授記密意續云：「白衣等如次，上斜、及直下，是火風地水，各各曼荼羅。」謂白衣母風上行，度母風斜行，佛眼風直行，摩摩雞風下行。又說此四，如其次第，即火界乃至地界之四曼荼羅。如是上行等風一一爲主，各有四風隨轉。每一聚中分爲四佛母之四風，非同時行。一一佛母風中，分爲四依怙之四風，則同時行。諸佛母風唯漸次行。同時行者，亦唯四依怙風。故黑三昧耶金剛，說一風於中央，餘四風於四面，五風同時行者，非是善說。即四風同時行者，亦非各別分離，是如一彩虹而行。如具妃論師所許，極爲善哉。以是餘派所說，小五界風，於中央及四面，同時行者，亦與此不同。故說於上等處行者，亦是漸次，非同時也。如卡師譯爲「上側及等下」，於九百次風，說爲四佛母風時，謂火界白衣母風，於鼻孔上面行。風界度母風，於鼻孔側面行。地界佛眼風左右同時於鼻孔中央行。水界摩摩雞風於鼻孔下面行。此與吉祥持論師，說每一轉風，分四界風，謂地界風於中央行，風界風於兩側行，極相符合。桑補札中，說旁面行。諸餘經中多說斜行。義即側行。直行與等行之義，即於中央行也。言於兩側行者，乃漸次行。續言「五風於上行」時，說周徧風亦於上鼻孔出者，意如下文所說，臨命終時而出。彼風，除命終時行動外，現在不行。拉彌、阿朗迦拉峽、及藏地諸師，多如是許。十一音論師，則說，現在何曼荼羅出時即隨彼出。臨命終時，乃自爲主而出。教授穗論說：每日中，破魔脈中所行諸風，是壽盡風。名周徧風。雖有此三說，然周徧一切支節之周徧風，於鼻孔中行不行動之理，初說為善。故有多人，雖能收攝於鼻孔中出入之風，而不能收周偏諸風。然彼諸風皆須收攝，故桑補札說，修瓶相風，能攝二十四處諸風之義，即如教授穗論所說，收攝周偏諸風也。

寅二、釋五支分風。

攝行論說，五支分風，住眼等五根。金剛鬘續云：「月分、與光明、承事、垂擺、肝，是為五脈名。五脈所行風，龍、龜及蜥蜴，天授與勝弓。」此說是月分等五脈中所行。又前續云：「心中安樂法，謂佛日光明，所取能取色，復分十二光。光增、光、威母、明、然、光熾然，依於眼等處，能取外色等。光、光母、明母、明嚴、明光、日，外色等行相，此六許為光。」此說從心間所出之風，依止六根能動六身之能取六風，與能顯色等之所取六風。故知彼諸脈，皆是安住心間之脈。與說心中三輪等脈，名降五境脈。是否一義，應當觀察。五支分風，多屬持命風之支分，故此等起滅二主要處，即是心間。燈明論云：「五熾然者，即現起等五種光明。」又云：「言火燄猛烈者，謂五光明爲體。」又云：「常無間斷如水車輪，晝夜旋轉，故名爲輪。金剛，謂五色。」故五支分風，亦各以五種光明爲體，晝夜恆從根門出入。其顯色者，廓譯師說：行風紅色，善行藍色，正行黃色，極行白色，決行行綠色。第五風住於身根之理，謂隨彼根徧處而住。

寅三、釋二風共義。

攝行論說，十風爲出入息。雖說胎中成就十風。然說未生以來不能呼吸。故是降生已後乃有。五根本風出入，如前已說。五支分風，有與鼻孔所行風平等俱轉或如理而轉。說此等成爲四曼荼羅、四種佛母、及五大者，已如前說。說此等成爲五部五智者，五根本風如前已說。配合五支分風者，當順五根五境轉成五部之理也。說此等爲三字所依而修金剛念誦者，十風皆有。說此等風爲阿字所依而發一切語者，亦十種風俱不相違。又此等風得不壞已轉成無事者，是臨終時融入心間不壞風，轉入光明。道時亦如是修。此等是攝行論，問答住十風已，當作何事時所說，故有釋爲，說風作用。然風作用，於說五根本風。住身分中，作身所作。五支分風，安住眼等，作根所作時宣說。此於身遠離時已廣說訖。如彼應知。故言，「爲出入息」等，是由自體門宣說也。五次第論云：「此是識所乘」等，說識爲有風乘者，是由風力動識之義。即以此理，故說一切有情名動世間。若以色身動搖等，爲彼因相者，則不能徧一切有情。如由風力動搖色身，識上非有，彼動義云何？拉彌等說：「六識取境須仗風動，餘則如盲不能見境。故說彼二如跛與盲，互相聯繫，乃作所作。」授記密意續云：「行取境等業，此中由依彼。」此說，行住等，與取境等作用，皆依風力。攝行論說，五風，安住諸根，能取五境，及作根所作。故雖須許，諸識取境，要依風力。然以彼理，不能安立風爲識所乘具。猶如根境。又攝行論說：明入細界，漸次轉動，以是因緣，晝夜領受一切自性。大婆羅門（薩惹哈）亦云：「此中攝意由風浪，動蕩令極不調順。」此說，意由風浪，生極不調順行相之心。故雖許有分別無分別一切於境動蕩之心，皆由風力使然。然僅以此理，猶不能得安立風爲識所乘之義也。若爾云何？曰：識非有身，彼無自力趣境之往來功能。若與風俱轉，則有趣境之功能。攝行論中，問云：若說三明無去來者，云何晝夜於身出入，如何於此而能偵察？答說彼三無色之理後，曰：「雖則如是，然有明相。故與風界俱行而能偵察。」此義是說，三識雖非有身，然由有風明相，故與風俱而能去來。如偵察者，往還不住也。以是當知，由風力而趣境，是心乘風行動之義。此中有心於境界流不流散之二種。又自所乘風之前念，趣向後念。雖未趣餘境，然非不趣境。如攝行論云：「細界與識明，由無色故，如酥注酥，和合爲一，能圓滿世示世間一切所作。」此言如酥注酥中和合爲一之風心二法。拉彌釋爲成一體性。極爲善說。攝行論說，彼風無色者，意謂無如粗界之色。非謂全無細界之五色光明。如其前文，外風由無手足等色，亦說無色。言識能搖動身等者，亦是由具風故乃能爾。彼若無風，則不能動。四百論疏中，亦能了知。

丑五、諸風遞換之理。分二。寅一、鼻孔展轉換不換之理。寅二、脈支與曼荼羅遞換之理。今初

時輪派說：從右有地水火風空智六風，從左有次第相反六風，依次第行。由右地界轉入左空界等共十二轉移。每一轉移際，有五十六息及四分之一，於中脈中行。故一日夜，共有六百七十五息，於中脈中行。所餘諸息，則於左右脈中行。又一日夜共有二萬一千六百風息，以十二除，各得一千八百風息。說爲每一轉移之風量。若將行中脈風別計者，則不滿彼量也。出入二息合爲一次。金剛鬘續與律生續，亦同彼說。教授穗論說：「除四大外，別無虛空風。以金剛鬘續、授記密意續、無二尊勝續，三經證成。時輪續說，除四大外，別有虛空輪行，及說每一鼻孔，有小五界風，於中央及四方行。並相反說喉間，與頂上之脈數。說臍部脈輪六十四支中，有四支脈爲空脈等，皆是爲化日車等機，不了義說，非眞了義。如諸等欲隨行者，於須彌上際，示現三界器世間等。」月光疏說：「授記密意續說二十四轉移。有說於一鼻孔中，兩轉移風，不斷行後，轉入餘鼻孔中。故一日夜中，鼻孔轉移十二次。如外一年，轉移十二日宮。二觀察續，說十六轉移者，意說喉間十六脈支。有餘師說，於一鼻孔中，行二十四轉移之一轉移半已後，轉入他鼻孔中，行一轉移半。故一日夜中共有十六轉移。約臍部第三層蓮花十六脈中，棄捨四脈，立十二轉移，故與外界相合。又內外二，不須一切相合也。然彼二家，俱以內外轉移一次半，立爲半座。金剛鬘等僅以一轉移，立爲內半座。都不相違。」其說二十四轉移中，每二轉移，鼻孔轉換一次者，謂經說十六轉移者，意說喉間脈支，非鼻孔轉移。其說二十四轉移中，每一轉移半，鼻孔轉換一次者，謂經說十二轉移者，意說臍部十二脈支，與外界轉移相順。非說鼻孔轉移。金剛鬘等說每轉移即爲半座，授記密意說每轉移半即爲半座。故不同諸說，都不相違。教授穗論，說二十四轉移，爲二十四半座。彼等皆說，四佛母風，轉移一次，有二十四轉移也。能仁祥說：「授記密意續，說一日夜有二十四次九百風息。是依鼻孔轉移而說。說二十四轉移，乃不了義。歡喜金剛續，說十六轉移，乃是了義。復許彼是鼻孔轉移。與云：『如外內亦爾』，極相順故。」此中集密、根本續與餘釋續，皆未明說，四曼荼羅風，於鼻孔行轉之時量。授記密意續，今譯本說，白黃赤黑四風每次，各有四度，二百二十五佛母風行，共爲九百風。一晝夜中，共有二十四度九百風，漸次行轉，總有二萬一千六百風行。若配金剛鬘續，則彼四風屬根本風。又彼四風，一爲主時，餘三附彼，行九百次。金剛鬘說，四風行轉爲半座時。西藏先覺，釋彼義爲，九百風行時量。能仁祥師，亦如是釋集密派，半座時量。第十五品燈明論說，每九百風行時，爲金剛念誦，修消災等羯摩時量。第十四品燈明論中，引釋續說，四大種風，住半座時。解釋彼義，謂密處等四處，生四曼荼羅風，住半座時，修消災等四種羯摩。故知每半座量，爲九百風。即以半座，明四曼荼羅風，於鼻孔行，每度時量。故說前半座九百風後，無間復繼九百，風息共行一千八百風後，始轉入餘鼻孔者，非是經意。又俱行二鼻孔之二曼荼羅時，鼻孔無轉移。故說一日夜風，左右鼻孔轉十二次，亦非經意也。言釋經說者：沙羅答師與福緣稱師，說是授記密意續。今譯本中雖無彼文，然未譯全，故不相違。若爾，解脫點論云：「四印一一風，二百二十五，彼四合九百，二十四轉移，共計爲二萬一千六百風。」此說二十四轉移，當云何通？曰：此與親教論，俱說各別鼻孔，有二曼荼羅，等行有二曼荼羅。故二曼荼羅，於左右鼻孔有十二轉移。餘二曼荼羅，雖不轉移鼻孔，然轉移曼荼羅十二次。是爲論義。故解脫點論疏，說左右鼻孔轉移二十四次。亦非論義也。

授記密意續，縱許如是，然金剛鬘續之半座時量則必不爾。如續云：「由座限差別，次修隨念誦，各座限觀察，諸命及其力，二千七百數，應正決定識。」此說每一座時，有二千七百次風。故每半座，有一千三百五十次故。又彼續云：「此等開加行，漸次成八座。」故一日夜，應有十六半座也。曰：前段經義，是金剛鬘續，說修生起次第究竟後，當修六月金剛念誦。其第二月中，修隨念誦觀察風時，如前宣說。故是瑜伽師，將一日夜風分爲八分，特以功力，將諸分風皆令平均之義。非除此外，約餘時風行而說也。後段經義，是說由左右中三脈開展，成心間八脈。非說風行之時量。說四曼荼羅風，於鼻孔行，各經半座者，是明因位與修道時，通常行風之時量。故彼之半座，與二千七百次之半座，名雖相同，義實各殊。故二釋續與五次第論所引無二尊勝續，所說半座，皆相符順。此中拉彌、福緣稱、及阿郎迦，皆說風行之量，爲八座十六半座。每一座有八時。每一座中，有離出入息之光明半時。故一日夜中，有光明四時，若於爾時住心空點，則能引生光明爲體之心一境性。集密派餘續中，未說一日夜之時數。金剛鬘續，說一日夜有六十時。故此派中，無作六十四時之義。由彼續說，籌與時義同。餘續則說六十四籌。故若斷除六十四與六十時相違過者，須說餘處說三十二時六十四籌。與此續及金剛空行，四座續中，如前說者，二義不同，而斷違故。又說於鼻孔行，每座之首，有離出入息之半時者，以可見而不得因，能破除故，故非善說。若謂是時輪所說臍部六十四脈中，四脈空虛之義。亦非彼義也。律生中說：「十六轉支風，成爲一日夜，常於鼻孔中，半座半座行。」此於一日夜分十六半座。於鼻孔中每行半座，爲一轉移，說有十六轉移者，莫執爲左右鼻孔有十六轉移。以彼續說：火風二曼荼羅，於左右鼻孔各別行，地水二風，於二鼻孔平等行故。以是當知是左右鼻孔轉移八次。及鼻孔不轉移，而曼荼羅轉移八次也。札那續釋俱生明論說，隨一鼻孔住半座已，轉移餘鼻者，日間八次，夜間八次。三昧耶金剛，與能仁祥，亦如是許。

寅二、脈支與曼荼羅遞換之理。

律生續云：「脈有三十二，一座四分一，亦名脈與時。日夜諸籌量，共成六十四。半脈半時籌，一座八分一。」諸歷學者，以一日夜八分之一，爲一座量。故有八座。以彼半座爲轉移時，有十六轉移。以前者四分之一爲時量時，故有三十二時。以彼半時爲籌量時，故有六十四籌。律生疏中依跋薩底歷數，將一日夜分爲八籌。諸歷學者，關於籌量，各隨己意安立，則時等量亦然。與此相順故諸續中，有說一日夜爲三十二時者，有說爲六十時者，有說一時爲一籌者。內身心間，每一脈支，風行二千七百次，爲一座風。彼半座風一千三百五十次。行喉間一脈支爲一轉移。心間一脈風四分之一，六百七十五次，行頂上一脈支，爲一時量。心間一脈風八分之一，三百三十七次半，行臍間一脈支，爲一籌量風。臍頂喉心諸脈支風，前前一倍，爲後後數，律生續疏說，是歡喜金剛與律生續二經之義。教授穗論亦說是歡喜金剛之義。

四曼荼羅諸風，於三主要脈中何脈行者。如金剛鬘續云：「命與下遣行，顯說彼二風，爲有分別風。身語二心要，於左右脈行。最殊勝中脈，居彼二脈中，諸無分別風，恆行徧一切。」此說命下二風，爲生分別之風。入中脈之風，是滅分別之風。次云：「二種分別風，次截斷而滅，無分別大風，斷身語金剛。」此說截斷彼二風，爲截身語金剛。故言「身語二心要」者，即說命下二風。又說彼二行於二脈。故命下二風，除以瑜伽力令入中脈，及命終等時外，不於中脈中行。又前續云：「二種分別風，從鼻孔中出，正日月二法，秘密於內行。」此說彼二風，於日右脈，及月左脈中行。故此派中，不能安立，風平等行，爲於中脈中行。等住與上行二風，雖未明說，然彼二風，亦必於左右脈中行。以是應知，於左右脈行者，有各別行與同時行之二種。等住與上行二風爲主行時，於左右脈各別行。命與下遣二風爲主行時，於左右二脈同時行。若助伴行，則無決定。

風曼荼羅展轉移換者，若依大曼荼羅說，一日夜中各轉移六次，共轉二十四次。若約小說，前風各轉六次之一一次中，各轉四次。共轉九十六次。是爲集密諸釋續規。律生派須說，小界曼荼羅轉移六十四次。疏說轉移九十六次。是未明時宜。授記密意續，說四曼荼羅風一一轉移量，均爲九百次。金剛鬘續與律生續并親教論，則說別行鼻孔有二曼荼羅，等行者有二曼荼羅。故各別行左右鼻孔之二風，佔一日夜風之半數。平等行雙鼻孔之二風亦佔半數。如是則平行風之一迴環，與左右單行風之一行，時量相等。故平行九百次之計法，須作左右總合出入二息，與左右單行計法不同。當更研究。如是左右二風，強弱相等之平行時間雖短。強弱相雜之平行時間甚長。故彼二種俱屬平行。

自右轉移左時平行之理，謂右行風，從不甚顯著微弱，左行最弱時起，彼風逐漸強盛。右風逐漸衰弱。最後全無微風行動。從此無間為左單行風起始，由左轉右亦如是。故鼻孔先無風行者，雖是風新行。然先已行者，則風有轉移不轉移之二種也。若爾，如集密釋續者，一日夜風之半數，鼻孔十二轉移。如律生者，只八轉移。如時輪者，除六百七十五風外，一日夜風總說鼻孔十二轉移。此等相違不相違耶？曰：集密派義，如妙吉祥親教論與聖父子所解，須如是立。律生規亦是彼續之義。故不可說，彼等教義相同。其鼻孔中行說此派是現量成立，餘派不成之差別，亦難安立。故當知是依所化增上而說，都不相違。脈風等類，雖有如斯異說。然若了知決擇彼等之所為，專住身要。由攝業風融入中脈引生大樂，與空性和合，作為道之心要。則是彼等之共規。故於彼道要義，不成引生異品之助緣也。一日夜之始，福緣稱師說右鼻孔火界風先行。律生續云：「從白月初一，起始三日風，半座於月行。其次三日風，行日，以此理，乃至白十五。從黑月初一，起始三日風，上午於日行，乃至十五日。」此說行規亦不相違。言於月行者，謂從左鼻孔行。言於日行者，謂從右鼻孔行。始從日出，乃至日沒，說名為晝。從此乃至日未出時，說名爲夜。教授穗論，言初行者，謂從清晨也。黑月白月，初行風相，若六日中，或一品半月，或二品一月，或三品一月半中，次第顛倒，有何過失。即前續云：「若一二三四，至五六日中，若風顛倒行，當起大諍訟。若一品顛倒，當生大疾病。若二品顛倒，親愛當衰損。若三品顛倒，六月當命終。」死相雖有多種。然諸界平等之風相顛倒，乃不錯誤之死相。發現彼相，當修內外贖死法也。

四大種風行時，有何功德過失？如律生續云：「地界增王位，水起諸義利，火風行動時，金剛持宣說，飢渴毒苦病，諸事皆失壞。風起諍、厭、愚，失財、遭煩惱。地界能得集，財穀等利養。水風行動時，能作諸悉地，彼加行最勝，金剛薩埵說。」左右鼻孔單行，及雙行時，當作何事。即前續云：「消毒等及餘，引發吉祥事，極贊般若性。恆以大悲力，列陣作遊會，割截及穿刺，燒與煮染事，極贊大悲性。復二性金剛，當知成猶預。善不善無定，明風此略說。」言般若性者，謂單從左鼻孔行。言大悲性者，謂單從右鼻孔行。言二性者，謂平行二鼻孔時。疏中釋前段義，謂修風瑜伽師，於地風行時，修增益法。水時修息災法。火時修降伏法。風時，修彼中之驅逐等法，皆得成就。持祥論師說，作善不善業及去來等，當如經而作。如云：「地水作善業，火風作黑業。當知月爲正，利光乃中等。於日作不善，決定能致死。若於月時作，非能生大苦。」月謂左風行時。利光謂日，即右風行時。言爾時修降伏法決定能致死者，謂能成就彼羯摩也。總之，息災等和平羯摩，於地水之風時，修行爲善。於火風之時，修行不喜。於左風時修行爲善，於右風時修行中等。修降伏羯摩時，與上相違亦如是知。四風者，持祥論師，說是小四大。復次若自於阿喇左行時，問者於迦喇右行時而問。或相違而問，則彼事不成。若二人相同，彼事得成。若二人俱住兩處而問，則彼事成否不定。若自風入時，他有所問，及作自事甚善。若風出時，則惡。若住內時，善惡無定。即前續云：「依怙行阿喇，若住迦喇問，行迦住阿喇，失壞所欲事。若依怙行彼，有住彼請問，彼義皆得成。住二成猶預。」又云：「問者或自事，法身皆善利，受用身成疑，化身起鬪諍。」法身謂入息，受用身謂住，化身謂出息。

丑六、諸風所有作用。

攝行論說：「由細界風，與識明相和合，能圓滿作世出世間一切所作。」若知初者，則能了知與他乘共不共二種生死流轉次第。由了知此爲因緣故進知第二，即能了知共不共二種生死還滅次第。若爾，由風圓滿創造一切世間生死所作之理云何？如金剛鬘續云：「猶如月蝕時，諸風漸息滅，如前上上轉，融入自體性。復趣入捨持。」此說臨命終時，如月蝕時漸不明顯。如是前風漸入後風。言復入捨持者，即趣入命風。與攝行論云：「又彼等得不壞已，轉成無事。」又云：「如是住身時作一切已，最後趣入不壞。」說臨命終時，諸風趣入心間不壞風，轉入無事光明。其義相同。又地水火風四界，前入後時，諸風動力，漸漸衰弱。最後能動本性分別之風，融入內識第一明相時，諸本性分別息滅，現起第一空。次現第二、第三空、第四光明。此等是由較彼前前風動漸微而現。次從光明風，風動漸強，即起近得。次起增長，明相，亦由較前前風動漸強而起。從明相風動力最強，即生諸本性分別也。

如是生死次第，全由風造。即於能動本性分別風，滅起之間，現起四空。如是由三明相風，極動之力，引諸本性分別。故說一切有情本性分別之根本，即三明相。如金剛鬘續云：「若聞此三識，三明相爲相，即諸有情界，本性之根本。」又云：「此即大風界，是三識所乘。以是故本性，常如如而轉。」五次第論云：「若時有明相，即以風爲乘，爾時一切性，無餘盡當生。如風所住處，本性即隨行。」由諸本性分別，引生煩惱。由此造業，生生死中。如金剛鬘續云：「如火焚無物，無因故息滅。復現起命風，起種種業風，彼與識同時，仍住於世間，從此業及生。次貪等習氣，從此復死生，如是如輪轉。」如是說者，非不說我執爲生死根本，而說風爲生死根本。攝行論中亦如是說。又說：由我我所執爲依，而造善不善業。輪轉善趣惡趣之生死流轉次第。以八千頌等三經成立。謂龍猛菩薩亦明說彼義，如云：「若此悉皆空，及無生體性，此苦樂等事，如何由業轉。由妄執有我，遂起貪等垢，徧計依他轉，凡愚受苦惱。此一切唯心，如幻相現起，次造善惡業，遂生善惡趣。」此是經續二種共規。以是當知說由風力引生生死者，即是我執等煩惱引生生死之助緣。此即諸風共同作用。各別作用中，持命風作用，如金剛鬘續云：「從根門相續，有命與力行，一切時徧行，是故說名命。」金剛鬘別譯本，及餘書所引彼文，雖多異譯。然義謂於五根門恆使諸風出入者，主要是彼風力。由此能存活，故名爲命。能令長時增長即是力義。故能使長時存活，作二種業。是無畏論師所許。甘露密論說，能使諸風於根門出入爲業。下遣風作用，如云：「向下引命風，大便精液等，此於下除遣，常瑜伽應知。」此說向下部引導精液等，是下遣風業。別譯本中，命字處，謂引小便，較善。向下引風者，謂引諸風下行，特引至密處二門，次引至臍間。如前已說。等住風作用，如云：「笑與噉及舐，飲用并吮吸，若常平等住，說名爲等住。」卡師譯爲，能令飲食平等安住。教授穗論，引文爲「住臍飲食等，平導故等住。」此義，如甘露密論云：「令飲食等同時消化。」謂於臍處所用飲食，化爲同味。上行風作用，如云：「上行與內攝，食諸噉嘗等，知已同和合，當知上行業。」亦有譯爲「與識同和合」者。諸先覺說，其義謂令諸飲食，與舌識合。與甘露密論相順。教授穗論，說能降注十風。甘露密論說，由此使業風，於根門出。然上行風，本性上行。顯非唯此，故云內攝。顯亦令入息也。了知受用飲食之理，令與舌合，作嚼噉等即彼風業。周徧風作用，如云：「能徧能持性，及能往還等，周徧諸節故，說名爲周徧。」初義卡師譯爲「能活」。

諸支分風各別作用，謂資助五識各取自境，如前已說。已說常人與瑜伽師共同作用。今當說瑜伽師特殊作用，謂於四根本風，修金剛念誦，能作息災等事業。故能修成諸共悉地。又於彼風修金剛念誦，能引四空，由微細風生起幻身，故能修成最勝悉地。由於五支分風，修金剛念誦，能修成天眼等五種神通。隨所見境，增盛大樂。由於周徧風，修金剛念誦，能於中有得勝悉地，領受光明。是諸先覺所說。

丑七、依彼了知修持要義。

如是已說諸風體用，依此如何能知，專住身要之要義耶？曰：如金剛鬘續，說識所乘風與識習氣和合趣境，生諸自性，及由習氣熏染增上，漂流生死。除此之外，別無生死之後。又云：「故爲斷生死，當精勤修習，明點差別位，諸餘無明者不知，彼中結，開已得悉地。」此說爲欲淨治流轉生死之習氣故，當開解心間中脈之無明結。言「點差別」者，謂當修金剛念誦。故由了知如前所說自性分別，動不動之界限，現起四空。爲依彼次第，於相續生起故，須修金剛念誦等命力。即是解說諸風爲依，無上了知修持要義也。復次先善破除二我執境，尋求定解無我義之通達我無慧，由修此慧，永斷二障。諸大智者雖所共許。然以聞思善決擇已，修甚深空性時，如此乘所說，須以殊勝有境大樂修者，則爲餘乘及下續部所未說者。故是無上乘之別法。以勝方便，隨引四喜四空何事，皆須由大樂門引發。乃至未能滅盡動分別風，必不能圓滿引生。故當勤修滅風方便。故說修風能使風動漸息，心得堅住。若作是念，雖不修風，凡能修心無分別住遠離沈掉者，由修彼故，即能得堅固妙三摩地。何用修風爲？又作是念，若心堅固無分別住，即能令風趣入中脈，不須別修也。此中釋曰，總唯令心無分別堅固安住，乃內外大小乘所共有。特於空性義，無分別住無漏三摩地，亦共波羅密多乘。引生彼等，不須修風瑜伽，專住身要。縱得如斯妙三摩地。亦無由風融入中脈增上，獲得大樂之義。以是前云「由遮業風動搖，修心堅住。」所言心堅住者，是指俱生樂心。如薩惹哈云：「此中攝意由風浪，動蕩令極不調順，若能通達俱生性，由此本性當堅固。」引生彼樂者，要令業風融入中脈，然猛利火。故彼等之無分別心與諸安樂，雖名相同，其義實殊。前已多說。雖有定解空性正見，由正修時，必須以溶樂而修。故入圓滿次第者，先說多種引生大樂方便，專住身要法門。不應妄執是無空性可修，乃說脈、風、明點、風瑜伽等不深之圓滿次第也。如是修風瑜伽，息滅業風者，是總滅依止二脈，於諸根門出入之十風。特滅依左右二脈行之命與下遺主要二風。若彼諸風未入中脈，由依餘脈出入增上。仍能引起八十種自性分別，障礙現證四空義故。若生圓滿大樂，必須菩提心溶解力強。此復必要強力然猛利火。殊勝燃彼，必須命下二風融入中脈。此中必須遮下遺風於下鼻門出入。故須分辨，如前所說，於上下鼻門出入之理也。若知前說，二乘所共，流轉生死之次第，則知須滅生死根本之我執。而求定解無我之正見。若知不共由風增上流轉生死之次第。則知須滅動搖分別之業風，而求滅彼方便，專住身要之教授。由此方便所引大樂，定解無我，以修樂空和合道爲心要。故能不誤教授要訣也。若不爾者，則不能分辨大樂與餘樂之微細差別，亦不能分辨粗細空理之差別而得究竟正見。故雖讚美樂空和合，亦唯愛樂其名耳。此是二部續中所說心要，正修法身之不共法。其修色身之不共法，此派明說者，前已數說，下仍當說。

子四、明咒之真實。分五。丑一、集咒。丑二、咒名。丑三、咒義。丑四、咒勝義。丑五、咒根本短阿字。今初

言集咒者，爲從何事而集耶？如三分別續云：「阿唎迦唎城，出密咒之本。」謂十六韻與三十四音。攝行論說，除卡字外三十三音者，意謂離迦沙外，無別體也。從彼所集之咒者，謂心咒、近心咒、鬘咒等，續部所說一切諸咒。如何集法者，諸續部中宣說多種擷集咒法。如是一切咒之眞實，謂嗡啊吽三字。如攝行論云：「其中蛇等諸咒，是從阿唎迦唎中出。彼等眞實謂從不壞所出三字。以一切咒，皆是女、男、中性，如教授法而入三字。以是三字，乃一切咒之主。」從「以一切咒」至「以是」，是明三字爲一切咒主之因相。根本續亦云：「此普攝咒心，謂身語意密。」說三字爲一切咒之心要。言女等三性者，爲說集處阿唎迦唎耶？抑說所集蛇等咒耶？抑配三字耶？卡師所譯攝行論云：「女男中性之一切咒。」第六品燈明論云：「諸咒，謂阿唎迦唎所出生。是蛇等性。彼等由女男中性，成爲三字所依，故咒乃三字。」二古譯本，均作是說。二新譯本則云：「攝於三字。」第十品燈明論亦云：「男等三咒乃攝於三字者。」故是所集咒分為三性。諸咒如何分男女中性，及彼等攝入三字之理，除云：「如教授法」外。五父子論均無明文。餘師所說多不可信。自宗，謂由男女各尊咒，及二共咒門，安立三種。隨說幾多咒尊，一切攝入三金剛內。故一切咒，亦皆攝入三字之內。故說三字，是一切咒之心要。謂一切身金剛種性之心要，為嗡字。故彼一切咒之主要，亦即嗡字。餘二亦應如是知。若作集處解，則應如金剛心莊嚴續所說：十二阿唎為女性。迦哆喳、達、跋諸部為男性。日唎四字為中性。若作三字者，則嗡字男性，啊字女性、吽字中性也。福緣稱等說，音韻八部，攝入部首阿、迦、哆、喳、達、跋、雅、夏八字。此八攝入阿迦雅夏四字。彼四攝入阿迦雅三字。此三如次，轉成女性啊字、男性吽字、中性嗡字。如是從所集處，雖有無量集咒之理，然今此處，是集嗡啊吽三字。彼一一字，皆從不壞俱生三字中出。由此門中，所集三字，能攝一切密咒，是名集咒。明三字中攝一切咒之所為者，是為令了知，餘一切咒修成悉地之功力，三字中皆備。是一切語念誦中之究竟念誦。以第十品本釋俱說：「若生起次第者已修三行，未獲成就。當以所誦三字咒，策發一切諸尊心。」故又如後說，生起次第者，由此能修四種業故。

如是了義三字念誦，與三風和合無別而誦之金剛念誦，具備策發諸尊心意，加持行者一切咒語念誦之功能。固不待言。以金剛念誦中，就風瑜伽分，有將諸風攝入中脈等功德，由誦咒門，亦有無上發生殊勝功力之理。當獲定解。故與其他風瑜伽不同。

如是三字作何所作。攝行論說有二所作。初作常人與瑜伽師共同所作者，謂以三字入住出漸次流轉之力，由晝夜令身安住門能住持身。即彼三字與赤白體性之阿唎迦唎，於二根交會時，同向下注。從秘密鼻孔，以種子形出，能生成諸有情身。又即彼字，與命力同時上行，能警覺眼等諸根也。意謂精血與風合離，向下行時，能於下門，令風出入及住本處。故說為三字。命風上行時，亦有少分安住身內，及出息後仍入身內，故亦可計為三字。風音之字，亦得說名，與風同時。安住身時，能作已說當說一切所作。臨命終時，入不壞已，復依通常身，如前造作一切所作。此義已說。別作瑜伽師之所作有二，一作生起次第者，謂由三字加行，能起諸尊。此是有色形之三字。即此有色形之字體，安布心間等處。作小聲與大聲之語念誦。依於外色及方向等，能作息災等業。此中有聲色二種三字也。二作圓滿次第者，謂從上鼻任運而作金剛念誦，能淨治往昔業障。由金剛念誦門、四曼荼羅風，各行半座時，主要能修息災、增益、愛敬、降伏各一羯摩。兼亦能成餘三羯摩。故各能辦正副二業。二瑜伽師，受飲食時，先以三字淨證增長，次第淨除飲食過失。此中亦有聲色二種。如是雖俱依內外而說。然此中主要，是說從心中不壞息，所起諸風，出入住三，本音三字。如攝行論云：「若於悟入內體語音三字，全無疑惑。」說一一字，皆從不壞息出故。

（卷七竟）

勝集密教王五次第教授善顯炬論 卷八

丑二、咒名。

咒名有四，謂前有嗡，後有娑訶者，名蛇咒。有嗡無娑訶者，名無尾咒。反上者，名無首咒。俱無者，名略咒。又有心咒、心中心咒等多種。但此中是如授記密意續云：「名三眞實住，本性念誦相。」此說，由名當知從初即住風之出入住三種眞實，以本性念誦爲相。故內三咒之名，即住三眞實。入之眞實，即嗡字名。由此亦應准知餘二。彼續復以速疾、收攝、徐緩三名宣說。如是集金剛念誦所誦之咒，即出三字。明彼名時了知風音之字，則令彼二和合無別也。授記密意續云：「無印唯誦咒，不成咒士夫。」謂若無咒印相應，佛說不能成就。此集密中，未說手印。唯以眞言如何成就耶？答彼問云：「具速疾等三，說是結成印。」謂風外出爲速，內入爲攝，住內爲徐具足數此，即是結印。又云：「速攝及徐緩，於咒定相應，師長應策勵，對弟子耳說。」謂令彼三，與三字咒和合，即是咒印相應。故能成就大印。故亦顯示，此中總攝一切結印之功德。此諸問答，是如建立論所引也。又云：「迎請與遣送，此中如何說。」答此問云：「速疾與轉入，安住諸隨行，迎請與遣送，此等即成印。」結手印者，迎請諸尊，請其安住及遣送等，是爲策發各各事業。金剛念誦即能成辦彼諸所爲，謂內入等三種念誦，即能成辦迎請、安住、策發事業故。

丑三、咒義。

咒義總有多種，此中須說金剛念誦三字咒義。已說彼爲三字音聲，故此非彼。若爾爲何？此是圓滿次第者身金剛等三事。如授記密意續云：「彼所變色相，當緣爲天身。」即是彼義。攝行論說，此釋續說，集咒、咒名、咒義、咒眞實等四義者，意謂彼續所說，詮說、所緣、名號、勝義，即彼四故。又根本續第二品云：「如身心」等，說當生身語意三，和合無別之幻身。即是答問生起之理。故彼二句文，即明生起幻身也。以是前言「彼」者，謂從無事體性，不壞光明，所出之風心。緣彼所變之天身者，謂從風心現起佛身。此即三種金剛無別之幻身。此中復有二種幻身。

丑四、咒勝義。

續云：「無滅最寂靜，遠離於斷常，知三世不作，觀空無別相，唯此性勝義，各別內證相。」此說諸法之眞實性，猶如虛空，非是諸佛所作。此性與觀慧，一味無別，光明之菩提心，即咒之眞實性或咒之勝義也。如是集咒或詮說咒，與咒名二科，明修金剛念誦之理。由修此故發起二諦之菩提心，即是咒義或咒所緣，與咒勝義二科所說。當知此乃釋續之義。

丑五、咒根本短阿字。

五次第論，說咒之眞實性，謂根本續第十品說三字中攝一切咒，即明彼義。援記密意續說詮說咒等，即解釋彼義。故引彼諸續文。攝行論說，彼諸續文，明由餘字出生三字之理，故引彼等。其所引文中，於明集三字咒後，又有「短成無餘語，非一亦非異」等。攝行論中，僅釋「短成無餘語」句義，未解說餘文。意謂欲知咒眞實者，於續說，短阿爲一切語根之了義不了義差別，不容不知。若能知彼，則餘文之了義，亦易了知也。以是攝行論中，問短阿如何於一切語轉之理，答云：「此中諸解經者，以記論爲先，唯隨聲義轉。非能了知，字所詮說，於何轉、何故轉、如何轉。亦不能如實了知，字眞實性。以是諸佛所行境故。應以宣說次第，了解彼義。諦聽。」此所說義須善決擇。其中言諸解經者者，謂諸未了知，依止釋續，解釋短阿，爲一切語因之了義咒眞實義、內教一切解經義者。攝行論云：「言咒眞實性者，謂攝眞實等根本續，與後續中，僅說咒言，未說集咒。唯釋續中，世尊宣說，集咒、咒名、咒義、咒眞實性。故諸未達釋續，耽著外道密咒者，不能了知。」言以記論至隨轉者，義謂聲明派，解說章句義，唯以聲力，於幾許轉，而定句義。故唯知爾許聲所詮義。言字所詮說者，謂續說：「短成無餘語」，除聲所得義外，是餘了義。此即於何轉、何故轉、如何轉之義也。此中藏地諸師解云：「章句於何轉者，謂於自所詮義轉。以何因故轉者，謂顯短阿為因故轉。如何轉者，謂集多字成名，集多名成句，集多句成章，集多章成論。」此非論義。若如是者，則說依聲明論解佛經者，不知彼義，極不應理。若爾云何？此中能轉者，謂阿唎迦唎為體性之語所表義，即音韻行相之風也。於何轉者，謂於心中不壞風轉。如前所引攝行論已說。何故轉者，攝行論說，由得不壞風能證無事。是為證無事光明故轉也。如何轉者，謂由地入水等，漸次融入之理。如是三理短阿字之眞實性，是諸佛所行境應於下根所化秘密之義。故彼等不能了知也。攝行論疏說：「以聞等悟入字義時，如指示月，諸非勝士，不能了知。」者，非是論義。言以宣說次第了解彼義之理，謂無餘語者，乃十六韻，三十三音四十九字一切無餘。彼等漸集，出生經續等世間出世間論，能圓滿一切悉地。其能了知彼等所攝諸字差別義者，是由命中有短阿之力。不具短阿之迦等字，定非有故。以有邊故，不能成語。此是「短成無餘語」如言所取不了義之解釋。次引稱讚名經云：「阿為字中尊，大義最勝字。本來即無生，遠離諸言說，諸言最勝因，善顯一切語。」謂非為證明前說，餘字，皆須具足短阿故，而引此經。以是世尊說，無餘靜慮門之種子句，阿無生故是一切法門。亦說是俱生字。金剛曼荼羅莊嚴續云：「爲顯阿故，心中不壞。」引如前所引此文之後，「如是一切如來皆是阿種，以阿爲因，從阿出生。」以此三經所說爲因，成立諸佛皆從阿字出，未成立一切語皆有阿字故。其後攝行論云：「楞伽經云：應依於義不應依文，由隨文故，失壞自利，亦復不能開悟於他。猶如有人，以指指事，而示於他。彼人唯隨指端而視。如是凡愚，隨文取義，不求勝義。故求義者不應依文，當捨如文取執，而求實義。」引此證明若唯執取，短阿於一切句轉之文義，則不能得彼所表餘義。如唯視指端，不能見彼所表義者。故除文義外，應更求餘義。若爾，彼義云何？此中西藏諸師說：一切語聲，從音韻出。一切音韻，從短阿出。短阿復從身內空隙，光明出故。故一切聲與虛空等以空性爲根本。故當知彼聲所詮蘊等一切義，亦皆無自性如同虛空。即聲之眞實義。自宗如前所引，金剛曼荼羅莊嚴經說，心中如燈熾然之不壞息，爲阿字義。彼與稱讚名經說：阿爲一切字中尊。餘續所說，阿爲一切法門。此處應解爲同是一義。攝行論說：臨命終時，諸風入處，爲不壞息。即是彼義也。短阿了義既如是說。經說，彼爲一切音韻字之因。則音韻字之了義，亦是說依不壞細風所起諸風，行至身內諸處，發爲音韻行相之音韻。非說由舌顎功用所生之音韻也。桑補札續說：臍間八脈中央，有最勝阿字。諸有情咒，皆從彼生。所說短阿，是指猛利塵紋拏達。此如金剛鬘續中問所說百八諸風，爲從何處生起、增長。答云：「諸風處所相，周徧六輪風，常住於法輪，名命偏眾生。無分別夜半，從勝虛空現，風自性開分。」此說風處總爲六輪。特於心中空處現起命風，由彼分開動起一切風。彼風周徧眾生之一切風。又說最初成時先成心間命風，最後收時仍收彼中。故前說從不壞短阿生一切咒者，通說安住心中之命風，與菩提心之不壞短阿也。教授穗論說，經說臍間有八部字者，有體性不顯而住，與言說時，於薄伽蓮中諸風生處不顯而生，由顎等作用明顯而生。由心間短阿，是現起光明之最勝依處，故說是一切字中之尊。故具大義，是最勝字。「本來即無生」句，卡師譯爲「大命無文字」。命，即命風。大是最勝義。無文字，謂不壞風無諸字形也。「遠離諸言說」者，謂無言說體性也。言說因者，總爲一切風，主因乃不壞風。「善顯一切語」者，亦是說，從彼起風行至喉間，能生聲音顯了之諸語也。言一切法門者，謂一切靜慮之門。以樂空光明，是一切三摩地之心要故。若三摩地，能於不壞阿字，收諸風者，則能以大樂智，決定本性無生之空性，現起光明。故云：「本來不生故。」非僅說，本性無生之空性也。如是前說，於何處轉等三，是短阿義，此即佛道究竟要義。故說一切佛皆從阿出。總之，由知心間不壞風，是內身音韻行相一切風之根本，通達由於彼處總攝諸風而證光明者，即是了知金剛念誦咒眞實性之不共規。即是獲得，由「短成無餘語」文義，所表餘義之了義也。以是自說，以指端示物時，應觀指所表義，不可唯視能表。而仍多自如是轉者，故廣慧者，不可易滿，應遠觀察。

子五、明語遠離，為命力之支分。

明語遠離，爲六加行中命力支分之理，先明後續中說彼支分，如云：「五智體性息，五大爲自性，以丸形外出，善觀於鼻端，寶具五種色，說名命與力，自咒思心中，命安置爲點。」燈明論解釋此義，謂前四句，明於秘密鼻端，修物質點。初二句，與「寶」至「自咒」，明於上鼻端作金剛念誦，修光明點。「心中」以下，一句半文，明於心中鼻端修不壞點，及所爲義。即於三鼻端，修三種點，修三命力也。其中五智息者，謂周偏風為大圓鏡智，乃至持命風為法界智。五大者，謂地乃至虛空。即下遺風為地自性等。地等為自性之五智息，從自金剛孔出，至明妃蓮花鼻端，修菩提心為圓丸形，即明點形也。諸風成明點自性之理，如第六品燈明論說：方便般若住等至時，由等至喜，引上部命力風，以愛火溶化，轉成明點。第六品燈明論所引後續一切譯本，及第十二品疏中所引二新譯本，并卡師所譯五次第論與攝行論皆說：「於蓮花鼻端。」第十二品疏二舊譯本，及大譯師所譯後續、五次第論、攝行論中皆無蓮花。故在梵本亦有有無二種本，然攝行論說「五智」等六句，明顯於上鼻端，修四風輪，三字金剛念誦。故知無蓮花者清淨。黑行師雖說，面蓮花鼻端。然不合理。若配現在於面鼻端，修金剛念誦者，如攝行論說，除周偏風之四風，鼻端謂上鼻門。以丸形外出者，謂一一風為首行時，餘三風攝入彼內而出也。甘露密論說，彼諸風，入住出三，即為丸義。彼復成三字形而出。福緣稱說，言於蓮花鼻端修者僅是一例。亦顯於金剛鼻端修。此是男女各於鼻端修習之規。比中是於自與明妃二鼻端修。其於各別鼻端修者，於微細生起次第時與身遠離時，已說訖故。第六品燈明論說，此諸經明，生起次第者修下門細點者，是由相同門說，實義乃圓滿次第者所修也。於二鼻端修者，金剛鬘續云：「徧諸脈降注，菩提心堅固，金剛端蓮端，持風刹那頃，於顎字加行，卡芒咒（[illegible]）加行，說得勝瑜伽。」彼義謂以下所說於諸脈中降注菩提心溶化方便，由於二鼻端，堅固任持，能得最勝瑜伽。堅固之方便，疏中釋云：顎，謂法生中央之長脈。於彼撞擊之加行，謂極緊縛。卡芒謂於金剛端修。言「持風刹那頃」者，謂修命風眞實之最勝瑜伽而能獲得。若如彼說，應是「於顎擊加行」。餘譯本云：「由風攝持」較善。然說「於顎字加行，補慶咒（[illegible]）加行。」則非善譯。如是於金剛端任持者，亦即於蓮花鼻端任持，以於二脈相接處故。根本續亦云：「受用一切欲，不失咒支誦。」謂有殊勝大瑜伽師，於此位中，依羯摩印，亦不相違。此中亦依智印而修也。燈明論中所說此義，若能於五次第講授中取修者，實是於中脈攝風之最勝命力也。燈明論云：「彼性上行息，具足五色。」跋曹譯云：「即彼息」較善。故前說爲智與大種息之彼風，於上根門行。具足五色，即以五佛爲體。以是名寶。舊譯本云：命謂存活。力義爲伸長。跋曹譯云：「由此伸長增長，故名命力。」較妥。義謂由何風力，能使壽命長久，說名命力。力之梵語爲阿耶摩，通於勵力、遮止、伸長諸義。此是後義。故言「命與力」者，是翻譯錯誤。以離合釋成二詞故。是藏中智者所說。時輪法中取中間義，說遮止命，爲命力義。藏語之力字，雖不通遮止與伸長二義。然梵語上，有彼二義。如是藏語別攝之攝字不通取義。別字不通數數義。梵語中有並不相違。由彼上門行風入住出體性，晝夜任運念誦故，名爲自咒。此文釋論二舊譯本雖云：「晝夜念誦故。想自咒於心間，謂於自心蓮花。」然二新譯本俱云：「念誦故自咒。」爲善。以故字，是因相，既非前文說風爲命力之因相，亦無餘因相可說。故應作爲自咒之因相故。第十一品燈明論亦云：自咒謂入等自性之三字故。此中拏熱巴後續疏云：「言命與力者，謂於自心蓮花，想短阿字。」如燈明論所說，命力之解釋，風入等晝夜念誦，與自咒等。均未說者，是梵本不全或翻譯之誤，以六支中餘處，均如燈明論而說故。說於心間想短阿字者，或燈明論梵本中有者，或是釋論所補充。以燈明論說，不壞點。與攝行論所引教，說於心間不壞短阿相同。故是善說。續云：「命安置爲點。」燈明論僅云：「安布爲不壞所攝。」其義謂，點即於心中所想之不壞。命謂諸風。安置爲者，即安布爲不壞所攝。謂諸風攝入不壞也。此即明修三種命力爲作何事之作用也。此中甘露密論云：「自咒者，謂三字。於心中想者，謂修彼三，融入風出入住三相。此三亦融入命風也。」說修命風融入不壞點者，謂是「命安置爲點」之義。能仁祥說：「於心中修自咒，即於彼想吽字。吽字所成那達，名不壞者，謂微細阿字作點行相。心安置爲點者，謂心成彼，即所修義。」月光疏云：「於心中，想自咒三摩地薩埵。其空點上，那達行相爲性之心者，當想爲意之體性。」拉彌云：「心間蓮花中央中脈之內，想自咒雲聲，吽字點形。於彼安置命者，謂當安置乘風之識。」又餘派中更有餘解。即此派中，此位雖可於心間，修吽字、或阿字。然此中言自咒之義，則非彼等。又將命改爲心，令心專注字上空點，亦非「命安置爲點」之義。此位修三種命力之不共所爲，是爲將諸餘風，收入心間不壞息，引生四空故也。設作是念，餘二命力縱能如是。然修下門命力，已如前說，是將菩提心降至相端任持。則不能生，由心間收攝次第，所成之四空也。曰：實爾，然彼是先於密端，乃至能任持明點之際。其後，與二印和合，亦有於心間攝風方便之不共教授，故無過失。根本續說：寶具五色，量如芥子，於鼻端修。金剛鬘續解釋彼義，說三鼻端，及於彼所修之三種點。如云：「三鼻端之相，密、心、面鼻名。」又云：「風咒及物質，三種點無上。」於密鼻端，修物點者，前所引文已說。於心鼻端修咒點者，如云：「心間蓮花蕊，中央安吽字。」等，其後云：「此說名咒點。」於面鼻端修風點者，如云：「風點勝瑜伽，五色甚鮮明，於鼻端瑜伽，當周徧修習，如此咒最勝，瑜伽師應誦。」又云：「此咒點最勝，二點謂光物。」此說心間不壞咒點，較餘二點為勝。亦說風點名為光點。修光點者，說為鼻端出入息之金剛念誦。故是配合前引後續之命力。福緣稱等所說，均非經義也。若作是念，前說之三種命力，乃一補特伽羅所修。金剛鬘續所說者是問為一瑜伽師所修耶，抑各別所修耶？答說，貪增上者，當修物點。瞋增上者，當修咒點。癡增上者，當修光點。故不相同。曰：總如集密云：為利貪眾生。是為利二根交會貪者而說。然此三種補特伽羅皆是彼機。其中仍有三類差別。以彼為主，當以何道引度，故說三種。非說一補特伽羅，不可俱修彼三也。又此三道，是為令彼所化，現世解脫，或速疾解脫而說也。此言癡增上者，是說貪瞋等分者也。若誦入住出三風與三字配合之自咒，固須於心中蓮花想不壞點而念誦。即未與彼相連，亦須於心間，修咒點也。此派說命力，是能住持壽命之風。僅此猶非六加行之一支。故言命力，是命力瑜伽支之略名耳。其於心中及密處鼻端，修二點時，雖無實風命力可修。然是收攝業風入中脈之殊勝方便。故名修命力亦不相違。語遠離與金剛念誦，乃由命力瑜伽一差別門，所立名稱。有誤別名爲總義者，於金剛念誦時，棄捨餘二命力不修，實是極大錯誤。故當善知修習三種命力之理也。

子六、如何修語遠離法。分三。丑一、釋修三命力之次第。丑二、釋金剛念誦不共作用。丑三、釋修命力引生證德之次第。初又分三。寅一、釋於心鼻端修咒點之命力。寅二、釋於面鼻端修光點之命力。寅三、釋於密鼻端修物點之命力。初又分二。卯一、單修咒點法。卯二、總修咒輪法。今初

修行處所，如金剛鬘續云：「少眾生神處，遠離諸聲刺，無有諸人眾，無礙善可喜，靜林園大樂，受用五妙欲，當修咒中尊。」言神處者謂神廟等。以何威儀身要而修，及諸風要，亦如前續云：「何大樂威儀，能得上悉地。行者據樂座，二目注鼻端，鼻向臍量住，肩平舌舐顎，齒唇隨樂住，息出入鬆緩，漸漸離功用，如實息出入，菩薩跏趺坐，具如是威儀，常念誦二字。」二字金剛念誦既如是說，則三字金剛念誦亦爾。餘譯本謂「金剛跏趺坐」時要，如同前說。所依身者，謂已修身遠離大密一部父母者乃修。五次第論，引後續云：「想心間，命安置爲點。」之義。燈明論說，是於心間修不壞點。五次第論疏等，亦說於心間修咒點。五次第論引四天女請問經後，云：「半量勝微細」等如前說者，與前所引後續，同是一義。攝行論引金剛曼荼羅莊嚴續，說心間不壞短阿，與說不壞爲攝風處所。亦是爲令通達於心間修不壞之義。此如第三品燈明論云：「具五種色五如來爲性之寶者，謂不壞點。以能生佛寶故。如芥子量者，以是點形故。言於鼻端者，謂於心間蓮蕊也。言殷重者，謂深著於彼，以入住出及攝瑜伽，晝夜恆修也。」此說於心間，以入等瑜伽，晝夜勤修不壞也。修不壞與金剛念誦之次第，如彼後又云：「堅固者謂常住。此復爲何？謂不壞點。從此放出五色光聚。以入住出而轉也。言未堅固者，謂是顯示要通達不壞眞實者，方可修此瑜伽。非餘人修。」即是解釋「寶堅固乃放，未堅固勿放」也。此義謂前說「以入等瑜伽恆修不壞」之不壞點。若由修習已成堅固，方可從彼不壞，修風入瑜伽。除已通達不壞眞實性，其爲境之不壞、堅固者外，餘人不應修此入等瑜伽。故是先須，所修不壞、常住不變、堅固之後，乃修金剛念誦也。此釋燈明論中，說爲究竟釋。有云：以是究竟雙運者，修金剛念誦之理，故作是說。餘謂不壞是第四次第之光明也。然廣解此義，卡師所譯之第三品疏中，說從不壞、出四曼荼羅風後，云：「彼等身語意者謂由修力生起身等。從金剛出者，謂從光明中，生起二諦爲體性之天曼荼羅。」故是，由修金剛念誦以風引生雙運。是就金剛念誦之作用門，說爲究竟。如第七品疏中，說三空爲究竟也。

修不壞處之關要謂心間蓮蕊者，與金剛鬘續，說於法輪八支脈臍中，修密咒點。意義相同。故拉彌說，於心中阿噂都帝內修。極爲妥善。五義論說，於心黑白界。四義論說：於心空內。皆非經義。大印點論，與智點論，說都帝謂命杖，依止髈脈。是於兩乳中間命脈之前，有心間脈輪之轂。故當緣彼處也。凡說專住身要修明點等之類，皆須善知身要，繫心於彼，乃達要義。若不爾者，不得扼要。次於彼處修明點者，金剛鬘續，僅說觀字，未說修點。然燈明論，說修不壞作明點形。此中廓派有說，於日月相合之中，修短阿字。五次第略論說，修不壞點及短阿字。色頂巴二種教授中，說修白點、黑短阿字。有一書說，於白點中修短阿字半白半黑。又有書說，半白半黑之點中，有如阿線。餘書有說：想白點中，兼帶紅色。又白紅點相合者，與戍主大師云：「想於彼臍中，日輪月點上，形如盒蓋合，日方便月慧。」說金剛念誦所依明點相符。然此中，代替彼中央之點者，謂修字也。教授論說，白色略紅。又說：胎中，中有神識，趣入父母精血中央，即成肉心。又說彼是心所依處。故如此二派而修，乃有所淨事之要義也。明點之量，續說如芥子許。若能於微細所緣攝持心者，則易斷除分別，及收攝風息。字者，金剛鬘續說，心中之字，有阿吽二字。攝行論中說阿字者，是爲表不壞息而修。彼處原無字形，雖不定修字，然此中唯應修阿吽隨一也。字色者，或俱作藍色。或如律生續說：吽字白色。此字表不壞息。白紅明點，表不壞菩提心。此時之寶具五色者，謂放五色光明。此可俱通字與明點。餘派雖說爲標幟中字上之點。此中應如前說。如是應緣心中不壞，遠離太急太緩過失，善持其心。解脫點論亦極讚此義，如云：「不壞明點形，量如芥子許，五色光熾盛，常住心中央，觀彼刹那頃，瑜伽燃大智，此中定無疑。」餘續中亦極稱讚，如溫爵喇嘛續云：「常住於心中，一點無變易，修此諸眾生，決定發妙智。」勝樂五次第論，解釋彼義，云：「具足聲點心，安置於心間，此成破愚翳，聖主薄伽梵。」此說由修心間不壞點爲依，能起俱生智，拔除無明。律生續亦云：「心間蓮內風，同於白吽字，若思此住定，不爲境等縛，生死上行風，行於涅槃下，無住大涅槃，住心蓮蕊中。」此說若於心間脈輪中央，以前所說殊勝方便，攝遮諸風，堅固住者，則隨色聲等境轉之分別，不能繫縛。故能獲得，不住生死寂滅二邊之大般涅槃也。又如前說，能取所取十二種風，皆從心出。故若於彼持心，修專住身要之方便者，由彼諸風，融攝於彼處之關係，則易斷除能取所取分別。以此理故，於諸經續及諸論師所造論中，稱讚之義，發大信解。當於心間鼻端，勵力修習，不壞咒點之命力也。

卯二、總修咒輪法。

五次第略論云：「念種種分別，皆從自心生，識命所皈處，心間修咒輪。」此說種種分別，皆從心生，由心風攝處，即是心間。故當專住心間要處，修習咒輪。又云：「密咒諸字輪，先想蓮八葉，外內秘密理，如次修靜慮。」此說於心間，修三層八葉蓮花。又云：「外層慧韻字，中層音方便，無二住內層，方隅依次定。三種瑜伽性，中央不壞點，及阿字命根，放收一切心。」此說外層八蓮葉上，有十二韻字，表般若體性。中層八葉有諸音字，表方便性。內層八葉，有不定性四字，表示方便般若無二體性。中央，修不壞點及短阿字。此中五義論、有輪論、一座圓滿論，三書皆說，於金剛念誦之前，先修咒輪。雖四義論於心遠離時宣說。然根本文說，先修咒輪之後，方修金剛念誦。故當如前三論所說而修也。色頂巴說，蓮葉紅色，形如立鏡，諸字白色。瑪派餘教授中，有說，脈如蓮狀而住，白色帶紅，諸字白色。戍主大師說，於心間安布金剛念誦所依明點之蓮花，當思白色四葉，與紅色四葉，以四大爲性。即思惟心間四方諸脈之體性也。諸餘論中，亦說圓滿次第時，安布點字等，臍等處之蓮花爲脈支。故應如是修。或勝解蓮葉即脈自性也。心間蓮花，顏色無定，多說彼爲八支脈輪。亦有說爲二支者。說有三支餘未多見。即修如蓮花葉，亦無如鏡立之義。色頂巴說，外層蓮葉安布音字，中層安布韻字。與根本文不符。故當依照瑪派餘傳，如根本文所說而安布。以根本文說，韻表明相，音表增相，不定性表得相，亦可了知。以是外層字作白色，中層紅色，內層藍色、或黑色，較爲妥善。根本文云：「十二字連點。」義謂除不定性四字外，第十一韻字，自有圈點。故餘十一字上，須置圈點。有計將點置字前者。有安布無點諸字者。皆非論義。安布諸字法，如色頂巴說，從東方起，四方依次各布二字，自東南起，四隅各布一字。或從東方起，依次安布。迦唎亦爾。安布迦唎法，根本文云：「迦字乃至哈，捨卡具足四。」此義有說，從東方起，初五葉上安布迦哆查達跋五部，各五字，其次二葉，安布耶沙二部各四字。末葉安布，迦羅、跋羅、薩羅、沙羅四字。說此四字名秘密字及舌根音四字。此乃未解論義。彼論之義，是說八葉一一葉上，除卡字外，從迦至哈，各布四字。謂迦哆查達跋五部之前四字。俄、鼐、娜、那四字。耶及沙二部各四字，共爲八聚。摩字，作爲諸韻之空點。內層四方蓮葉安布利、唎、呂、唱四字。四隅諸葉空不布字。若將諸字安布脈支，諸字多者，當於脈中從外向內依次排列，字作立形。若作蓮花形安布者，則當平列安布。中央安布不壞及阿字，如前已說。根本文於咒輪時說云：「虛空界中央，當想明壇輪。」有說此義，謂於空中，想明了性，如那達許，轉成心中月輪。彼非論義。根本續中如是宣說之了義。燈明論說，虛空界爲光明，其中央所有月輪乃不壞點。此中亦應配彼。以彼顯示，金剛念誦所依不壞故。如是修習咒輪，除那熱巴之教授外，聖派之論典教授，皆未宣說。智生論師傳那措譯師之教授中，有與前不同者。瑪派之教授中亦有異說。然前所述最爲清淨。色頂巴說，五次第論，引密意授記續云：「第五正具五。」又云：「四定配於三。」又云：「分等十六住。」乃明蓮葉安布諸字之理。然非續義。彼等是說，從音韻中，採集嗡啊吽三字，非說於蓮葉上安布修習諸字故。如餘續說，於諸輪上安布多字而修者，是爲於彼收攝諸風。此中亦然。爲於心間收攝諸風，故於彼方隅，依次安布諸字，緣慮而修，是爲斷攝諸風入於不壞之教授。此復先緣蓮葉次從外依次，漸緣方隅諸字持心，則於不壞，攝風漸易，故作是說。非決定須廣修咒輪。如瑪派五次第教授無輪論，與三層薩埵，及頓修法，三種皆無咒輪，唯於心間修不壞點與短阿字，及安布吽字而修金剛念誦。然如前說修不壞與字者，則定須修。故安不安布咒輪，僅是廣略之殊。譬如教授穗論，說於四輪蕊葉俱安布字。及唯於蕊上，安布四字之二規也。

寅二、釋於面鼻端修光點之命力。分二。卯一、於何風從何處修金剛念誦。卯二、明風咒和合，及金剛念誦之差別。今初

如是修習不壞及咒輪，或不壞及字，成不動堅固已，即當依此修金剛念誦。其中圓滿次第者，若為息災、增益、愛敬、降伏羯摩故，修金剛念誦者，可於四根本風而修。又圓滿次第者，若為天眼通等，五神通故修金剛念誦者，當於五支分風修。若身遠離為先，為引發心遠離諸空故，而修金剛念誦者，當先於四根本風修。於此獲得能力之後，再於五支分風修。經說三位修金剛念誦，此屬最後位。若於何風修金剛念誦之理，如上說者，當從身要何處而修，有無定處。曰：此中多說，從身體內於鼻孔中，出入之理，未決定說，從身脈輪，何處而修。亦有說云：從咽喉等四根本風處，各別修四輪。其中初者，風出入住三，縱能配合三字。然無於身要脈輪修習之教授。

任何努力決不能將風融入中脈，引發四空。若不爾者，則聲聞地所說之數出入息，亦應能爾也。如第二說，縱有專注身要脈輪之義，亦不能得此派，金剛念誦，專注身要之要義。以是自宗，謂如前說，當從心中不壞明點及字，修入出住三也。此義先由燈明論成立，謂如前引燈明論文前段所說，以出入住三瑜伽修習之義。後段明說，從不壞點，修五色光聚之出入住三。又第三品燈明論中解釋續說：「虛空界中央，當繪月輪，及明輪中處，當修輪輪、蓮輪、寶輪、及繪和合輪。」之了義。乃至月輪，義如前說。明輪者，謂不壞點。中央者，謂從彼出生。如是所出四輪，如其次第，應知即出生水火地風四輪之四風也。又續第六品，說於虛空界中央，修日明寶光四輪之義。疏中釋爲，虛空界謂不壞點。中央，謂從彼出生。所出四輪，謂如其次第即四大種之風。說於彼等當修三字金剛念誦。又說以金剛念誦，策發心間金剛薩埵也。解釋第三品所說四風之金剛念誦，引密意授記釋續，謂即彼義。特如金剛鬘續云：「喉心及臍間，密蓮中出入。」於此所說四風於四處出入，斷疑之後。四天女請問續說，從心間不壞點，諸風出入之理。即燈明論前說之義。於彼疏中已廣決擇，應當了知。攝行論中，於三字金剛念誦時，說蛇等諸咒，謂從阿利迦利所出。彼等真實，謂從不壞所出三字。此亦是說，誦持金剛念誦三咒者，乃以從不壞出生之理而誦。非以從四輪出入之理而誦也。必須如是修習之因相，亦如前說要於心間不壞攝風，乃能引生四空。金剛念誦，能於心間不壞，收攝諸風。以前所說能入之主要方便，即入等三金剛念誦故。以是十一音說，從心中蓮花蕊上，不壞點中，出爲吽性入爲嗡性，住即阿性。依水輪白色等相，從世俗右鼻等，漸次外出，任運成就息災等事。修此金剛念誦，能淨往昔一切業障。福緣稱所造五次第釋難中說，修四輪皆從不壞出入住三之金剛念誦。極爲善說。根本文說，中央不壞，乃全身之心要，初起風等，最後收攝。次說修金剛念誦。故是以從不壞出生之理而誦持。四義論說，從心中不壞點，放五色光五根本風，以彼入出住三，配三字念誦者，是根本文義。亦是修金剛念誦之究竟要義。然由未知此派，須善了知心處要穴之關係，故未知彼等是最善說也。瑪派有說，於三層蓮葉諸字，從外漸緣，依彼次第，修風出入住三之金剛念誦。即是「三加行自性」之義者，極不應理。論云：「方隅漸等持，三加行自性。」義謂緣三層方隅之三三摩地，顯示三種瑜伽之自性故。戌主大師亦說：於心中明點和合之內，修風出入之金剛念誦。親教論說，於頂、喉、心、二乳中間，修三金剛與智薩埵。即彼等心中，如其次第於標幟上，有風、水、火、地輪。輪中月上，修三種子與本尊種子，次修金剛念誦。此亦非於各尊心中修。是從不壞點修。論云：「以此次第修，不壞金剛誦。」以是解脫點論說，從四字放光，由上鼻孔出生四風，修金剛念誦者，彼說右風爲身，左水爲語，兩火爲意金剛，兩地爲一切諸尊體性。欲顯四風爲彼四之風，故作是說。非說從彼修出入住三之金剛念誦。如此與親教二論，俱說於本尊心中安布四字，修風入住出三，及說離彼二故。此等，是說與本派相符者。但餘派中亦說於臍中，修金剛念誦。

（卷八竟）

勝集密教王五次第教授善顯炬論 卷九

卯二、明風咒和合及金剛念誦之差別。

風咒和合之理，燈明論說，於內身處，安布顯形行相之白色嗡等，爲風入住出者。以三字表義即三種風，故作是說。非說修彼等爲三風，亦非金剛念誦時也。金剛念誦時，續及聖論，於彼三字，爲聲爲色，及所配之風眞實，爲風爲音，皆未明說。廓師說爲聲音，非是字形。故此派智者亦皆如是許。瑪派多說，風如貫珠之縷，三字如珠粒排列，狀如寫成。根本續第七品云：「莫食乞而誦。」燈明論中解彼了義，引授記密意續云：「別字爲乞化，誦彼乃是食，許彼爲食乞。」此說風咒別誦，爲金剛念誦之障品。由是當知，彼不別異。其中乞化之梵語爲苾芻、苾那，訓詁爲異。阿芻羅，訓詁爲字。風字各別而誦，是爲食乞。故風咒，各別之咒說爲聲音。未說思惟，狀如寫成。故知風咒不別，亦是說與咒音無別。非說與寫相無別也。又誦讀之音，屬於外語。攝行論說，此是內語。故非彼音。亦非口雖不誦，而思惟讀誦行相之音。以是當知，此中三字乃風入住出三之本音。若將風之本音，與咒音和合無別，是謂風咒和合無別之義。若自了知內風出入，自發三字音聲，專意緣彼不散。是謂此中念誦。燈明論說，彼是意誦。然與思惟舌顎功用誦咒行相之意誦不同，當善區別。續說風咒和合無別之義要於意中現爲一體。倘未如前了知，則於意中不能現爲一體也。教授中說：「風內住時，略爲長久。」有諸智者，謂續疏意趣是隨風住量，不加造作而住，此定非理。以續說一日夜中，出入二風合爲一息，僅有二萬一千六百次，倘不造作而住，則除出入二風外，別無住風故。應無入住出三相之金剛念誦可修也。以是當知，若修續說二字金剛念誦可不加造作。若修三字，則於中間，特令安住。當如瑪廓兩派教授所說而修。親教論中，曾說四次，於阿字性安住之時，徐攝持故。雖有多師許內住時較出入時長久。但廓師許，三相均等，極爲善哉。親教論說：風外出時，想諸法清淨，轉成甘露。嗡字性入時，洗除自身習氣。阿字自性，亦清淨自身。解脫點論云：「吽字放出諸佛時，成就一切靜法。嗡字收回諸佛時，成就一切動法。阿字任持諸佛時，令動靜諸法入無二智。」疏中解釋成就即清淨義。聖派未作是說。有說：五次第論中「吽字放有情」等，即顯彼義，然非彼義。五義論說：三字金剛念誦僅修二十一遍。此數若多，諸界調適，易持風息。正金剛念誦，謂上風嗡字壓下風吽字提，於心中修風合。四義論說，由修三字金剛念誦，令風不動，入中脈中，引生樂空感。乃至金剛念誦究竟以來，應勤修習。輪論亦說，由數數修百八金剛念誦等，現起五相。現有如是異說。其中初說，三字金剛念誦，僅修二十一遍等，總違本釋諸續，聖父子諸論，成大錯誤。說持風合爲金剛念誦，純屬杜撰，與自宗中說爲心遠離之風合，亦成相違。以是當如四義論而修。輪論亦應順彼而修也。總略論中引四天女請問經說，於飲食時當修和合。除有注疏釋爲風和合外，聖派梵論均未宣說。若謂以教授而修者，倘如自宗，餘教授所說於心遠離時修者，則善符自宗。金剛念誦若由所誦境風而分，有根本風與支分風，二種金剛念誦。此二復分四種五種。若由所誦咒文而分，如金剛鬘續說，有吽霍二字金剛念誦與三字金剛念誦之二種。授記密意，與後續中，唯說三字金剛念誦。拉彌與福緣稱等說十一種，謂六部、忿怒三毒、中性之金剛念誦。復許此是第十三品本釋之義。燈明論之意趣，謂由觀察三字眞實，了知彼義，說爲身語意金剛念誦。次說寶念誦，與無著念誦，爲主要金剛念誦。故僅前三種，金剛念誦之相，猶非完足。又說金剛念誦爲意誦。忿怒念誦爲語誦。故彼非金剛念誦極爲明顯。說三毒念誦，謂思惟將三毒有情安立光明。故彼全無風念誦義。中性念誦，謂修光明。彼中亦無風念誦義。亦未說彼等，爲金剛念誦。所言主要金剛念誦者，續云：「義隨行念誦，謂以妙無性，觀三世諸佛，說名寶念誦。一切佛土中，放出諸身雲，往來金剛義，說爲無著誦。」第二句，卡師譯本爲「謂以妙性生」較善。此等文義，謂三字義入住出三隨行之念誦，即義隨行念誦。從不壞自性所生之妙，謂不斷舒放。即以此因，觀察了知，入住出三時所生諸佛者，謂通達一切如來自性諸風，即不壞體性，是謂寶念誦。此是隨順善譯諸疏而釋。此即以金剛念誦將諸攝入不壞之義。如是攝融之後，重現起時，謂從心間蓮花不壞佛土中。言一切者，謂於眼等諸根處門。放諸身雲往外、來內、及住內中，金剛義體性。是謂無著念誦。說前者名寶念誦者，意謂以根本風金剛念誦，攝風收入不壞寶中。非說五部中之寶生念誦。如是已得攝風能力，進於支分風，修金剛念誦，由是於各別諸根門，無礙轉之念誦，故名無著念誦。非說義成之念誦也。五次第論引文，前者名金剛念誦。除燈明論外，父子諸論及五次第略論等均未說，支分風之金剛念誦。若於前說界限而修支分風之念誦者，亦須想從心間不壞風出生之理而誦。由如是修，能助一切見境熾然妙樂。是廓所許。亦即金剛鬘續最勝意趣。金剛念誦之名義，印藏諸師雖多異說，然燈明論云：「彼等之義，謂即三字。彼之念誦，謂入等三風。以三不壞金剛，表有彼等。即彼體性之念誦。」是於三金剛之三字，與三風之三音，和合不離體性之念誦，說名金剛念誦也。如是定中，由見具足前說身要等四要中，斷除沈掉等過。修風瑜伽與念誦瑜伽之功德，發起喜躍，當善修學，令三風音現爲咒聲。後得位中亦應學習。如授記密意續云：「於一切事中，知瑜伽眠等，無名無言說，三時恆念誦。」後二句義，謂於三時中，常誦遠離名詞，言說之三字。是信師所說。

寅三、釋於密鼻端修物點之命力。

於密鼻端修物點有二說，金剛鬘續說者，謂於業印蓮花鼻端與自金剛鼻端合會界中，令菩提心任持不流。說名修明點。非說於彼緣點形而修。燈明論中釋後續義，謂風作點形，從自金剛孔出，於明妃蓮花鼻端，觀爲點形。是緣點形而修。此說智印。由說於二鼻端合界而修，故與於一一鼻端修不同。總緣智印而修者，聖派說凡有三義：一、與彼等至引生妙樂。二、與彼等至之菩提心，入明妃蓮花中，於明點中修曼荼羅。三、於父母密處鼻端合會界中，緣明點修。此是後者。此之所爲，雖是爲將風收入中脈，然非先未能收入中脈者，今始令收。以學身遠離時即能收風故。以是應知，此位修前二命力，是先未能收入心間正爲令收。今是此位，已能收入心間者，爲令增長。故於餘位亦應例知。

丑二、釋金剛念誦不共作用。分二。寅一、明金剛念誦能解心間脈結。寅二、明解心間脈結，為解脈結之主要。今初

如是從心輪中央不壞風修金剛念誦之因相，金剛鬘續，明了說云：「住眉毫中央，正說點爲風，咒眞實開彼。瑜伽解結後，風眞實正理，以別啓加行，未了彼加行，以持風瑜伽，超能所詮義，不明邪見者，離所修靜慮，諸佛亦難得。由瑜伽母恩，口口相傳授。」初二句義，即彼續云：「阿住法輪蓮，周徧於風輪，唯此是大風，說名命。」說於眉毫處即眉中間，有六瓣風輪安住。即明周徧心間乃至眉間，命風之處爲中脈。咒眞實一句，明以咒風眞實，開啓彼處。瑜伽一句，明解中脈之脈結。從「風眞實」至「以持風瑜伽」，連「難得」句。義謂若不了知，咒風眞實及以正理，殊勝開解方便，僅以持風瑜伽，難得彼義。靜光譯本，「以勝啓加行，未知彼加行」較爲妥善。又譯爲「了知風眞實」。若無師傳教授，不能通達彼義，故言「超能詮所詮義」。不明者，謂未明了通達。邪見者，謂倒執風義。如是了知風咒眞實，若離修彼靜慮，即使諸佛亦難得，以瑜伽力，解心間脈結也。靜光譯本亦作「難獲得諸佛」。此續中說，由瑜伽母恩，及師口授，乃能通達咒眞實義。故瑜伽母言，非說師長。若爾何謂？此續脈相品說，攝七萬二千脈，成「補利馬拉亞」等，二十四處諸脈。此復略攝，成爲心間八座之八脈。此八復成心中三脈。此三復由加行，攝成一中脈。於瑜伽母續，應當了知。意謂以風咒眞實金剛念誦，開解心間脈結之因相。諸脈先從彼成，及最後究竟收處，因諸瑜伽母請問，溫爵綳巴等中廣明。故作是說。如是如前說已，爲明彼義，金剛自在金剛手請云：「願眾生主說，點差別理俱，知速勝瑜伽，加行解諸結，三界諸眾生，速趣上悉地。」此謂若誰了知明點差別，即開解方便風咒眞實，修此勝瑜伽行，開解心間脈結，速趣上品成就。惟願眾生依怙爲我宣說。如是請已，答云：「請已有金剛，告金剛自在，最秘密體性，餘皆未明說，此明點差別，我說汝善聽，心蓮內虛空，智金剛常住，上下正說已，命遣大風住，此亦難開啓，中央三結纏，由彼破下遣，不能向上行。彼破復成五，命、下遣、上行、周偏、等住性，從五端所行，正依止五脈，增長、善增長、狂、墮、與友愛，應知爲五脈。偏達金剛下。上行命中央，金剛臍空界。大風名曰命，出生依脈結，破已成五行，於五端五脈，月分與光明。」如前所引而說。其中言諸餘續皆未明說，最秘密處。由金剛念誦瑜伽，開解心間脈結。其所解之結，謂心間脈輪中央，中脈內空，不壞智金剛住處爲極難解三結所纏者。彼右爲赤脈，左爲白脈，各纏三結，雖有六結，二共爲三。言由此脈結，隔阻下遣風，不能向上行者，是說不能於結處由中脈中上行。然下遣風能向上行，如前已說。言「彼破復成五」者，非說下遣風成爲五風，是說從脈結阻隔之下，五風向下行。即前智金剛以下。亦如此續所說，向下引導下遣諸風也。言復者，顯彼五風亦向上行。命風等五，如其次第，於增長等五脈中行。次文應云，金剛臍上之中央，從脈管虛空界出生命風，成爲五行。言「依脈結破已」者，謂上部命風，亦爲脈結所阻，不能從彼內下行。如前續云：「諸上亦下行，雖爲命所破，彼等於命脈，入已而向下，彼不能下行。無明結所縛。」言「爲命所破」者，是破壞命行，而譯文不善也。上部諸風，雖向下行。然不能於脈結處，由中脈中下行，故言不能下行。言「無明」等，即明彼因相。靜光譯云：「無明結亂輪」譯文不善。持命上脈管中，有龍等五風行，亦說由持命，令諸風上於諸根門，放出也。此中續說：識所乘風，由與內識習氣合雜，趣向於境乃生自性。及由習氣熏染增上，流轉生死。除此之外，別無生死。其後又云：「故爲斷生死，當精勤修習，明點差別位。諸餘無明者，不知彼中結，開已得悉地。」此說爲淨流轉生死之習氣故，當開解心間纏縛中脈之無明縠，修明點差別，風咒眞實者，以能生分別之命遣二風，乃至未融入心間不壞以來，不能圓滿現起光明，故須開解心間脈結。開解彼結，當以咒眞實而開解之。如是金剛鬘續第六品說：必須開解心間脈結，以咒眞實開解彼已，能成寶劍、丸藥、神通等，及大印悉地。其咒眞實，亦是吽霍二字，配出入二風而念誦。又說修彼六月，決定成就。

若爾，二字金剛念誦開解脈結，爲是彼別法耶，抑亦共三字金剛念誦耶？曰：續說「以咒眞實開解」。其咒眞實有二：一謂第六品所說。二謂第十五品所說。如云：「身語意金剛，作三咒念誦，此速得悉地。風實到彼岸。」又云：「宣說咒眞實，明顯無緣位，金剛薩埵因，具咒諸功德，身語意律儀。眞實生勝智，諸眞實略義，咒眞實無上，由六月念誦，當成就非餘。」此明了說三字咒，與風眞實，於心間蓮花念誦，誦六個月能得成就。是故二字與三字金剛念誦，俱能開解脈結。乃續意趣。開解之理，即前續云：「吽聲，點爲霍字名，以二風開辟，能解無明結。」譬如竹筒、節隔，以長竿衝擊其中，即能通啓。如是以風出入，便得開解。即前續云：「士夫離阿杭，猶如樹斷根。」謂若不知阿杭了義，如同斷根。又云：「阿字爲命風下遣即杭字。此二合爲一，說名爲阿杭。」故知此派，是於心間不壞處合雜命遣二風也。

寅二、明解心間脈結為解脈結之主要。

集三字咒，有二：一、集不了義咒，如金剛鬘續第十五品說，母韻第一阿字、第五鄔字，及迦雜札達跋諸部之末部最後摩字。三字中阿鄔相合爲喔，略去鄔字。其中摩字轉爲隨音，故成嗡字。以是此續身語意心要品之替，三譯本中均將「鄔」字，譯爲喔字，皆成錯誤。唯註疏中譯爲「鄔」字，乃爲善淨。次說：母韻第一兩阿字，與鄔沙摩那分，即煖部最後哈。三字中初二字，如云：「相同之字，前成長音，拭去後字。」故成一長音阿字。註疏說，無命根之哈字，置於暴音處。二處均說是哈字。次說：鄔沙摩那分哈字，莊嚴第六韻長鄔字，則成呼字。其上給以跋部最後摩字圓點。故成吽字。疏說「鄔沙摩那後分具」之分字，表示初月。攝行論說：「三字各從三字母出。」即應如是集也。

二集了義咒有三：一集了義嗡字法。即前續云：「阿住法輪蓮，周徧於風輪。唯此性大風，名命一切說。」此說嗡字三字母中阿字之了義，謂持命風。疏中譯為「名命攝一切」。此義謂彼風，總攝一切風。次云：「嗡住受用輪，如火及日光，從項至頂髻，周徧威光身。」此說鄔字了義，是從受用輪，徧及大樂輪。顏色如火及如日光，威光熾然身性之上行風。靜光與惹師及註疏中譯為「鄔」字，妥善。次云：「安住大樂輪，摩字如明點，高量十二指，住於佛頂處。」此說摩字了義，是從眉間，上量十二指，安住頂髻處之菩提心也。靜光譯為：「一手十二指，過上住頂中。」如不了義嗡字，安置頂上。如是了義即將命風、上行風及杭明點，攝入大樂輪脈結內之中脈也。

二集了義啊字法。如云：「阿字如前說，是最勝命風。」又云：「阿從法輪蓮，至喉成雙阿，命性與下遺，以哈字周徧，繫縛於喉中。」此說心間持命，與喉間上行，成雙阿字，即長音阿字。哈字表下遺風。如啊字安置喉間，此即將三風，攝入受用輪脈結中央之中脈內。

三集了義吽字法。如云：「哈名下遺風，住便門密處，鄔字上行風，住喉蓮花中，摩字為命風，住額間風輪，合一住心間，說名心種子。」此說哈字義表下遣風。從心間徧及眉間風輪之命風，爲嚤字義。郘字義表上行風。如吽字安布心間，此即將三風，攝入法輪脈結中央之中脈內。「合一」等二句，亦配嗡字啊字了義合一也。

如是說三字了義，即明開解三輪脈結，將持命下遣上行諸風，合雜於中脈內。如嗡啊吽三字安布三處作身語意加持。無量密咒聖典所說，了義三字，安布三處加持之理，亦即如是。如上說已，金剛手請問云：「三金剛字義，處差別已知，此中何爲主，惟願尊爲說。」謂以三字母結成三字之了義，爲合雜諸風，及於身脈輪，何處合雜。雖已了知。但此三中何者爲主，願佛爲說。答云：「秘密最秘密，密義汝所問，諸續皆未說，今說當善聽。心種子爲主，眾中無分別，以此能損減，能劫奪餘主。」此謂心喉頂上，三輪脈結開解之處，合集持命下遣等風。此三之中何者最要？此乃秘密中最秘密處，諸餘續中隱密未說。今當說彼，汝應諦聽。如是說已，謂彼三中，意心種子，吽字了義，於心間脈結開解之中脈內，合集諸風最爲主要。所以者何？以開解心間脈結是無分別，即最勝能斷故。由風安住不動，是能減能奪餘能動分別風之主要故。又「餘主」者，謂除意金剛外，餘身金剛及語金剛。此二依處頂喉之脈結。由意金剛之脈結開解故，皆當破壞。是能損減能劫奪義。由下文說，若心間脈結開解。即以彼力，能解餘結故。疏云：「三字之中吽字爲主，以一切法皆屬心故。」此乃未獲三字了義之解說也。次云：「瑜伽證第三，無分別希有，由遮一切風，起通達眞實。」第三，謂意金剛字義。即將風攝入，心間脈結開解處。證謂瑜伽師現證彼義。爾時乃生起希有無分別之俱生智。通達眞實，即希有義。因相，謂遮一切風及分別，皆能攝入不壞中故。此乃明顯，前說意種子爲主之因相也。由此顯說，欲遮分別與能動分別之一切風，唯於心間攝風最爲切要，攝入餘脈輪中無爾許功能。以是說明攝入心間爲主因相之教典故。次云：「變化法輪中，說爲二蓮花，六四及八瓣，如上下相望，正依於上下，命下遣遊行。明說唯此二，是有分別風。身語二心要，即單脈味脈。」六十四瓣，謂於變化輪。八瓣，謂於法輪。如是二輪。第四句文，疏中譯爲「彼等如寶篋」。較爲妥善。義謂心蓮向下，臍蓮向上。如桑補札所說，如函蓋相合也。此等即明心臍脈輪之情形，與上下所住命與下遣二風，於二脈遊，引生分別之風也。次云：「阿嚩都帝脈，彼二中最勝，謂無分別風，常行與普偏。由得何瑜伽，常能利眾生，能勝百八種，風自性差別，恆時尊勝住。愚者所不知，刹那證菩提，彼得此續說。」此說安住二脈中間之中脈，風入彼中斷諸分別。故彼脈較餘二爲勝。由得如是瑜伽，故能利他，能勝引生百八分別之風。此復生起次第者所不能知。由二風趣入中脈，一刹那頃速能現證菩提，證得光明。

令風入中脈者，先當究竟生起次第，次乃修金剛念誦。此次第如云：「此復云何得，彼說爲種姓，初大瑜伽師，善慧修寂止，以生次加行，作爲明王印，普於九根門，一切徧防護，吽誦無等修，最勝恆不斷，經六月修已，後刹那證得。」言印者，生起次第者之天身，爲大印。明王印者，疏中譯爲「熾然印」。以生起次第，能焚燒凡常分別。吽誦者，謂述金剛念誦之一分。「普於九根門」等二句，明由彼力，能於眼等九門收攝諸風。次云：「何故由念誦，心蓮向上壞，次秘密蓮花，和合開解已，二種分別風，從此遮斷行，給無分別樂，咒眞實獲得。住中脈相續，眉中風開已，得此得已喜，相續現無盡。」初二句，明由修六月金剛念誦，破壞心間脈結之理。靜光惹師，及疏中譯爲：「心蓮向上行。」盛精進師所譯如前。疏中解爲「前二脈輪和合而住，今令開解爲向上行義。說秘密蓮花，爲變化輪。言開解者，謂遮寶篋繫縛。」與前無異。然心臍間二脈輪，乃前者向下，第二向上而住，並非和合而住。故非令各別開解。此續中說六脈輪時，雖未說有密處輪。然言「喉心與臍處，密蓮中往還。」時，則離臍輪，別說密蓮。故彼非說變化輪。又此續中，說以金剛念誦，開解脈結、破壞脈結、摧毀脈結。此中亦說，以金剛念誦破壞脈結。故言「心蓮壞」者，是解除彼處脈結。言「向上壞」者，是解臍處脈結。解除心間脈結時，須如死次第現起。教授穗論說：修轉趣時，數數遮翻心間蓮花。大印點云：「臍根持命風，刹那許不作，將此覆蓮花，刹那向上翻。」則心間蓮花，似須向上翻轉。臍處無明文。但彼續中極贊心處，或是心間蓮臍，或如常說。如別本云：「刹那許不捨。」謂繫命風於彼，令彼堅固。密蓮和合，亦是味單二脈於中脈和合之結。此明由解除心間脈結，則臍間與密處之脈結，亦得開解。「眉中風開已」句，明開解風輪脈結。故餘一切脈結，均由彼力開解也。若解除脈結，則遮斷持命下遣二風向餘脈中行。唯住中脈相續。故能相續生無分別大樂。是謂以金剛念誦，作成咒眞實也。

此等解說，如金剛鬘續，數數宣說：「獨咒眞實成。」聖父子等，亦未說餘正修風之瑜伽。唯說金剛念誦。是生廣大定解，不可少之方便。故此廣說。

丑三、釋修命力，引生證德之次第。分二。寅一、釋修心間不壞如何引生證德。寅二、釋修餘命力如何引生證德。今初

如前所說，由攝風心間，現起光明。燈明論說，於入光明之前，由地入水等，融入次第，發生陽燄等五相。此不限於入勝義光明時爲然。凡攝風入中脈，現四空時，一切皆爾。故說由修心間不壞，發生五相。親教論云：「心安住明點，於自根攝持，地輪入水中，水復入於火，火亦趣入風，風復入心中。心入無二智，暫入現諸相，如陽燄及煙，如燭如空燄，如無雲虛空，當現此五相。金剛心入故。」戍主師云：「以極勤勵心，注視於形點，由入於彼故，現五或八相。次住光明中，經日月年等，隨所欲安住，利有情等事，無功用任運。」言五相者，謂陽燄等五相。八相謂加如月日暗等三相。藥足師說，有三等相，謂顛倒地等，可滅、略滅、畢竟滅相。故當知此諸相，有多次第。有說：此等諸相是因，後者較前明顯，說如陽燄等。非說境相與彼相同。有說：是有相心識，動不動之量。有說：是現起如煙等相。共有三說，後者爲善。又如月日暗三相，是明增得三時。如無雲虛空，是一切空時。如陽燄等，是相續中，將生四空智之前相。諸續部中，於俱生喜，及一切空之光明，作無邊稱讚者。是如前說，善巧樂空無別和合之理者，所修之樂空和合。最初引生如斯勝樂者，必須將左右風，攝入中脈。此中若無正修風息，專住身要方便，內外命力之道。及明點瑜伽等。僅得空性見，及知無倒修空之理，隨任何修，終不得生。故必須修定量教典所說，專住身要之方便。其修習彼者，若所修無倒趣向扼要者，引生俱生歡喜或一切空智之前相，必能現起諸相。諸教典中稱讚諸相，亦因此關係。然唯修心無分別住者，亦能現起似彼諸相。與修專住身要方便所現諸相，極難分辨其差別。故當善巧。又專住身要所現相中，初從由諸根門向外動風，將向內退。略向內退，已趣中脈等相起，直至得最高道時，遮退之殊勝相，有無量次第。故不應於相似相上，便執已具。一切眞相功德，自以爲足。即是眞相，亦不可略獲端倪，便自止足。應善了知上下次第，而求上勝。若能善知以上道理，則於文殊親教，及龍猛、戍主、鈴足等諸大德論中，圓滿次第時，說緣風、點、字等，專住身要之方便。及說於心間修明點定生妙智。及言「無疑智熾然」等，能得希有定解。至心修彼以爲心要。其觀慧下劣未如是了解，又無大德教授，不達諸續要義者，誤爲圓滿次第但修空性。見此等中多說有相三摩地。便執圓滿次第非殊勝道。修相似道，以爲心要。以是當知，無倒空性，極難通達。不共大樂，亦因續部與大德諸論，最爲深奧，難達幽微。故樂空和合，最極難得。然若粗知彼等要義，於勝方便不起倒解，由於彼等修習之力，亦能引生大樂。即單修此，亦屬最爲希有之三摩地，與餘深法，決不相同。第五相，如無雲虛空者，有由修專住身要教授所現，與非修彼，唯修心一境性三摩地所現之二。若不善巧續部要義，極難分別。續部所說中，雖亦說餘續所說略遮風時所起諸相。然此中是說，四空中，最後一切空、光明時者，故彼須先現，如月日暗等明增得三相。此復是由融入中脈而生，故義不同。瑪派有說，相與有相八事，依次生否不定。然諸經論意趣，是決定依次現起，以攝風達要者，亦定如是現起故。由善了知修心間不壞之要義，長時熏修，從四空智最初起時，是爲隨順心遠離。雖由此門可假立彼名，然非眞實。此中復有順行四空與逆行四空二種。後者較前，稍難現起。於此四空，當隨力安住。後起定時，仍當如前明想所依，繫心明點。如戍主師云：「從彼定起時，不應想餘法，恆緣一明點。」由此方便，能有一次，攝風中脈引起四空。則次緣明點，攝風極易。故不待長時，便能攝風引起四空。由於內身最大要處緣明點等繫心之力，攝風中脈，引俱生智。乃是智者喜悅，最希有處。故當知此與不知修風要義，僅強攝風者，其功力大小，堅不堅固等，有極大差別之功德。亦當了知，是餘持心者，所不能比擬者也。

寅二、修餘命力如何引生證德。分三。卯一、修金剛念誦每月所生證境。卯二、金剛念誦，能融風於中脈。卯三、熾然猛利火法。今初

其究竟粗細生起次第，已善學身遠離者，第一月中修金剛念誦法，如金剛鬘續云：「初數息出入，二萬及一千，如是有六百，於晝夜決定，乃至得準數。經廿七日夜，隨於數加行，是善觀察數。」靜光譯末句為「數數觀察數」。此謂一日夜中，出入合為一息計，共行二萬一千六百息。晝夜二分，行若干風，乃至獲得數量決定。如是經於二十七日夜，數數計數。此明除住分外，對於日夜，各行若干風，要不增不減，平均計數。若每時風數平均，則身內大種平均。倘此平均，則依身所生功德，極易引生也。

第二月中修法。如云：「次隨逐念誦，當觀察每座，諸風與功力，二千七百數，應當正了知。以決斷行相，經廿七日夜，以四輪差別，晝夜得決定。」此說第二月中，觀八座，每座行二千七百次風，令其平均。前者易數。此則較難。釋論中說：「每座有九百風，以入住出三乘，爲二千七百次。」非爲善說。若果爾者，則說一日夜，有二十四次九百風息，不應道理，以僅有八座故。此說於二十七日得決定。由於四輪所生四風，修金剛念誦，而得決定。

第三月中修法。如云：「次勵力安住，善觀察別異，由行於脈輪，決定其出入，由定識加行，觀察諸脈輪。此輪脈差別，經廿七日夜。」此說平均八座風已。次於風所行處之脈輪，由決定出入風行之方便，觀察諸脈輪別異，經二十七日夜。各別明見脈輪諸脈也。

第四月中修法。如云：「次以處差別，善觀察彼相，諸觀察住者，百八風遊行，無分別加行，斷分別爲體，一切事自性，百八增上行。此勝正瑜伽，經廿七日夜，修相瑜伽師，隨止住修習。」此說決定風所依諸脈已。隨所止住修風相之瑜伽師，第四月中，能見遊行脈中百八諸風，而得決定。「無分別」等三句，及「此勝」一句，顯示斷除一切事自性分別，悟入光明之方便，唯能斷分別之金剛念誦瑜伽，最為殊勝。

第五月中修法。如云：「有分別行者，瑜伽從彼轉，無分別大風，遊行於脈輪，次從諸染結，定解勝義轉，經廿七日夜，初發業加行，具慧思退轉。」靜光譯為：「具慧從退轉。」此說第五月中，具慧瑜伽師觀待金剛念誦究竟，立為初發業者，以彼所修諸風瑜伽從分別風退轉。其能引無分別之大風，便能於脈輪遊行。此是將風轉入不壞處之位。由定解諸風勝義真實性，便從染結動性中退轉也。

第六月中修法。如云：「次彼等清淨，由正瑜伽力，命力諸分別，周徧盡斷已，風真實遊行，修最上瑜伽。無二勝瑜伽，經廿七日夜，依風真實性，散亂心清淨。」此說，第六月中，由依止風性行，修金剛念誦之力，斷盡命力諸風分別，令於分別境散亂之心皆得清淨。是於此等，說名數、隨、止（觀處差別）、觀（觀時差別）、轉、淨。修六月金剛念誦之後，心間脈結完全開解者，意說最利根之所化也。此續多處，除出入息外，未說息住。諸作疏者，誦「明往還」句，爲「行不行」。然續中明說：「以入住及出，圓滿次瑜伽。」廓譯師說，學習粗風究竟量齊，謂行動明顯。乃於根現量，色相明顯。無諸錯誤，數相明顯。聲音自性三字行相明顯，處所、粗細、遲速、輕重等相明顯也。究竟相狀，謂不生諸病。學習細風究竟量齊，謂將外三千世界風，攝入毛孔，身內能容。將身內風，放出充滿三千世界。能將內外交融。及由外風所觸，便能引生樂輕二觸。學支分風究竟量齊，謂能於諸根門，轉移諸識。及能無害守持諸風。謂於風火地水四風行時，於內守持不令外出。如其次第，能無損害飛騰虛空，外界寒觸不能侵害，大力士等不能動搖，火等諸物不能傷損。是神通師規。

卯二、金剛念誦能融風於中脈。

如前所說，由修風咒和合無別之念誦。風音，宣爲三字。非僅意境前作如是勝解，是生猛利意識感覺。喻如生起次第者，初僅勝解修爲諸尊。修習之後，則心不須特作彼觀，任運能起諸尊慢相。如是成已，則風咒各異之境執，俱能遮止。此復由於中脈中央，修入住出三種念誦，由風心同轉之關係，便能於中脈中轉。此復初須特令於彼出入。待修習已，則以金剛念誦爲緣，諸風眞實趣入彼中也。得彼之相狀，謂未修金剛念誦時，左右鼻孔各別遊行。既修金剛念誦，決定不久風便平行。是以金剛念誦令風趣入中脈之相。此於下門及心間修微細相，亦當了知。若能如是風入中脈，然不能久即轉爲左右單行者，是修習力弱之過失。若如是入已，如前於中修習出入，略經少時，心間脈結漸漸鬆緩。最後便能開解脈結。若作是念：依心間要穴，於中脈中作金剛念誦，雖能令風入中脈，及鬆緩脈結。然金剛念誦，不能將風閉於中脈以金剛念誦，不遮出入息如常安住故。以是，若未持風於內和合，遮其出入。金剛念誦不能使風融入中脈。如斯疑者，是以圓滿次第少分爲足。總未了知，定量教典所說，明點瑜伽等，如何攝風。特未了知，詳說金剛念誦一切要義之集密法類。故生是疑。然無彼過。若善修習如前所說入住出三，等量金剛念誦。至一期限，不待努力，風自然住。此復漸久。爾時雖不特意停止出入，而自漸短。故初修時，不須特令住量，長於出入之量。

次仍勵修金剛念誦，則風全不出入，於內安住矣。如授記密意續云：「名住三眞實，自性念誦相，無名無言說，是勝菩提心。三性成一味，無往亦無還。」此說：無名句體性，不可言說之自性念誦，於風咒本性和合無別之菩提心風，修念誦後。則入住出三全無差別，成爲一味。爾時諸風全無出入也。此續中說：「菩提心爲風。」故此中言菩提心即是風息。此續中說：「入住出三風實性同成一味。」故餘處義亦皆如是。金剛鬘續亦云：「善修金剛誦，了知諸風相，斷諸分別風。」此說：金剛念誦，能斷風行動。又云：「普於九根門，徧防護一切，誦吽無能等。」此說：金剛念誦，於上下鼻孔等一切門，遮風外出，於內防護，此等義如親教論云：「此中由吽出，嗡攝啊安住，於此持實性，於入住出三，當得解脫智，不須生疑惑。」此中明說，由修金剛念誦，從融會、脫離入住出三相之風，當得妙智，不須猶預、疑惑也。若爾，二字金剛念誦，如何令風融入脈內耶？由修彼力，令風入中脈，及開解脈結，與三字相同。爾時彼風，已得往還根本處道，即還本處，如死次第。續中雖說二種金剛念誦。然聖父子安立三字金剛念誦者，僅是一例。親教論云：「非僅入出二相，亦從住相解脫。」故須先滅出入動息，於內安住。其次住息，亦須融入。此由修出入念誦，風不行中，亦有隨沉力轉而不行者，當善分別。又鼻息停止，風住內時。若未融化，身覺脹滿。融化之時，即便消滅。若如前說依次現起風入中脈之相狀，其風自力長時內住，設融入者，即融入中脈。故諸空性，如說現起。若非彼位，即使融入內，亦非融入中脈。故諸空性，不能如說現起。其風眞正融入心間不壞者，須先鬆緩心間脈結。故先以攝歸心間之方便而收攝時，即融入中脈，亦是融入與彼相近之中脈。非眞融入彼處。如是即使趣入中脈，亦不能於脈結處之中脈出入也。金剛鬘續云：「少少離功用。」此說，於風出入，不作大功用。親教論云：「於內住時，徐徐任持。」故於入住出三風，徐修金剛念誦者。息滅風等雖稍遲緩。然身內諸界不亂，調適力強。從專住身要所引生之功德，與餘不等。是故引發諸空其力極強。引發空性一次之後，極易增長。安樂溫暖等皆極堅固，利益甚大。以是諸得樂暖等覺，發生歡喜，由見能修善行等德，作猛利修規者。乃至未成就所爲以來。亦以如論所說而修，較爲妥善。此復於金剛念誦之風加行，及繫心明點等而修。雖稍速強。然說，強力執持如修風和合者，是非時死之因緣。故雖有速成之功德，但當善巧其界限也。如前所引戍主所說：修心間明點所現諸相。亦許彼是金剛念誦之相。是故此中，亦現陽燄等相狀。眞正心遠離諸空，乃至心間脈結，未開解以來，不能獲得。然隨順心遠離諸空，則從最低時，亦定能現起。故當善分別。倘未辨別此等，從最低時，由金剛念誦引起諸空，執前三空，爲眞正心遠離，執第四空，爲第四次第光明。於彼二後所起二種天身。如次執爲第三次第之幻身，與第五次第之雙運身。實未證彼任何功德，自以爲證，起增上慢。昔未曾得勝上功德，皆不尋求。已得功德亦不增長。有謂我已得如是道，然得彼道所生功德，均未見生，便起邪見，謗彼等說皆是虛言。有因聖父子諸論文中，未得心遠離前，多未宣說能現道位諸空。即執未至彼前，道位諸空不現。不爲引生彼故而勤修。便當失壞極大義利。以是當知，由修圓滿次第。將風融入中脈所生之四喜、四空，不須立爲極高道位。故爲生彼等，勵力勤修。若時現起如前所說，從融化諸風所起三空及譬喻光明。則當憶正見，盡力住定。若風搖動，從定起時，仍修金剛念誦等攝風方便，間雜而修。

（卷九竟）

勝集密教王五次第教授善顯炬論　卷十

卯三、熾然猛利火法。

若謂金剛念誦，縱能使風趣入中脈，及入者融化。倘此不能策動猛利，溶解菩提心，則此中無樂空和合。若亦能者，當說彼理。曰：此如前引，金剛鬘續說：此能引大樂。其所說大樂，即溶解頂上菩提心之樂。溶解彼者，實須熾然臍間猛利火。此理如金剛鬘續云：「能集諸空行，故說攝空行，常住臍中央，光明如千日，出生大智火，壞一切偏計，現燒蘊分別，成無障礙身。次攝界分別，復於諸自性，能所取分別，其後亦攝彼。總焚一切縛，猶如蛾投火。由合風眞實，了知咒實性，雖微細分別，焚毀定無疑。」其初四句，明臍間猛利體性。言彼爲一切空行母總集體性者，如桑補札中說爲無我母體性，春點續中說爲亥母體性。以彼二尊，即白衣母等，及善猛母等，一切瑜伽母所集之體性故。此亦僅是一例。此說猛利赤塵，爲一切空行母總集體性者，義謂明妃所作，乃爲引生瑜伽師之大樂。熾然猛利，亦能辦彼事也。次二句文，總明熾然猛利，能焚徧計分別。其次二句、一句半、二句半。如其次第，說能集諸蘊分別，諸界分別，能所取分別。言集者謂焚燒義，或摧壞義。言無障礙者，謂數數義，或相續義。言身者，謂於身焚燒也。其次二句，合燒分別之法喻。次二句明，熾然猛利焚燒分別，亦由了知風眞實性，出入二相、或出入住三相，與咒眞實性，二字或三字結合而成。即由金剛念誦，乃能如是成辦之義。其次二句，說微細分別亦定燒毀無疑也。又彼續云：「正依風眞實，由吽字策發，善醒覺火輪。」此說，依止風眞實由咒眞實，醒覺猛利。言吽字者，是說二字，及三字金剛念誦之一分。餘譯本云：「由咒身和合。」疏說彼義，爲修生起次第。故知梵本，亦有二種不同。盛精進師譯本，如前爲善。由何種風動，然猛利火者，如親教論云：「勤戒弓形動，三叉然智火，溶化諸界已。」此說住三叉處弓形風動，熾然猛利。此說下遣風。大印點亦云：「於臍處有理，理邊謂密蓮，彼處自熾風，旋繞得體息，由二根和合，風力熾然火。」此說由住密處蓮花中風，熾然猛利。若由下遣特殊動理，熾然猛利者，彼由何動？曰：桑補札云：「鑪灶臍輪中，業風所吹動，三叉然梵火。」教授穗論說：由意住定，與二根和合作用，策動風力，使其熾然。前者謂專住身要風，與修明點等。第二謂二根和合。所然之火塵性惹達，雖住身分多處，然主要者，謂短阿所表臍間惹達，與卡字所表安住臍下密處之梵火二事。此復是住中脈中者。其能然彼火之下遣風，有入、未入中脈之二種。主要謂初。如金剛鬘續云：「左降菩提月，右注惹達日，風行於中央，能醒火應知。」此說由中脈中風行，能醒猛利火。故以金剛念誦力，風初入中脈時，略然猛利勝煖。彼增長時，溶解頂上菩提心。大印點論云：「由正然彼火，溶解大樂輪，解已一切脈，徧滴勝甘露。」此中修然注者，即風未入中脈，其然猛利火溶解菩提心者，亦甚多。即未修彼，但修風與明點等，於風未入中脈，及未融化之前，亦能然猛利火，溶解菩提心。即通常二根和合，亦能起彼用。然彼等溶解菩提心，勢力愈強，則愈難攝持不墜。若由風入中脈而起者，則極易任持。又然煖中，亦有能溶菩提心與不能溶解二種。能溶解煖中，又有風入中脈與未入二種。入中復有融未融化之二。其樂亦有，唯風調柔之樂，非溶解樂。溶解樂中亦有多種次第，皆當善巧分別也。其下遺風，初然猛利之主要者，謂密處與臍間之二火。又下遺風，於下二門，如上鼻孔出入，故能入中脈。若已入者，如上鼻孔所行命風停止出入融化其中，能於下門亦不出入而融化者，則然猛利之力強，溶解菩提心之力亦大。又得如是一次之後，仍當起風如前出入。多係如是間雜而起。非得一次融化，便如出世間道，永斷種子更不復生。金剛鬘說：金剛念誦由九根門防護諸風。故知非但滅除上鼻孔出入。即下鼻孔出入，亦須滅除也。此復若以身猛力，向上提息，其滅風雖較速，然不切關要。若能以金剛念誦，柔和加行，滅其行動較善。其任持和合風，亦應如是了知。若下遺風於下二鼻孔出入者，可否如上鼻孔，修出入念誦耶？藏師教授中，謂由下門翕闢加行，引生妙樂。此雖未立出入念誦之名。然具智者，可知其義，與上門相同。覺窩結法歌中，說此理云：「摧壞日月行，餘於大空門，碑讓巴不轉，由翕闢加行，策發猛利火，當數數焚燒，五佛四天女，十方勇勇母，集融雜蘭答，四蓮有四點，引生十六樂。自現智色形，安住蓮蕊中。住摩尼端時，如燈燭涅槃。若於摩尼端，正般涅槃時，自他等分別，則都無所見。若時日月蝕，意碑讓不行，分別盡息滅，心入法界中。」此說令風入中脈之殊勝方便。大印點論亦說此義云：「由翕闢加行，令風吹然火，諸根如柴薪，以此然猛利。諸分別蘊色，一切身焚燒，由正然彼火。」如前說。由此亦能知由水道中出入念誦。雖由上門金剛念誦即能辦此二義。然欲特緣下遺風，於下方修者，當依所得先有教授而修也。若強遮下遺風，易害大小便閉等症，過患極大。若能善巧教授要義，以柔和加行，息滅風動，則便利減少，不須數解。此復全無少許不安，熾然猛利勢力強盛，引樂力大。溶解諸界任何強猛，不須防慎滴漏等失，有此諸相。若爾由修金剛念誦，及心間明點等，熾然猛利溶解菩提心者，爲如瑜伽母續所說，降至摩尼，依彼引生四喜耶？抑由上下收入心間，引生四空耶？此於心遠離時，再當廣說。

此中多有，僅見遮風等粗猛加行，略爲迅速，未善分別，粗猛與柔和加行，如何引生現後功德差別。凡作專住身要等方便已往，即執爲粗猛而修。其中有見障礙太大，遮修彼等。餘者則計障礙雖大，要當善巧除礙方便而修也。除礙之法，有謂若聚風不銷，引生苦者，當修多孔加行，向外宣洩。餘師多說，當以餘方便，息滅聚風之苦。其中有謂，爲攝風故勵力修習，既攝聚已，若不修趣入中脈方便，令其息滅，則徒勞無益，缺乏教授。自宗稱讚以受用二浪夾迫方便加行，令入中脈，息滅痛楚。然彼一切，皆是先修粗猛加行也。彼中亦非凡專修根本風等以來，皆決定起奪命或將奪命之大障礙。以彼是未善了解最初修法之過失。其了知者，即不發生故。以是當知若善了解最初修法而修，無大障礙者，乃名智者。非先強使發生障礙，次復了知消滅方便，可名智者。其以柔和加行攝風者，總少障礙。初風未熟練，由攝風故略起痛楚者，其除痛方便餘處當說。此復非僅爲息滅痛楚，且能使後者，攝風無困難。並將後者已攝諸風，令入中脈。若能知此除障方便，乃爲智者。以是當知，如前二派，縱能息滅聚風痛楚。然前者所攝風，無益於趣入中脈。第三派除障之法，於粗猛加行所修者，誠屬善哉。自宗之除障方便，亦唯用柔和加行。不作粗猛加行也。如是廣說金剛念誦之要義者，以諸教授中雖亦多說修金剛念誦，然如集密法類具說一切金剛念誦者，則餘續論皆未能爾。即集密派能善說者，亦甚希少。故爲決擇，聖者父子，不說餘風加行，唯說此法之深義也。

癸三、學心遠離意金剛三摩地。分五。子一、必須通達心性之因相。子二、經中宣說心性之理。子三、明無上續，即通達心性之殊勝方便。子四、明續義三明相與諸本性。子五、明不如實知之過患與了知之勝利。

今初

總住金剛乘，特學金剛念誦，欲求成佛者，應當尋求自心本性。如攝眞實經云：「善男子，當住定中觀察自心。」毗盧成佛經云：「言菩提者，謂如實徧知自心。」三藏理趣經云：「獨行及遠行，無身住根窟，調伏難調心，能解脫魔縛。」故攝行論說：欲證幻身者，當斷除散亂睡眠等一切五蓋，親近正得如來一切教授之師長，隨順集智金剛等釋續，了達自性明相三識也。爲證欲學心遠離者，須尋求心性之因相中，所引三經，皆說須通達心眞實性。故西藏與印度，有說心遠離智，了知有法之心，非了知心之法性。若了知者，應與光明都無差別。皆已破訖。第四次第之光明智，乃現證心之法性。心遠離雖亦了知法性，然非現證。故非無差別。此所引契經，與下二續部教證，雖非宣說心遠離三智，然成必須通達內心法師之因相。

子二、經中宣說心性之理。

若必須尋求心眞實性者，彼性云何？曰：此中攝行論，述波羅密多乘與密咒乘所說二理。初者，引楞伽經說：「由欲了知，自心所現，二取分別，諸佛行境。故當遠離喧雜睡眠等諸蓋，而明心意識三爲一切情器根本。」舊譯攝行論雖言「分別行境」。卡師譯爲：「分別諸佛行境」，極爲妥善。次引賢護經說：「由識受身，雖趣下劣生處，然終不爲彼過所染，隨識生處，苦樂業果，亦至彼處。未見諦者不了知識。」結彼義云：「諸大乘經說，如是識、無色、無相、無形爲性。唯自證智。」言諸佛行境者，顯心之法性。言是一切根本者，顯即有法之本性。言心雖趣下劣生處而彼法性，終無變易。及說此義，非諸聖者莫能現知。故說此心於勝義中一切相空。於名言中，無色無形。不待他證，唯自了境之知性。金剛乘中宣說之理，即彼論云：「請問諸佛行境內心云何？佛薄伽梵於一切續句中說，彼體性無根、無處、無依、無相、無形、無色，超越諸根，非分別境。」此是問如何學心遠離中，說心眞實性，共波羅蜜多乘。非心遠離。六十正理論亦云：「無處無所緣，無根無所依，從無明因生，離初中後際，無實如芭蕉，等同尋香城，愚城不可愛，眾生如幻現。」彼釋論說，處者，謂眼等六處。所緣者，謂一切法。根者，謂種子理之因緣。即以緣起因相，說本性非有如同幻事。言無依者，即無所緣。

子三、明無上續，即通達心性之殊勝方便。

攝行論云：「若未入集密等大瑜伽續，縱經恆河沙數一切大劫，亦不能了知自心眞實性。亦不能見世俗諦。」此非是說乃至未入無上續，不能抉擇基本正見，如前已說。既抉擇已，亦非修彼不能現證。堪爲量者均未曾說。波羅密多乘，不能得聖地。若能得彼，而不能現證法性，成相違故。亦非依法身內心究竟法性，密意而說。以心遠離位，通達心眞實義，是伺察位故。由說「不能見世俗諦」，亦可了知。以是當知，其能通達心眞實性之主要有境，乃俱生樂。義謂彼智通達彼境，若未入無上續門，僅入波羅密多，與下續部門，終不能得。其以餘道要經多無數劫，乃能證得之果位，以無上道，於一生中，便能成就之速快差別。即是以俱生大樂，定解修習眞實性義。如桑補札云：「此何須廣說，總之，諸佛性，無數俱胝劫，所證得佛果，汝以最勝樂，此生即能得。」若僅斷煩惱障，則一類聲聞，亦三生能斷。即現證眞實性義，亦是二乘所共。故僅由速疾現證空性門，速能解脫生死，非是此中速疾差別。是故此道中，須能速疾斷所知障。此中若無如波羅密多乘修學無邊資糧無邊差別之方便，僅證清淨空見，隨如何修，除能解脫生死之外，決定不能斷所知障。故大乘人，要經長時，修學如是無邊資糧者，實爲生長證空性智，成爲斷所知障之能斷也。無上道中，雖不修學，如波羅密多乘無邊資糧差別。然說以俱生樂，修習所解空性深義，最爲速疾。故可了知，是因殊勝有境大樂關係，現證空性，淨治二相習氣之所知障，最爲速疾。以是續中贊說此道之灌頂及第一次第，并諸眷屬，勝出餘道者，亦是由彼能成樂空和合道器，及能成熟圓滿引生彼道之分而說。非由彼自體而說。其能成立樂空和合道速疾殊勝者，要知彼上，代替福德資糧無邊差別，能成佛果色身之不共因。此復除幻身外，更無餘法。故乃至未善巧空品大樂圓滿次第，與有品幻身圓滿次第二事以前，未能圓滿獲得二續要義。如集密續說：「自從往昔過去不可說不可說佛刹極微塵數劫，然燈佛滅後，乃至迦葉佛，未曾宣說此大密之因相。謂爾時中諸有情類，皆無宣說此大密義之善根故。」然說諸菩薩，經恆河沙數劫，勤求難得之大菩提。其信樂集密之菩薩，於一生中，即能證得之因相。燈明論云：「乃至爾時，諸有情類，勝解劣法，應以布施持戒等離欲法調伏，宣說深法，意懷恐怖，故無善根。以是爾時，未說大密深義。現時有情，多行貪欲。由知五濁眾生勝解。故佛如來宣說此法。」亦是依於引生大樂之外方便，有無信解而說。此是說於決斷空樂方便，和合樂空，現生能證菩提，發生恐怖。非單於空性而生怖畏。貪欲薄弱，雖亦是於善巧方便貪行恐懼之因。然主要者，謂覺佛果無邊功德，要經長時，修集無邊資糧差別，方爲相稱，若不如是則見不合。若已住大地諸大功德藏，尙須長時修習。則說極短於一生中即成就者，是爲引誘一切所化而說，非如實說。

雖於此道及空性理，具大信解，然亦容有德失二品，須善分別。若能善知二道建立，已見殊勝能立之理，以猛利信解，堅立此道種性不共功能，則極爲切要。此明以心遠離智，通達心眞實性，及證世俗幻身，爲餘道中極難得者，即是欲明，由修前說三種命力，引生大樂之心遠離，修心眞實性，爲修幻身之不共要道。由說未入集密等大瑜伽續者，縱經無量劫，亦不能見世俗諦。故有計世俗幻身，爲通達現而無性之三摩地者，及有計爲天身現而無性者。皆已破訖。修餘道後，轉不轉入此道，及彼因相。後當廣說。

子四、明續義三明相與諸本性。分三。丑一、釋明相。丑二、釋本性。丑三、釋引生明智之理。初中分二。寅一、釋三明相之異門。寅二、釋三明相之別相。今初

攝行論說，三識異名，有共波羅密多大乘，與金剛乘不共之二。初者，由佛顯說方便般若，即亦暗引不定性名，共爲三種。心意識三。偏計執、依他起、圓成實三。及貪瞋癡三種自性等異門。此中方便謂增長。般若謂明相。不定性即彼二和合，謂近得。明相，於樂空二中，空慧增上。增長，與上相違。近得，二分平等。故作是說。非說一切方便般若及彼二合，皆是彼三。此復是依道位三明而說。由與彼類同，故因位三明亦立彼名。說明爲心、增為意、近得為識。亦非說凡是心意識三，即是彼三。如許三相互違，亦不許心意識三互違也。有因餘論，說阿賴耶名心，染污意名意，六轉識名識。故說轉識為明、染意為增、阿賴耶為近得。未見應理。若計增、得，為阿賴耶與染污意者，如諸異生不能現知離六識身外，別有異體阿賴耶與染污意。則彼二，亦應爾。經說明相之所緣行相，與彼二之所緣行相，極不相合，及說諸明相由內外命力道所新生，皆成相違。若計彼有可名阿賴耶等之因相者，亦未說彼，故不應理。若爾，云何？曰：經中總說，心意識三，為染淨諸法之根本。此中亦欲說為染淨諸法根本之殊勝心意識三。故於三種明相說彼三名。攝行論中引集智金剛續云：「識從光明生，即此名為心意。以染淨性一切法，皆以彼為根本。」金剛鬘續亦云：「三明為性相，聞此中三識，此即有情界，本性之根本。」於三明相，俱說名識者，於心意亦同。以三明之一一明，皆可得彼三名故。以彼三法，別配三明者，是於意識種類前後所起三念而立。名義如云：「集聚故名心，所依故名意，能依故名識。」三明相心，一一皆具彼義，復無強弱。故由訓釋，不能區別。五次第論云：「明為依他起，增為偏計執，得為圓成實。」如是說者，謂如現似二取離異之所依爲依他起。依如是現增益二取體性別異，爲偏計執。於現證無變圓成實前，則偏計執與二取相，二俱遠離。如是諸空最初之基本，謂明相。依彼出生增相。至近得時，前二皆滅，方便般若，平等俱轉。似即依此同法而說，應更觀察。論說明爲瞋恚、增爲貪欲、得爲愚癡者，是由妙樂弱強中庸而說。道位與因位，如前說。三自性之名，前已說三相，故此非彼。當知是說空品、明品，二平等性，如前應知。波羅密多乘，未於三明相，立如是名。故所立之名雖是共法。而於三明相，立如是名，則非共法。

第二不共名，謂明、明增、明得，空、善空、大空，心、心所、無明，離欲、貪欲、中欲。論云：「言嗡字者，是能堅固依於語門種子之因，謂諸下劣勝解有情，不能通達如來密意語言。則應觀彼爲月輪形，或蓮花形，或婦女形，或名爲左，或名爲夜。及柔和事心世俗色。」又云：「言阿字者，是能堅固依於語門種子之因，謂諸下劣勝解有情，不能通達如來密意語言。故應觀爲日輪。或名五股金剛，或名爲寶，或名爲晝，或名爲男，或名爲右。或粗行相，心所世俗色。」又云：「依語種子，名圓成實。此即明得。」卡師譯爲「依語種子阿字」。此中有說，三明融化，如其次第，是爲三空。或說三空，乃三明之法性，非即三明。皆不應理。以攝行論說三明相即三空故，集智金剛續，亦明說此義故。以是當知，三明相者，謂動偏計風融化之後，由明如月光，故說爲明。由即彼風及八十種偏計皆空，故名爲空。由最光明如同日光，故名明增。由明及風俱空滅故，名爲善空。由如昏暮，極不明顯，接近光明，故名明得。由增及風，俱空滅故，名爲大空。由不明故亦名無明。是爲近得一分之名。言「語門」者是生語之路。依彼出生種子者，謂三字。能堅固之因者，即以彼三名，決定三智也。五次第論亦云：「左名亦是此，月輪有蓮花，其能堅固因，第一字俱點。」又云：「如是金剛名，二點所莊嚴，應知卡（[illegible]）即彼。」故是以諸字之名，表詮明相。言下劣勝解者當依日月而觀者，義謂生起次第者，不能如已得心遠離之圓滿次第者，從三智中出生幻身，故代替明相，觀想月輪，代替增相觀金剛等標幟，代替明增心心所二平等和合之近得，從月輪金剛等，平等和合，出生天身。如五次第論云：「此般若自性，應觀爲月輪，自見心性已，自身如月形。次應緣於月，善觀金剛相，此中金剛等，表行者方便。月金剛等合，心心所會集，慧攝方便中，當出生天身。」第五句卡師譯爲「緣圓滿月已」，較爲妥善。以月日輪及晝夜名，顯示初二明相者，謂虛空中，日光月光周偏顯現也。言「蓮花與金剛」、「女與男」、「左與右」者，是約方便般若分。言「粗、妙」者，是說安樂勝非勝，或境相廣不廣也。言「世俗色」者，謂表詮二智之月輪等，是假造相。明得相者，以不定性，晝夜交限，左右中央，粗柔中品，慧便合雜，月日晝夜和合等名表詮。

寅二、說三明之別相。

攝行論云：「集智金剛經，略說三明之相，當以尊長教授宣說。」又云：「明相云何？謂性無行相，無諸身語。猶如秋季，無垢虛空，月輪光輝，周偏明照。如是本性明了行相，能盡緣一切法。故此勝義菩提心般若明相，即第一空。」又云：「明增相云何？謂體離二取，無諸身語，猶如秋季日光周偏。如是極明無垢自性，緣一切法。是第二普賢菩提心，即第二次第善空之相。」又云：「明得云何？謂如是虛空相無事爲體，無諸身語。猶如黃昏，暗性周偏，微細無我，命力不行，無心、不動。」此派極善決擇四空最爲切要。如根本續，餘四釋續，雖曾多次說彼等名，然皆未明顯示其體。集智金剛續中，僅說無明如暗，心所如日光，心如月光顯現。未說餘義。聖父子餘四論中，亦未明說彼體。故唯應依止攝行論而了知也。集智金剛續中僅說，從死有光明，起逆次三空。攝行論中，則通說道位諸空。其第四空，則以清淨虛空喻顯。謂由夏雨，壓諸塵土，復離雲障。唯秋季中，多現此景。故以秋空爲喻。於彼淨虛空中，晝間日光偏照。從黃昏後乃至重闇未銷之間，黑闇偏覆。從闇銷後，月光發現，乃至晨晞未現以前，月光偏照。月光隱輝，陽光未升，俱離能障虛空，本色之三因，晨旦之時。共爲四位。其中後者，是第四空，一切空之喻，暫止不論。前三喻中，初與增相，次與得相，三與明相，法喻相符。謂三智現時，如彼三種虛空相現。於第三時，論云：「無事爲體」，卡師譯爲「性無行相」，同第一時，較爲妥善。此與中云：「體離二取」，意義相同。此復除如前說，現起三種明相之外，餘粗二相，於彼智前，皆悉隱歿。三時俱云：「無諸身語」，謂於爾時，身動語言，皆滅。從猶如，至如是，前已說訖。言「虛空相」者，與如黃昏闇性，周偏虛空，相合。言「本性明了行相」者，謂所見境，明了顯現。言「極明」者，謂較先前尤爲明顯。言「緣一切法」者，是說彼所見境，周偏一切方隅之義。所緣廣略，如應而現。眞實勝義菩提心，乃道位樂空和合智。其餘道位因位，亦假立彼名。雖近得無念位，無樂空和合，然非近得位，皆無彼能。言「微細」者，謂難通達。言「無我」者，謂無自性。言「命力不行」者，謂風不出入。此等雖通三位，然近得時增盛，是故偏說。言「無心」者，卡師譯爲「由無念故，得不動三摩地。」較爲妥善。如是當知，融化能動偏計之風時，如燈熾然之相現。其後所現明相，謂如秋季虛空潔淨。夜分月光偏照空際，澄淨空曠，唯有潔白光明顯現。除此別無粗顯二相。譬如月光偏滿虛空，然彼不障蔽虛空可見。如是此中所現潔白光明，亦不障蔽，如淨虛空之空明顯現也。次彼明相收斂之後，明增現起，猶如秋季潔淨虛空，日光偏照。澄淨空曠較前尤甚。有赤紅相或赤黃相顯現。餘如前說。次明增相收斂之後，近得現起。由極滅風故，境相皆空，黑闇相現，如黃昏後闇相偏覆。有境之念忘，故成無念。然非有過染之失念也。臨命終時，彼等畢現。於睡眠時，因鼻息未停，故相似現。於修道時，若風融入心間中脈，諸相全現。融入餘處，所現之量未能如是。此三復由修習盛劣、攝風、融入強弱之力，所現境相，有廣狹、厚薄、安住久暫等，無量差別也。若修風等時，未經前二明相爲先，頓現黑闇成無念者，則非近得。如是三空。雖於得幻身後，未證勝義光明之前，及從勝義光明，逆起定時，并得有學雙運，未得無學雙運之間，皆容現起。然非心遠離。如是未得心遠離前，亦容現起三空妙智。故當辨別，三空妙智，與心遠離之空智，廣狹差別。藏師有說：根識等一切無分別識，皆歸三明隨一所攝。謂即彼識初緣境時，爲明相。次能明見境差別時，爲增相。後不明了趣向滅時，爲近得相。此於本釋諸續，聖父子諸論皆未宣說。與攝行論所說三明行相，如前所述，亦成相違。前說心意識三，與三相等，皆是三明之異名者，是因三明相，容有彼等名轉之理。非說彼等一切，皆是三明也。若皆是者，則八十種本性，亦成明相等，過失甚多。若爾，五次第論云：「夜晝及界性，謂明與明增，如是明近得，說心三相已，當說彼能立，諸風以細色，與識合離後，從諸根道出，緣慮於諸境。」此說諸識與微細風合，從眼等根門出，緣慮於境，是爲三明，當云何釋？曰：彼義謂：「已說三心，當說彼三之能立。」大譯師及卡師所譯。攝行論中譯爲「彼所依」，是當說三心所依之風也。此復是說三心與風相合。合謂由風吹動。從諸根門生緣境識，及諸本性。即彼論後又云：「若時成就明，即已乘諸風，爾時一切性，無餘盡當起。隨風所住處，本性即隨行。」連前所引文，攝行論中引證之後，總結彼義云：「以是，細界轉故，刹那、頃刻、須臾、眨眼、一擊掌間，明相動起。次經刹那、頃刻、須臾、眨眼、一擊掌間，諸本性隨轉。」作是說故。此復是說，於受生時，從逆現三空，漸次生起。及從睡眠諸空，數數合修之義。非說，諸轉識與本性分別，隨生起時，即直從三空出生。諸識雖決定為有分別與無分別二類，然非決斷為明相與本性分別二類。故諸根識雖非明相，亦不必為本性也。

丑二、釋本性。

諸明如是，其八十種本性分別，云何成為明相本性，及從明相引生本性，其理云何？曰：第一明相之三十三種本性，如五次第論云：「明出彼本性，今當廣宣說，離欲及中性，如是廣大性，意中有往還，憂等有三種，寂靜、分別、畏，中畏及大畏，愛與中品愛，極愛并近取，不善饑渴性，領受與中受，并極受剎那，了者與持了，觀察及羞慚，悲與三哀愍，疑慮并集蓄，及名曰嫉妒，三十三本性，眾生所自了。」其中離欲者，謂不樂境爲相。此有下中上三品。言意中者，謂意往，趣諸外境。意還，返緣內境。廓派謂此總通一切。憂者，謂離可愛境，內心熱惱，有上下三品。寂靜者，顯義論說：心寂靜住。諸先覺說：心安閒正住。分別者，顯義論說：掉舉而住。諸先覺說：心粗尋求。畏者，謂遇不可愛，其心恐怖。愛者，謂耽著於境。此二各有三品。取者，謂執著諸欲塵。不善者，顯義論說：於善業猶預。諸先覺說：心志頹敗。此中亦可譯爲不祥。諸先覺說：饑謂食欲。渴謂飲欲。卡師譯本，饑渴合爲一項。然如前較善。領受者，謂苦樂捨三。此由境門，有上下三品。了別者，能了別，所了業，於此三輪，有三分別。觀察者，謂善觀察應不應理。慚者，謂依自法爲因，羞恥罪惡。悲者，謂欲拔苦。哀愍者，謂於所緣有救護、愛、樂、會遇三欲。疑慮者，謂心怯懼不定。集蓄者，謂攝集資具之心。嫉妒者，顯義論說：謂於他榮，心生熱惱。卡師雖譯爲慳。然五次第論，與古譯攝行論，皆譯曰嫉。較爲妥善。

四十種本性，如五次第論云：「貪、著、及心喜，中喜與大喜，歡樂極歡樂，希奇、與掉動，飽滿、及擁抱，相吻與吸吮，堅定與勤、慢，作、奪及勢力，勇悍、俱生性，如是中俱生，極俱生及猛，嬉笑與仇怨，善及明諦語，不實及決定，不取與施者，策勵并勇者，無慚與誑、毒，不調及曲性，所有四十相，是善空剎那。」貪者，謂於未得境，心懷貪求。著者，謂於已得境，心生耽著。見可意境內心喜悅，有上中下三品。歡樂者，謂所欲義成衷心歡樂。極歡樂者，謂數數領受歡樂心情。希奇者，顯義論雖說，由種種言，爲是爲非，猶預不定。然如諸先覺說，謂見思未曾有義也。掉動者，謂由見可意境其心散動。飽滿者，顯義論雖說，是受樂相。然即覺彼境飽滿之分別。擁抱、相吻、吸吮者，謂欲作彼等之心。堅定者，謂相續不變之心。勤者，謂趣向善法。慢者，謂高舉思。作或業者，謂圓滿恆常所作。奪者，謂劫奪財欲。勢力者，謂摧壞他軍欲。勇悍者，謂修善道心。言俱生者，其梵語爲「薩哈雜」。梵本中無，而有「薩哈薩」。昔諸智者，謂應譯「躊躇」或「歡喜」。顯義疏中，讀爲「不躊躇」。義謂，由驕傲增上，行不善行。古譯攝行論中謂「難行」。卡師譯五次第論中，謂「功能」。攝行論中，謂「不躊躇」。昔諸智者，謂於境界策勵加行，上中下三品。言猛暴者，謂雖無因緣，而與善士相競諍欲。嬉笑者，謂由可意境，起遊戲欲。仇怨者，謂怨恨心。善者，謂於善業起功用欲。明語與諦語者，謂令他易解，及不覆想說欲。不實者，謂覆想說欲。決定者，謂意志極堅定。不取者，謂不樂緣境。施者，謂捨財物欲。策勵者，謂於懈怠者，發鼓勵欲。勇者者，謂於煩惱等敵起戰勝欲。無慚者，謂依自法增上，行不善行而不羞恥。誑者，謂以僞德而誑他人。有譯爲「巧」者，謂鋒利心。毒者，謂習惡見。不調者，謂損惱他。曲者，謂不正直。末二句文，卡師譯爲「四十性剎那，從善空出生。」

七種本性，如五次第論云：「中品貪剎那，忘念與錯亂，默然及厭患，懈怠并疑惑。」忘念者，謂失正念。錯亂者，謂於陽燄執爲水等。默然者，謂不樂言談。厭患者，謂心灰退。懈怠者，謂不樂修善。餘二易解。此三類分別，似應由於境，太欲、及太不欲、中庸三門，攝爲三類而說。然依顯義疏，及諸先覺所說，則如上釋。摩尼鬘疏，雖說此諸分別，攝歸五十一種心所之理。然不可信。故此不錄。攝行論說，如是三類分別，爲三明本性者，本性之梵語，爲「娑跋嚩」。通「出生」、「本性」、「有事」三義。故雖亦可釋爲「出生」。然攝行論，略標時云「本性」。總結時云：「三十三與四十相。」又云：「彼本性相即此七種。」亦復說爲三明之相。拉彌師釋本性之義，謂彼本體。顯義論說，彼中所攝。然皆非理。聖天自加持論云：「地界融入水，水則融於火，火入微細界，風則融於心。心融入心所，心所入無明，彼亦入光明。」此說心明相，未生之前，風先融入。以彼是能動徧計之風，故於爾時徧計亦須先融入故。明相與本性，極相違故。又降生漸次時，集智金剛續亦說，已生三明之後，乃生諸本性分別。辨業論亦說：已生三空之後，乃生百六十種本性。說第一類本性，爲明智之果者，餘二類本性，理亦相同。故有書說：七種本性，無明時生。實未清淨。若作是念，論說：風入明相。然未生明相前，別無明相。故說入彼，似不應理。若爾論中，於明增得三及光明相，亦如是說。則應後者生已，前乃融入。彼等應非因果，亦不能立前後次第。然不許爾。如五次第論云：「空性與善空，第三謂大空，第四一切空，是因果差別。」以是論說，前入後者，是以收攝前者功能，漸不明顯。則彼功能似入後中。假作是說。是故有說，融入之時，先滅三十三本性，次生明相。其後再滅四十本性。次生增相等。及許彼義復計本性與明相相應。并說生時，先生近得，次起七本性等。皆不應理。自語相違故。攝行論說：從明相中生諸本性。前已引訖。卡師所譯五次第論，於說三十三與四十本性之後，云：「從明相智生。」又云：「明增加行起。」以是當知，說諸分別，爲三明相之本性者，謂是能相。此如前說三明之相。非無異體。如鴿表示宮室。是於異體能表，說名爲相。此如攝行論云：「如是諸識雖現，然無色形。當以貪欲、離貪、中庸貪等本性比知。」此說本性，能比知明相。故是明相之能表。比度之理，謂本性分別，有上中下三品，故可比度能生彼等，乘風之明相，亦有動力上中下三品也。以是能動分別，下品七種隨一分別，是乘風明相，下品動力之跡，故是近得之果。餘二亦例知。其由修道力，引生三智之瑜伽師，定能現證彼三。非由因比知。故要以本性，比度明相者，乃未證彼德之補特伽羅。故計一切根識，皆是三明隨一攝者，不應道理。以諸根識，不須由因比度，皆能現量決定故。庸常補特伽羅，雖於生死等時，亦皆領受三明及光明。然彼不能以現量力，引生定解。言百六十種本性者，是約晝夜各有八十種而分。金剛鬘續亦說：由百八風所動，有百八種偏計。如是因位，動偏計風有融未融二位。其未融者，即諸本性現起之時。融入位中，復有三明相風，融未融入二位。此未融者，即三空時。已融入者，即光明現起時也。修道位中，亦如是起。其決擇四空，與諸徧計融入次序，及降生次第，即爲此義。如是集密本釋諸續所說義，如聖父子所解釋者，餘中未說。攝行論讚彼，是一切諸佛教授，自師龍猛恩賜者，意謂光明，幻身之不共修法，要先了知此義，乃知也。

（卷十竟）

勝集密教王五次第教授善顯炬論 卷十一

丑三、說引生明智之理。分二。寅一、列述各派。寅二、立應理品。今初

拉彌及福緣稱等，說於臍間八輻輪中安布嗡字。由此放出嗡啊吽三字，分布頂喉心中。次從昂（）字放白光明，鉤召嗡字，融入臍間字中。一心專注於彼，引生明智。如是緣於輪轂，紅色啊字，與單明點，由彼放出紅黑光明，如其次第，鉤召啊吽二字，融入臍中。一心專住，引生明增與近得智。次觀點輪，亦皆融入臍間虛空。由修此故，引生五相為先之光明。此等是說嗡啊二字，為初二智之異名。於近得位，則說是五次第論：「種子不具點，非由風門出，若獲得明相，乃是圓滿相」之教授。此是以咒次第方便，引生心遠離。由印次第引生者，如五次第論說，從彼引生諸空之理，皆如前說。廓師傳說：黑三昧金剛派與具妃派，二家引生心遠離之方便。初家說：

「下門道，依止業印。上門頂上修嗡，喉間修昂（），心中修阿。光明收放，內菩提心自力溶化，引生大中小三品妙樂，消滅粗細三品本性，修習樂空。傳說此是昔賢所說修者程度。」復引提婆教文，謂是彼義。然彼所引教，與彼所釋，全不相符。既言「傳說」，似不滿意。顯是列舉三昧耶金剛喇嘛著述中所出者。現在所存提婆論中亦無彼文。其第二家，除說依止業印引發外，未說修字等。廓師之弟子，俄智獅子等，亦如後說。有餘住持廓師講規者說，具妃師派，依止下門同前。依上門者，謂由金剛念誦，令風調柔者，於心間月輪上，想蓮花、昂（）字。從此於極微細光潔白清涼，猶如月光。注入中脈。策發頂上杭（）字。從杭流注白菩提心，降入昂（）字，昂字漸漸明亮，最後其心安樂，明顯如月，引生明智。如是想心間日上，金剛臍中啊（）字，與不依座墊之單阿（）字，放極微細如日熱光，與諸黑光。入中脈等，如前引生後二智。廓之上師薩惹哈意，則不作收放，僅緣三字引生三智。然許彼等是解釋月日字等，為諸智異名之教授。具神通師，僅說彼等，為諸智異名。然不許如是修行也。然考廓師之千章論具妃師派，不相符適。

瑪巴所傳拏熱巴教授，如色頂巴所述，有有輪無輪二類。有者安布之理，如前所說。於金剛念誦時，不收咒輪，待緣心時乃收。學緣心時，令上下風對合任持者，四種大教授，三種小教授中皆有宣說。五義論復說是於心間任持。既持風已，說緣外層蓮葉之字而修，引起初空。次將外層收入中層，緣中層修，引起善空。次復將彼收入內層四字，緣彼而修引起大空。又說，最初即將初層蓮葉融入。及說先緣初層，現起如月光之白相後，次將初層蓮葉，融入二層而修，乃能滅除三十三種本性。有說，緣外層蓮葉字時，即將天身收入彼中爲善。亦有說，生起三空之後，乃將天身收入中央點中。有說，由初層蓮葉字放光，清淨情器收入父音。亦有說，收入母韻者。現有多種異說。然所許根本，皆同前說。有輪論與四義論，說彼三如次，謂菩提心，降至金剛根及腰間金剛瓶時，所生樂覺。五義論雖說，初謂菩提心，從原處動時，所生樂覺。然與前二，似應相符。有輪論說，金剛念誦爲先，間雜修持諸風和合。彼等之中，關於現起相與有相之理亦多異說。此不繁書。

無輪者有三，初者「自修本尊，心中有光如鏡，中央有點，短阿莊飾。次修金剛念誦，與前相同。修緣心者，謂上下風對合任持。天身、光明、明點、短阿，前者於後攝入而修，引生三空。」此中言無輪者，乃別立通名。五次第論三重薩埵中說，自想爲三昧耶薩埵之心間，有智薩埵，如拇指許。於此心中，有金剛杵，量如芥子，臍中有三摩地薩埵，靛色吽字，如細毫書。如是修已，次修金剛念誦如前。修緣心者，謂和合持風已，想二薩埵與金剛、吽字，前收入後，殷重修習，引生三空。五次第論頓起中說，自想爲本尊，心中有四葉赤蓮，蕊中有白色明點，黑色短阿字。如是修已，次修金剛念誦如前。修緣心者，謂於天身、蓮葉、明點，一心專注，引生三空。雖說天身、蓮葉、明點、短阿，前入後中。而未立彼融入次第，爲三空者，實屬錯誤。由前二論亦能了知。故當順前二，於三種融入次第時引生三空也。意說修此等時，乃至現起陽燄等五種相狀，應修金剛念誦。極爲善哉。此等廣略教授諸規，謂引生心遠離時，須合持風與一種收攝所緣次第。要二事和合而修也。

五次第論，說心遠離，要依業印引生。五次第略論，與色頂巴之教授中，雖未明說。然有大印，依止業印，引生妙樂之教授。彼中明說。瑪派餘師有許：不合持風，僅緣三層字，如次修習金剛念誦，即能淨除三類分別，引生三智。拏錯所傳拏熱巴教授說，以樂相助，通達內心眞理者有二，謂有貪者，依止下門。則須依止業印。諸離欲者，依止上門，有依字鬘，或單依字，或全無字，引生妙樂之三種。若納初意，僅說從心中三層字鬘放光，溶化頂上杭字。充滿心間。引生樂時，略持風息。並未說有先須合持風息及收攝次第之觀想也。

寅二、立應理品。分二。卯一、思擇諸派。卯二、建立正品。今初

初學攝風融入中脈時，緣身要害雖須決定。然已善修金剛念誦，等專注身要之方便，已能由風融入中脈引生四空與歡喜者，則隨緣何境持心，收攝風息皆能如應引生彼諸證德。此是由前勢力所起，非定屬於後境之果。以是善學金剛念誦者，由持上述諸境，引生彼諸證德。然不能以彼爲因，成立彼教授，即彼經之義也。五次第論與攝行論，說三字及月日金剛等，爲三明異門者，如具通師說，是於圓滿次第之三明，立彼等名。及說不能引發三明智之生起次第位，亦應如是勤修勝解之義。非說，圓滿次第者，由於月日等上，安布諸字而修，引生諸智。極爲善哉。假使是爲引生，亦須於心間修。其於臍間修者，乃未通達此宗要義也。言「從明智及增相出生」者，亦是說從彼等出生諸本性。非說由修字出生諸智也。由修字及光明白紅黑三色之力，雖能使所見境，亦現爲三色行相。然非經中所說，現起彼色相之理。五次第略論，雖說三層字，如次表示明增得三智。亦非是說由緣所布諸字持心，引生三智。與彼論云：「護心平等性，等至輪臍中，見智慧平等，謂近得大空。」此說心緣輪中，安布諸字，防護不令向餘境散。如心入字成平等性。由修等至之力，心入輪臍不壞及短阿字，成平等味。從此引生大空。亦不相符。以是當知，即收輪者，亦是待字明顯穩固之後，先緣外層。次收入中層，乃緣中層。次收入內層，乃緣內層。次收入不壞，乃緣不壞而修。復將諸字如前安布。由於如是間雜修習，速能收入中脈。倘不收歸中脈，僅在外修，終不能現起眞實空道。此等是由融入中脈而起故。五次第略論中，除修諸字與金剛念誦外，亦未說，和合持風。金剛鬘續多次宣說：「咒性獨能成。」亦是說若能圓滿，知彼要義而修者，即無和合風伴助，亦能成就。此復是說其未圓滿了知金剛念誦要義，謂不修和合風，唯修金剛念誦，不能將風收入中脈等。必須持和合風者，是未通達此教授之要義。故作是說。非說凡修金剛念誦者持和合風，便成過失。此中若修和合風者，當修心間瓶相。是律生續所說。有說，初修和合風時，修心中瓶相障礙大者，是不善巧彼瑜伽者之言。其眞知者，並無大礙。由有輪論所說，攝風次第。三種無輪論中之攝風次第，亦當了知。雖不決定至安布字處，引生三智。然瑪派教授中，不許從頂至摩尼由降菩提心次第引生諸空，而說從心間收攝次第引生諸空者，是根本文「識命收攝依，於心修咒輪」之要義。亦是聖父子教授之無上要義也。燈明論說：地水火風識等五法，前入後時，始從陽燄乃至燈光，現起四相。前文已說，諸風融入，乃生明相。故有說三明相時，現彼諸相者，實非論義。五次第略論云：「初覺如陽燄，俱五光明現。第二如月明，第三日光徧，從界相而得。」如攝行論而說者，當如是許。除陽燄外，未說餘三相者，乃簡略說。若廣說者，當如後續。彼等何時生起，如燈明論應當了知。總前各派，於此心遠離位，雖未新添修字等所緣。然不觀察身遠離爲先，語遠離金剛念誦，能不能引幾許四空，而新加引導心遠離之所緣。未見其善，以彼棄捨引心遠離專注內身關要，僅釋諸餘微末方便故。孥錯所傳教授中之所緣，係引樂方便。其所說五部等，雖引樂較速，然非經論正義。

卯二、建立正品。分二。辰一、從內外緣引生妙智。辰二、釋彼樂空和合理等。今初

五次第論云：「安住金剛誦，行者得緣心。」雖說由金剛念誦，引生心遠離空。然未明說如何引發。攝行論亦僅說：「安住語遠離，能得心遠離。若無語遠離，不生心遠離。」然於爾時，亦未明說，如何從彼生心遠離。然廣釋語遠離時，曾說於何處轉等三事，最後又說，諸風趣入不壞之後，現起光明。善觀此等，則能了知，由金剛念誦，將風融攝不壞，現起諸空。此已說訖。金剛鬘續亦云：「善修金剛誦，了知諸風相，斷諸分別風，當得緣心位。」此明顯說，由金剛念誦遮斷風動，引生心遠離諸空。金剛念誦，總引諸空之理，前已廣說。別引心遠離諸空之界限，謂已善解心中脈結，能將諸風收入心間不壞之時。非以前位。若爾從彼界限引生之時，須否修餘收攝次第。如前引第三品燈明論云：「晝夜恆修，入住出攝瑜伽。」此所說入住出三瑜伽，即金剛念誦。其收攝瑜伽顯是要至，金剛念誦與不壞力，能引四空時所修。拏熱巴教授於引生諸空時，亦說收攝瑜伽也。收攝之理，如五義論，說以二種靜慮而修。謂以總持隨壞而修。拉瓦巴所造盧伊巴修法之疏中，於圓滿次第低位，即說隨壞收攝。親教論中亦說隨壞收攝，要於心中修不壞故。此中亦無不可修彼之區別故。拏錯所傳拏熱巴教授中，說無字亦能引生心遠離之理。瑪派三種異教授中，亦未說有咒輪諸字。故彼派中咒輪諸字，亦非不可少者也。若謂，修三種命力，與收攝瑜伽，引生心遠離方便，即此足否。此如集智金剛續云：「金剛蓮花正和合者，乃心與心所之方便。心與心所平等和合，乃大樂三摩地方便。此以幻喻表示。」又云：「如無乳麻正加行者則不能出酥與油。如是若無咒印加行，金剛蓮花平等和合，則不能表示三識。其不能和合薄伽凌伽者，必不能得大樂三摩地。」此說，由與印平等和合，出生三明之順轉，及不和合，不生三明之逆退。續說彼智爲大樂之方便。其大樂者，攝行論中，說爲幻身。故圓滿引生修幻身基本之心遠離三智者，必須外印。此義如五次第論云：「一切幻事中，女幻最殊勝，三智差別相，唯此能表示。有貪與離貪，中庸爲三品，由二根和合，金剛蓮花聚。」以是有說：由有貪離貪之差別，引生心遠離，有上下二門。非是續義。意謂五次第論已如是說，故攝行論未說引生心遠離之外方便。拉彌於第三灌頂時，說此從印表示三智者。總於第三灌頂時容有此義。然此是說學心遠離道位所修。若是德相完具之補特伽羅，行眞實第三灌頂修二次第道爲先者，至此位時，須否依羯摩印表示三智耶？前灌頂時，雖亦由風融入中脈以外命力，表示四喜。然今此位，是已善修三種命力，已得堪能而修。故能引生遠勝前者心遠離之三智。以是此位仍須表示也。

若爾，此中依羯摩印發生三智，爲從頂上溶菩提心，降至密相極端引生耶？抑從上下身分溶菩提心，收入心中引生耶？燈明論中，雖說由與印和合溶菩提心，順金剛道降，生勝曼荼羅。然如餘論說，溶解菩提心，降至身某處，引生某喜某空，五父子論中均未曾說。然說，由風融入，起心明相。由心融入，起心所增相。由心所融入，起近得相。由此融入，現起光明。攝行論云：「由金剛蓮花等至，始自頂上由七萬二千脈中，溶菩提心，有貪、離貪、中貪，漸次流注。」此說由溶解菩提心力，亦能引生三智。故由融風次第，與溶注菩提心，二事增上，乃現四空。此宗融風最殊勝處，謂心間中脈內。如前已說，後亦當說。如是由金剛念誦等，然猛利火，溶菩提心，攝入何處，能起諸空之處，亦是心間。此非不能溶菩提心，降至密處鼻端，及從彼還昇至頂上，引生順逆四喜。然學習彼，如身遠離中已說。此中，是要引生，極順死有次第之四空。故是引生，由於心中收風次第，及從彼處分散次第，所起順逆四空。如由修內命力方便能作何事，如是由依外印和合，亦能將風及菩提心，從上下身，收入心中。攝行論說：「由與自印同時總持，或隨壞次第，悟入勝義諦。彼與外印等至，以四空漸次，悟入勝義。亦須以彼二隨一靜慮，修收攝瑜伽。」此是收入心中。若先於心間收攝次第，修習堅固，與印和合時，修二種靜慮瑜伽者。則與外印等至，亦成爲於心中，收攝風心之緣故。以金剛念誦然猛利火溶菩提心，從上下身收歸心間，現起諸空者，金剛念誦雖未究竟，然由彼攝風入心漸次，自能引發諸空時，即能了知。如是能善了知以外印緣溶菩提心，亦成從上下身收入心間之助緣，及從彼中引發諸空。由此與智印等至，能將風與菩提心收入心間，亦當了知。若由風與菩提心，融入心間次第，能引發諸空者，則生上降下固諸喜，及於心收放次第，引諸勝空，隨欲何事，皆能生起。有餘隨聖父子行者，總由溶降菩提心所起諸空，別由與外印和合所起諸空，說此一切皆是從頂降至密處鼻端，及還至頂，隨一四喜。是乃未知此派引發殊勝四空要義。此等亦是未善決擇，如成中有修習幻身，及如死有現起諸空等之過失也。

此中五次第論云：「水生金剛合，若世俗亦無，僅領受一次，瑜伽力當成。由智轉體性，如實知差別，復由瑜伽師，常表彼自性。」此所說義。顯義疏說：「諸受學處，及中性者，於世俗中，亦無二根和合，從定明顯引發三智。」非是論義。三昧耶金剛說：於灌頂時領受一次，以內瑜伽力，即能成就。月光疏與拉彌所許，亦與彼同。廓師則說，有妃師派，謂不能如富者恆依外印，亦當依實表現一次，後從餘學。此乃論義。言世俗者，雖有說為如共知無者，然此義是說：如面鼻端，名世俗鼻端。如是世俗水生金剛和合，即不能恆具者，由領受一次，依此因緣，修智印等，亦能引發心遠離。設作是念，若依外印，是從金剛念誦究竟時起者，則秘密成就論云：「由具羯摩印，金剛蓮和合，實語者現前，所說此修行。若捨羯摩印，對初業有情，開示菩提心，餘表莫能見。初業應了知。」與五次第論，二說相違。以此中說，對初發業者，捨外印方便，以餘方便莫能表示，故說須彼表示。初發業者，是修內命力，不能令風趣入中脈之瑜伽師故。彼不相違。五次第論，意說引發心遠離之三智。秘密成就論，意說引發四喜之俱生故。能具彼中所說初發業者之德相者，極爲稀少。其境亦然。故於所說初發業者，不可誤解。於彼身中，雖亦有餘乃至密處，引導大樂所依之方便。言捨前述方便餘莫能表者。意說令風趣入中脈之方便。其中因相，若配合金剛鬘續，大印點續，親教論等，雖亦能略知。然究竟了知，實屬太難。彼身乃至末表顯俱生以前，其執持不泄之方便，謂修回風，及泮字等。若作是念，金剛空行續，紅閻曼德迦續第十八品，不動無上續等中宣說多種，以物凝定種子之方便，故依外印不須迴風也。續中如是說者，是總爲不泄菩提心而說。若配外印時，說：表示俱生之後，墮菩提心，當以舌取。亦是爲不泄菩提心而說。非對不能將風融入中脈者而說。亦非對以修金剛念誦力，已能將風融入中脈者而說也。此中多說：若能任持不泄，則無過失，生大功德。然若無決定眞實義之空見可配合者，則引生妙樂之所爲顚倒，故經多說是無盡惡趣之因。恐繁不錄。僅有如是空見，猶非完足。尚須其餘多種德相，須審觀察。依境增上，總說俱生、田生、咒生三種瑜伽母。其主要謂後者，說有佛眼等種姓之蓮相、螺相、象相、鹿相等四種。其中各別身形、意樂、及總別身相等，如親教論與律生等所說應知。

如內命力，由專注各脈輪，有多種引生功德之理。如是依外命力亦有彼等。殊勝初發業者，須以彼方便表示之理，謂生起次第位，由憶念彼樂空修習，成爲引生圓滿次第證德善根、殊勝成熟方便。若修專注圓滿次第身要方便，有易攝風等眾多功德。

辰二、釋彼樂空和合理等。

如是依外印者，須善和合，從彼方便所生妙樂，與所解眞空。即由修金剛念誦等所引妙樂，若有空見，亦須與彼和合也。如餘續中生四喜時，說前三喜與空和合。此中未廣說。多說與第四俱生和合。此如前說，生心遠離，是爲通達心眞實義。故四空時，皆須樂空和合也。若三智樂，不與空和合。由未緣無我，不能現起離戲論相故，則僅能白赤黑三相。若彼三智樂空和合者，則於定見前，必須滅除境與有境分離三相。雖三明相，於彼心現，然於定解前不現。譬如於分別心前，現起聖根本定離戲論行相時，雖於定解前，現爲隱沒二相之行相。然非彼分別，隱沒二相也。

若謂近得暗相無念，醒覺無間，現起空相猶如晨時清淨虛空，自低位即有者，云何心遠離位，只說引生三智之理，不說一切空耶？答曰：實爾，然彼意說，幻身以下，不能引生勝義光明智，故只說三空。非亦不生譬喻光明也。若爾，說三智時，譬喻光明，於何中攝？曰：攝於近得。謂近得中，初有未失念暗相一段。中有無念一段。後有無念醒已，如離三種障緣，清淨虛空一段也。若將譬喻光明，作一切空，分四空者，則前二段，作爲大空。總前三空時，滅風之力，如何強大，則彼光明亦愈澄淨、無分別、濃厚、長久。別於近得無念位，失念之力如何強大，則愈能遮心向餘境散亂，而引向光明。攝行論云：「由無明鉤，於任何識，俱不合雜，行趣光明，無垢爲性。」光明現時，除憶空見，專住眞實義外，於任何境，都不作意。乃至風未動識以來，須善安住。攝行論云：「乃至識未動時，應當睡觀光明。」此說睡光明者，僅是一例。若能生自意識爲大樂體性者，次由憶念無我義，即能將樂空心境和合。故不須餘和合之法。所說三智樂空和合者，是遠離所依之心。從執彼相，及未成大樂體性還滅者，是遠離義。心遠離時所說此等諸空建立，前後諸位，皆當了知。

子五、明不知彼之過患與了知之勝利。

攝行論說，若依如是所說諸續，未能依八十種本性及三種明相，如實通達自心。則由我我所執，發起諸業煩惱，如蠶自縛，受畢二種宿業果後，轉入勝義死有光明，漸捨舊蘊，另受法界死有光明等流果位，唯風心成中有之身。次由二業隨一策發，於五趣中，如水車轉，數數結生，受輪迴苦。其由本性三明漸次，通達心遠離之智者，於順行時，由融能動善惡本性分別之風，漸現諸空，悟入光明。至逆轉時，依明相風動搖之力，通達本性動搖。趣向我加持門，便當解脫。總當了知，我執，能使流轉生死，安立所知障習氣。故當破彼境，決斷無我見。若未生彼爲大樂體。猶未完具智慧法身不共諸因，故當融化動偏計風，引發大樂。又彼諸樂，若未如死有次第，由諸風融化生起四空體性。則不完具受用身不共因，猶如中有，所修幻身。故當依如是次第，引生心遠離也。此即解釋續說：「前未入此道，雖經無邊劫，終不能得通達心眞實義之不共智德，及不能證世俗幻身。」之義。

壬二、學二諦三摩地之理。分二。癸一、二諦各別圓滿次第。癸二、二諦無別圓滿次第。初又分二。子一、世俗幻身圓滿次第。子二、勝義光明圓滿次第。初又分二。丑一、正說幻身教授。丑二、說彼所屬教授。初又分二。寅一、聽者如何請。寅二、說者如何說。今初

五次第論說：弟子成就四法，爲得幻身教授故，先讚師德，而正啓請。四法，初者，謂隨行生起次第，已得灌頂。即得灌頂後，隨行生起次第，修學彼行。第二、謂成就智慧能知四續之意趣。即學習四部續，成就智慧。第三、謂具三種遠離之聞持。即善學習三金剛道。第四、謂增上勝解二諦，即於各別二諦及無別雙運之圓滿次第，勝解堅固也。具斯德者，先應長時承事師長。師喜之後，當獻會供，及十六歲印。以「尊身無空隙」等稱讚之後。以「徧知大智蘊」等文，啓請。此處舊譯五次第論：於得幻身教授之後，得花鬘等九種灌頂及秘密灌頂，乃說此讚頌啓請。然卡師譯爲，爲得幻身教授故，於得九種灌頂及秘密灌頂已，稱讚啓請。極爲妥善。拉彌疏中亦如是說。昔人多執前文顯示，具三種遠離之聞持者，受秘密灌頂。妄謂若圓滿得瓶灌頂後，即未得以上灌頂，亦可修三種遠離。極不應理。以於未得造成圓滿次第法器之上灌頂者，不得顯示圓滿次第諸秘密故。論義亦是說，具三種遠離之聞持者，爲求幻身教授，稱讚啓請故。若不爾者，論說：具三種遠離之聞持者，得九種灌頂及秘密灌頂已，稱讚啓請。應先未受花鬘等灌頂者，亦可修學三種遠離。太過失故。拏熱巴說，得秘密灌頂，成幻身器，即此論義也。先得圓滿灌頂復請此教授者，謂作承事師長等三事已，當稱讚啓請。以彼是受灌頂與請教授二者之共法故。如是請已，弟子請問師長，幻身教授之理，如攝行論所說應知。如彼論云：「始從生起次第，乃至身遠離究竟，三金剛等，亦唯增上勝解其相。故身遠離中全無天身。彼身唯是微塵所集聚故。語遠離究竟，亦唯徧知，入等次第，金剛念誦。彼中亦無天身，以諸音聲如谷響故。心遠離究竟，亦唯徧知，本性明相。彼中亦不能得，具一切相，最勝天身體性。以心唯顯現故。由此道理，全不能得，依世俗住。故願從師教，通達唯智所生天身。」如是問者，謂始從生起次第位，即說將一切庸常境執，於光明中淨治，生起自心爲天身。智者觀察時，從某道界限，非僅由心勝解，應有唯智所生天身。然從生起次第，乃至心遠離圓滿，終未生起。由此道理，於彼諸位，未得依止，世俗幻身，安住彼定。以是因緣，其非唯勝解作意所起天身，唯由內智所生幻身。要依師長教授通達也。依次成立彼諸因相。謂始從生起次第，乃至大密一部，金剛身等三。等攝增上勝解五部百部等天身。唯屬勝解作意所起。故身遠離中，全無幻身之天身。以彼身唯是微塵聚故。義謂心雖勝解爲天身。然其實義，勝解所依想爲天之色身，唯是以前微塵所集，大種與所造之身故。此等即說：幻身之天身，要非唯勝解作意所想天身。瑜伽師起慢所依之天身，要非此粗身之色身也。又非止此，乃至語遠離究竟，亦無幻身之天身。亦字表示，此亦如前，唯由勝解所起天身，無餘身故。若爾金剛念誦何用？謂以入住出三次第，抉擇金剛念誦所依之風，令極有堪能，了知一切音聲如谷響故。攝行論於次第時，說由金剛念誦，了知命力。金剛鬘續，亦說由彼了知風相。唯字，簡別彼位，除勝解作意外，別無天身。乃至心遠離究竟，亦未獲得，具足一切殊勝相好幻身之天身。亦字攝前因相，如前。若爾彼何所作？於此應知，本性明相，是明相名，明相本性是分別名。故彼僅知，本相明相，唯三種空。諸瑜伽師，於此位中，僅知自心，爲徧計所空之明相故。昔集密學者，有釋「無天身」，謂無雙運天身。乃未知時位也。其說：後三因相，成立身語意三，全無天身。及說：以世俗虛假有分別意，修三遠離，不能得雙運身。皆非論義。卡師譯爲未依世俗。然舊譯較善。若未澈底了知，攝行論中所問諸義。亦不能知，此最勝派，顯示幻身扼要，所答諸義。故當善知。

寅二、說者如何說。分二。卯一、幻身前如何說。卯二、正說幻身次第。今初

師長已聞請示幻身。當於弟子悲愍開示。然此教授，唯從師受，餘莫能得。五次第論云：「加持我次第，說爲世俗諦，此由師恩得，非餘所能知。」攝行論亦云：「天眞實義不可思議，一切佛說，由師傳來，尚非十地自在之境。我當了知。」加持我論亦云：「如夢幻之法，諸佛所共說，雖實離持我，向外莫能解。諸識具足風，意性如虹現，自智未能見，愚蒙於幻喻。雖經無量劫，到聞持彼岸，若無師長授，不能證幻法。故求佛果者，當捨諸憍慢，乘於金剛乘，勤承事師長。」十地等義，若如攝行論與五次第論，說得心遠離，住第十地。謂於彼位，不能證此。若作波羅密多乘第十地者，謂以自道，不能證此。燈明論示云：「清淨天瑜伽，超過一切分別，各別內證，諸佛行境，住五蘊寶篋中。遠離有無二邊。非隨文言分別轉者所知境界，唯依師長教授，乃能了知。」此說清淨幻身，未用六邊解說續義，絕非隨文字行如言取義者之境界。要依師長教授乃能了知。謂此是龍猛菩薩所說。既清淨幻身，要依師長教授乃知，則第三次第幻身亦應然。其要依師長教授了知幻身之究竟教授，乃五次第與攝行二論。諸餘弟子論中亦略宣說。此復五次第中不明顯者，攝行論中明了宣說。故當依攝行論了解。雖尚有多細分，彼諸論中均未說及。然主要義，彼皆說訖。若善了解論所說義。則教授中最重要處，不致紊亂。若不於彼等中勤求，僅求諸餘細碎教授，且未能見「要依師長教授乃知」之教授方所。若能將諸巨細教授，配合觀察，利益極大。故亦須彼等。咒中難處，多說要依師授。其中幻身教授要依師授與餘不同，尤須依師。

若必須依師教授通達者，其通達之勝利與不達之過患云何？如五次第論云：「若未能獲得，加持我次第，於經續諸教，勤勞全無義。若得加持我，一切佛本性，即於現生中，成佛定無疑。」此說，若未從師長，獲得此身修法，則不能得勤勞所求之佛果。若了知修行，則於現生，決定成佛。其能一生修成佛果之速勝道中，有樂空無別道，與幻身二事。後者尤難通達。彼復須此勝宗中求得，持八餘處也。

卯二、正說幻身次第。分二。辰一、如何奠定幻身教授之基。辰二、解說依此正修幻身之理。今初

修幻身者，先應了知此所修事，於因位中如何安住。此如五次第論云：「眾生無自在，非自在而生，其因為光明，光明一切空。愚夫由何心，繫縛於生死，行者由此心，趣證善逝地。此中都無生，亦復全無死，心本性安住，當知即生死。」初頌顯示，諸有情類，未以死有光明為先，不能自在而生，故從光明一切空生。第二頌顯示，諸有情類，由死有光明風心增上受生，流轉生死。善權方便諸瑜伽師，即彼風心，現起幻身，而成佛果。此頌之義，五次第釋，雖作異說。如上所說乃是論義。攝行論說：「異生中有流轉之因，具教授者，轉成幻身。」即可證知。第三頌顯示，除風心本性外，別無作生死者，故唯爾許流轉生死。加持我論，明修幻身所依云：「地等四大種，如是與四空，應知此八事，是為生滅因。光明起大空，從空生方便，從方便生慧，從慧起諸風，從風出生火，從火有水生，從水生地大，有情如是生。」次如前引：「地界融入水」，及至「三有如是滅」。次云：「如是從無始，流轉三有輪，如幻三摩地，乃至未見我。以幻唯自證，非分別行境。雖住自身中，薄福莫能得。」此亦顯說修幻身之所依。乃至未以如幻三摩地，親見自我，而流轉三有輪。此所言流轉生死中，有漂流生死，與生死習氣相續不斷之二。為滅前者，所須之如幻三摩地，是顯密相共之如幻三摩地。為滅後者所須之如幻三摩地中，復有共不共二種。其不共中復有樂空和合，與幻身二種。此說後者。論說修幻身之所依時，謂除風心外，無別流轉之補特伽羅者，施設補特伽羅名言之假義，雖非風心。然施設彼之所依，則許爲有情之本身也。金剛鬘續亦云：「心要除自命，三界更無餘，幻風成三界，見如夢中境。」此說諸有情之心要，爲各各命風。除此更無餘三界身。故由風所成三界幻身，如夢中身。此處文中雖多分顯示，修如幻天身之所依。然亦可配說彼身。故燈明論，引證唯從風心，生幻天身也。以是金剛鬘續云：「生住及死滅，并安住中有，乃至世間觀，皆心風變化。」此說眾生生死住三，及中有等，皆唯風心之所變化。授記密意續亦云：「有想及無想，施設有情處，彼皆從風生，亦復從風滅。未通達此心，恆住生死海，由心顛倒故，爲犬牛野干，此心亦成馬。」此說風心二法，能往諸趣。明一切眾生皆唯風心之身者，是說施設有情名言所依之根本身，乃唯風心之身，別無異體之根本身。非說都無外身，及粗異熟身，非有情身也。如是有情有二種身，一分位身、二根本身。初謂離風心之身外，是餘異熟大種身等之粗身。第二謂唯從風心所成之身。初於胎中，結生相續等位，粗身雖未生。然非無有情身。如是死時，大種粗身雖捨，然不捨有情身，故彼非根本身。如水中煖性。風心之身，於彼一切位始終不滅。故是根本身。如水中濕性。即於現在粗色身位，其根本身，亦唯風心身。其粗色身，如彼房舍。如是宣說，雖有餘用。然主要者，是明修幻天身所依之根本身也。其中心者，非諸根識，唯是意識。其風亦非餘四根本風及五支分風，乃持命風。其中復有粗細二種，此是細者。唯此所成因位有情身，其具手足等相者，如中有身，及夢中身，現似別體。其無手足等相唯此所成之身，即如前說。意謂有此修所依身，故云「雖住自身中。」應知現在識所依身，雖有大種極粗色身，與極微細風身二種。然不成爲二體相續，及不須離粗身位外有細身處。施設補特伽羅名言主要所依，雖是風心二法。然說粗身是彼所依亦不相違。

（卷十一竟）

勝集密教王五次第教授善顯炬論　卷十二

辰二、解說依此正修幻身之理。分三。巳一、父子論中如何宣說。巳二、明說修法及諸功德。巳三、諸師教授如何解說。今初

若修幻身之所依，於因位中如是安住者，於修道時，當如何生起彼所依而修耶？如五次第論云：「彼性成就風，則由三種識，復生行者身，說彼名幻身。以是此中說，衆生皆如幻。住如幻三昧，見一切同彼。」卡師譯爲：「由正成就風，即彼三種識。」其文較便。其中初頌，顯由修內外命力之方便，令修所依之意識，生爲心遠離位明增得三之心及所乘風，生起爲瑜伽師之身者，說爲幻身。言復者，謂彼瑜伽師，不但初受生時，受彼風心之身也。其次二句，謂幻身修法既然如是，故此無上乘中說一切衆生如幻者，有不共波羅密多乘，下三續部，及生起次第之幻義也。言如幻者，金剛鬘云：「若見如鏡像，如夢幻水泡，等同幻術者，說彼爲尊上。」五次第論似錄此等。由此顯示餘無上續凡如是說諸不共義，皆應如是了知也。其次二句，說已成就幻身之瑜伽師，見一切有情，皆同彼者，謂如上說，是見彼等之根本身如是也。見一切器界如同自己之幻身者，謂視彼一切亦是風心所變也。攝行論中宣說之理，如云：「如實偏知自心，於蘊界處中都無所有，唯智唯現，具足一切相之天身，以幻夢等十二種喻之所表示。此是諸佛意自性身。」如實知心者，是心遠離。蘊界處中無者，謂除心遠離之風心外，從諸餘身，皆不能修成幻身。前唯字，簡分別，後唯字，簡從粗蘊修成。唯從心遠離智，乃能修成十二種喻所表示具足相好之幻身。此中問云：「經說：若無所依身者，亦無心性。若無心者，亦無身可得。云何唯由自心即能完成具足手足等一切相好之天身耶？諸有可得見者，若無教理難起信解。故諸易證無可得天眞實性之方便，惟願世尊金剛上師慈悲宣說。」前說唯智能成具足一切相好之天身。誤解唯字簡餘非心物因。謂唯心完成具足手足等相之天身，不應道理。以經中說：所依身與能依心，隨一非有，餘亦無故。可得見者，謂有疑惑分別者。若無教理，不能獲得斷疑之定信。無可得者謂無相天眞實性幻身。現證此之方便，請除疑宣說。答曰：「諸已趣入經等道理，及已安住生起次第，諸修行者，雖能喻說，一切諸法如幻、如夢、如影像等，增上信解，然彼不能由喻了知，唯由內智，以意爲性完成天身加持自我之教授。故我當隨瑜伽續行，令汝了知，金剛薩埵圓滿因緣。」其中說已趣入經等，宣說一切諸法如幻，思惟彼義雖能信解，然不能知幻身加持我者。是爲破除，有謂究竟了知中觀所說如幻妄義。由修彼義遠離實執。爲幻身者。以彼雖是總義之如幻三摩地。然彼全無第三次第秘密義幻身，及第五次第究竟義幻身之義故。說修生起次第者，雖能信解一切法如幻，然彼亦不知幻身加持我之教授者。是爲破除，有謂天身，顯現無性，安住彼義，都無貪著，爲幻身者。以生起次第時，雖有多種，澄淨鮮明，顯現無礙，猶如虹霓之堅固三摩地，及與爾時，空性正見和合，都離實執。然說爾許猶不能知，唯由內智完成天身加持自我幻身教授。則下三續部中，不能得彼教授，固不待言。若能善解彼義，則諸妄說：先於鏡中天影繫心，後將彼影融入自身。由修此故，唯明淨現，安住定中，全無執著，誤執彼爲加持自我幻身正行。皆無餘滅。如是既說，不修天身，僅達虛妄如幻之智德及彼智德與天身合修，生起次第之天身。並諸已得圓滿次第大樂三遠離位之天身，均非加持自我之幻身。言依瑜伽續，能得彼教授者，謂集密本釋等續。其通達完成金剛持幻身因緣之理，即彼論云：「實爾，心唯顯現，離顯形色，性同虛空，如勝義諦，極難觸證。雖然如是，由依唯現三明諸風，共故輕利。故是由風繫縛於識。次由般若方便二相俱諸光明，出生具足種種功德如幻天身。此乘云何？所謂諸風。其心金剛如乘駿馬，馳趣所欲。」其疏中云：「若眞實者，謂如幻因緣應勝義有。曰：心雖非勝義有，然世俗中三明與風同時轉故，風繫縛識，令識流轉。」是依二諦爲答。於斷前疑全無利益。且云：風令流轉毫無關係。故無心要。故是說心，離形顯色，如同虛空，全無體相，如勝義諦，極難通達。言實爾者，謂實如是。心遠離時亦作是說，故可證知。心雖無體，然心遠離之三明相，依止於風。故是由風力，繫縛攝持其識也。諸舊譯本，多如上說。有本：「成共與輕和合。」卡師譯本：「三明相風，成輕界已，彼所依輕利。」其前義有謂：「由風識和合，如風是輕性識亦成輕。」然彼輕義，若作是較餘大種微細，故能與識和合之共法，解者，則與攝行論心遠離時相符。由心風二法和合，次經般若明相，方便增相，俱五光風。出生具足手足等相功德之如幻天身也。總攝彼義，謂若無風唯心，雖不能從彼修成具足手足等相之天身，然五光風與心同一體性，故能成就天身都無過失。此亦即說，若單有現天行相之識，雖有色相，然彼不能成眞幻身。此處雖僅言，般若方便二相。然彼前文，既說三種明相。故修幻身所依，與五次第論同。言因緣者，謂成就幻身位，內心之親因，謂前念心，風爲助緣。彼身之親因，則爲風，其前念心，乃身助緣。言三智意金剛乘所乘風，猶如駿馬，馳趣所欲者，謂從心遠離風心二法之根本身，修成幻身時，離於粗身，若於身外或於身內，隨欲能趣。攝行論中說此義云：「轉識經中亦顯了說。」謂如彼經說，死已無間成就中有。其手足等，如水中人影，全無寒、熱、苦、樂、疲勞等觸，亦無肉等，界不能壞。卡師譯云：「此識棄捨先有身殼，轉作餘形。」引彼文後，次云：「如是名爲異生中有，成流轉因。」如前所引。彼經雖非顯說幻身，然說唯從風心成就支分圓滿色身，及離舊蘊等，明示決擇幻身之喻。意謂無方便者，現起中有之風心。善方便者，能現如幻天身。故說彼經，顯了宣說。攝行論於幻身時引毗盧遮那成佛經云：「猶如虹霓身，修實性當得。」彼文雖非說修幻身法。然總成立修眞實義，能成如虹霓身。則亦成立別修心遠離之眞實義，亦能成如虹霓之幻身。故可引證。

巳二、明說修法及諸功德。

如是修幻身者，要以修力，能將粗細二身，各別分離也。此復若是以識上行，及轉入他舍之瑜伽，分離彼二者，則如三補扎教授穗所說，先善修瓶相風等加行，數數觀想，乘風之識，脫離識所依處之心藏，此非修彼。是以餘勝方便令分離也。此復譬如，從地入水，乃至死有光明，次第現前時，由彼次第，任運分離粗細二身。如是由修金剛念誦等內外命力，凡心遠離前行諸法皆到究竟。如地入水等死有次第，圓滿生起心遠離時，即以彼力分離二身。唯從諸空之風心，修成加持我之幻身也。言我者，謂施設我名言所依之風心。將此生爲金剛持身，是謂加持。此與以轉舍功能，分離風心細身，由勝解作意，觀想自成金剛持身者，有大差別。此非唯由勝解觀想。是即風心生爲天身。故與修時唯心顯現彼相之天身不同。其得有學雙運幻身，以後，則彼種類恆無間斷，故說爲實事。金剛身之名相完滿。第三次第之幻身，於勝義光明現前時，仍須消滅。故雖名金剛身，然彼名相不具。以彼不如前者常住，唯就瑜伽師心前安住，故名智身，亦不相違。若未分別眞實隨順，除說第三次第幻身之名言外，謹就意前，從粗身中，分出細相之天身，莫執爲眞實加持我之幻身也。除說「從心遠離三明風心，修成幻身」之外，其於順逆諸空何時，修幻身，則父子五師論中均未明說。拉彌等說，如水中魚，從光明中，頓起金剛持身者，名頓次第。其從光明，現起近得，次起增相，次現明相，從此現起金剛持身者，名從近得等漸方便。自宗於雙運時當說。其從舊身分離，非決定須遠離舊身方位而住。如前已說。燈明論說，安住清淨幻蘊篋中，亦可了知。若得心遠離之瑜伽師，由粗細二蘊轉依之理，修幻身者，則父子論中，說唯從風心，修成幻身，不應道理。如從眾紗編織成布，不可於中僅說從一二紗編織成布。

初修成時，雖必從諸空風心修成。然成已住時，即明增得三智不現在前，亦有多位能有幻身。故非彼三滅時，幻身隨滅，有幻身定有彼三也。

由何種牽引力，修成幻身之理，父子餘論中均未宣說。唯攝行論說中有成佛時，「當起是念，棄捨常蘊趣入光明，當以加持自我次第而起。」依此道理，應當了知。此於隨順幻身時，皆當例知。

如斯天身，集智金剛續，以十二幻喻表示宣說。十二喻者，謂幻、水月、光影、陽燄、夢境、谷響、尋香城、變化、虹霓、閃電、水泡、鏡中像。雖僅取一幻喻，而言十二幻喻者，以彼初喻，亦例餘喻，或約是幻身之喻而說。其中唯從風心，所起金剛持身，雖亦完具一切支節，然除風心更無餘物，故如幻人。偏一切處，猶如水月。無骨肉等，故如光影，即人影像。剎那變動，猶如陽燄。以是唯從風心所成身，如同夢中離粗身外，所起夢身。雖與異熟身同體所攝，然現似異體，故如谷響。此身之能依所依曼荼羅，如尋香城。雖是一體現似多身，猶如變化。五種身色無礙無雜，猶如虹霓。安住異熟身蘊之中，如雲中閃電。從空性中突然現起，如淨水中突起水泡。圓滿具足一切支節，猶如鏡中所現金剛持像。此等是表有學幻身之理。其表無學幻身時，第六喻與第十喻，當順彼位配釋。加持我論中，言如影者，即光影義。其變化喻以雲代替。諸名異門，即彼說名加持自我。如云：「由說如幻相，定表詮此性，世俗諦、幻性，亦圓滿報身，即尋香有情，亦是金剛身，金剛薩埵體。」得此幻身之勝利，謂於現生定當成佛。又五次第論云：「一切樂爲性，大薩埵行坐，住處衣食等，剎那於空得，當斷截諸有，於眾現勝身，諸天咸供養，數數勤敬禮。」攝行論說，當得諸佛灌頂。金根本續亦云：「身語意金剛，善修金剛妙，展向身語心，當同金剛妙。金剛盛光燄，周徧百由旬，眾莊嚴所飾，現爲歡喜體。梵猛等諸天，終不能覩見。」燈明論云：「金剛妙者，謂以意爲性之幻身。不但於自身語意修彼，當修展布到三界一切身語意。故當與金剛妙相同。徧百由旬金剛熾盛，即自身光明，照耀廣大無量世界。有三十二相等莊嚴嚴身。獲得如斯智慧身者，大梵等天尚不能見，何況餘人。是不退轉所行境故。此妙吉祥大三摩地，由諸異生不見不觸，故名不現三摩地。」此後又云：「此幻性身，由光明淨治，所修習故。」說此幻身，由二種靜慮，令入光明。未說雙運幻身，由二種靜慮令入光明。故是第三次第之幻身。由住此位未得聖地，至下當說，故此中言：異生不能見者，謂除自身，餘不能見。此如前說：大梵天等所不能見。即未得幻身之異生所不能見。有諸三摩地，全無此等少分功德，而妄指爲，已得眞實智慧幻身者，是於修此身界限，修此身法，及修習有何功德等，全無所知之過失。生起次第之咒身，與圓滿次第之智身，二種天身生起之理，諸餘論中均未明說。故餘派諸師，多將宣說生起圓滿次第時，天身之理，皆執爲生起次第。學習此派者，雖分二種天身差別，然能善分彼差別者，亦極稀少。爲想令此最秘密處，不致隱沒，故顯了說。

巳三、諸師教授如何解說。分二。午一、教授中如何說。午二、依經論釋彼義。今初

瑪派教授，色頂巴所作，明幻身根本義者，如四義論云：「幻身者，以聖父子，許爲幻現、無性、身作天身。故是現爲天身都無自性。引生彼身之因，謂從生起次第修習天身，及以三空，淨治執著生起次第爲實天身，無間而起，如水起泡，或魚躍淵，頓時現起智慧方便之天身。此復是由不定性四字融入不壞點，點現爲天身。母表空，父表明，和合表明空同一樂味。如短阿畫具五光明，是風心之體。當收入彼中而修。又彼幻身之天身，是於外白內赤之法生中而修。」有輪論云：「內層蓮花，收入中央不壞點，即修此點，現爲父母天身。如鏡中像。」五次第一座圓滿論云：「心住明點而修，有學光明。臨休止時，從點空中現起天身，作諸威儀。」此與彼派二大教授、諸小教授，均不相符，定屬錯謬。五義論云：「如短阿畫具五光明，是諸法眞理風心之體。故當於彼收心而修。由彼離諸實執，故名非有。無性顯現，故亦非無。此明幻身。聖提婆說：身爲天身。故說天身明空顯現都無自性，離一切執。是爲幻身。說彼以十二幻喻表示，故說如鏡像等。若能識彼，即識幻身。」此中雖說眞幻身，爲不壞點，實是點所起天身。即由彼論可知。由此亦可知，一一小教授，說短阿及吽字，爲幻身之理也。五義論云：「修幻身中，有幻定與幻解脫之二。初者，謂於住室，東西開窗，以紫草水充滿鍋器上豎寶劍安置見處。面前安鏡，繪金剛薩埵像，映照鏡中，於彼影像，注心修習。於彼不起實執，故能認識幻身。說此是修生起次第之教授。」意謂是五次第論「善繪金剛心」之義。依此破除實執之理，色頂巴，三續幻身教授中，說有定幻、夢幻、中有幻之三幻。初中復有取、淨、合一之三幻。初者，「謂觀鏡中所現天身，於彼讚毀，有無喜怒貪恚。若見無者，取置面前，如前明想，復作讚毀，觀彼有無貪恚。若亦無者，令入自身，修觀自成如幻天身，則對自稱讚，及香塗右脇，并供諸珍寶，當無喜貪。或對自毀謗，與刀割左脇，并奪諸財寶，亦無恚怒。」有住持此派教授者，幻定之名如前，修彼之法，「謂由身要與視相，令心專住不散，故能持心。由心持故，即能持風。從此起證。地、水、火、風、心、心所、無明、一切空等。由前前融入後後，始從陽燄乃至暗相，依次現起。次一切空，如無雲虛空。次從逆行三明三心及風，引起如幻天身等無量證德。若作是修，不甚增進。增進規則，謂廣如五義論說。若不能者，可於鏡中現天身像，於彼心中，專住修習。初現影像，爲明相。次彼像如別有體爲明增。次彼不顯漸趣黑暗，爲近得。次一切澄淨如淨虛空。引生如前所說證德。」其中初者，是將前引，無垢光疏與勝樂上疏，說以別攝支，於虛空中現種種境，名自加持。與此宗之幻身自加持。妄執爲一事。其增進法，則係依據藏地先覺，有說任觀何境，初顯爲明相。次漸細爲增相，後不顯將滅，爲得相之義也。

學幻解脫，五義論說：「有晝間覺時所修，與夜間夢中所修之二。初者，謂明想天身，於彼喉中，由樂空相，修習風心，引生風力，趣入關要之證德。從此引生如幻解脫。睡中起夢，此位不起，故不相同。出世解脫，謂能往色究竟天，得師長加持，現見無量化身佛，聞正法等。學世間解脫，謂能見三十三天，覩史天、色究竟等天，及能往彼，受彼天子天女供養。從彼能任持明點，示現種種神通。」此說先起諸解脫欲，次於喉中修瓶相風，便如夢中現彼諸事。幻定教授云：「專住心間明點及短阿畫，修和合風，若生遊行虛空等覺，即是生起如幻解脫。當於彼境，無喜無著，於諸懸險，無礙而過，漸次淨修。」四義論說：「明想天身，從毫相等，放諸光明，供養諸佛，隨宜現身調伏眾生，淨治二障。將光收入自身。及將所作天身化成光明，由二靜慮收入自身。依此引生前說解脫。」

午二、依經論釋彼義。

五義論與四義論，說短阿畫具五光明，為諸法眞理風心之體者，非說於修習意識前，所現阿字形。是說彼所表示微細命風，與乘彼風之意識，為風心本來身。復說此是從現起諸空之樂空覺中，無餘間隔生起幻身。故是從三空風心，無餘間隔生起幻身之義。以是當知或說明點現起天身為幻身，或說點字為幻身等，教授之意。是指從彼等，所表本來風心細身，生起幻身。不可妄執意識所現明點字形，轉變所生天身，即爲幻身也。

如是五次第略論，說安布咒輪修金剛念誦之後云：「庸分別習氣，咒性緣自心，身淨分別淨，風淨故無垢，由風淨現證，智世俗幻身。」此說先修咒輪，以金剛念誦清淨風已，引生幻身之理也。其中於彼輪葉所布諸咒字形，表示庸常八十種分別心，及鼓動心之風。由能表字形，漸收攝故，分別及風，皆當清淨。由鼓動分別之風清淨故，便當現證智慧身之幻身也。又彼論云：「從唯風心起，幻身俱諸明。」與說從八十種分別及風清淨之唯風心，修成幻身，亦相符合。即校本釋諸續與聖父子諸論，亦是彼義。

又以十二幻喻表示幻身者，略說少數法喻相同之理，言識彼義，即識幻身者，由法喻相同之理，決擇幻身，雖極妥善。然將所說修生起次第不明顯，令其明顯之教授，誤爲幻身位，五次第論所說「善繪金剛心」等義。說先緣鏡中影像而修。次以心力，將彼取出，安置中間。後入自身，謂自起天身，即幻身者，既違前文自說，從空智、樂空定中，無間而起幻身。亦與一切定量教典不符，更違自宗根本頌文。瑪巴所傳一一教授中，均有多師所說多種不同教授。非彼一切，皆是拏熱巴所傳教授也。

若爾，五次第論云：「俱離有無性，善繪金剛心，如於淨鏡中，明現其影像，具一切勝相，此身觀無厭，示賢善弟子，是名自加持。」其義云何？曰：彼義是說，俱離二邊之金剛持身，如同所繪像，顯現於清淨鏡中，彼身具足一切殊勝相好，觀者無厭。如是以鏡中像，與眞幻身，法喻相合，開示弟子，爲自加持。非說先緣鏡中影像而修，次以心力取出融入自身之天身，名爲幻身。若不爾者，則諸餘喻亦應同彼。

十二喻中，五次第論解說三喻，其影像喻，是說所繪金剛持身之影像，非說一般影像，以是一切身分，頓時圓滿之喻故。虹喻者，謂無障礙顏色不亂。水月喻，謂一幻身，能隨所化，分化無量。加持我論云：「以彼等修身。」說以彼三喻修幻身者，義說，由彼表示而修也。若如所說，緣鏡中像，修習幻身之二種理，則修彼身，實不須究竟生起次第，及三遠離也。若依無垢光等，說別攝定中所現身，名加持我。說爲幻身者，則應許，始從陽燄，乃至如羅睺黑暗之八相，皆是幻身。唯說彼後，逆起之天身，乃名幻身，不應正理。時輪中，於別攝位，說陽燄等八相者，是諸根風，於一般境，將近退滅及已退入內時之相。其心遠離等位，所現陽燄等四相，乃四空後所現之相。是則必須將風融入中脈。已多次宣說。以是應知，別攝位中，所見月日羅睺之相。與三空中月光等相，亦不相同。總之，若善了知，由金剛念誦究竟，引心遠離諸空時，融化分別及動被之風者，其諸根識，於彼之前，早已融入。則不復疑修幻身時，是否更以目視而修。總於後得位，隨所見境，皆現妄幻者，於三遠離及幻身位引大樂已，必須殷重，使與空見和合而修。其後得位，觀於影像有無喜怒，破實執者，全無價值。此復若由理智，於內外法，盡破一切實執境界，獲決定已，其後任運見境如幻者。則須善解中觀正理也。五次第論說：得幻身已，隨作何事，皆應觀如幻者，雖亦有共波羅密多乘之幻見。然彼是說，不共幻義，謂觀一切有情之本來身，唯風心等。如前已說。其修風者若已善習，隨欲現起佛土等境。彼願爲先，和合持風。則彼彼境如幻顯現。然聖者派未說，如是修法。修幻身時，亦未說收攝，二種靜慮之境相。亦無彼義。

丑二、說彼所屬教授。分二。寅一、兼說教授之依據。寅二、正說睡夢等教授。今初

此派所說，睡夢教授，及死歿中有教授。此等依據何續，及聖父子何論耶？此中廓師，於中有成佛，說死有合修，中有合修二種。於經生成佛，說睡眠合修。此師教授，未說夢中合修。現法成佛中，俱未說彼等合修法。彼等是引攝行論而說。拏錯所傳拏熱巴之教授，此等合修皆未宣說。瑪巴所傳，則多宣說，四種合修。現法成佛中，說睡夢合修。中有成佛中，說前二種，及死有中有合修。經生成佛中，俱說四種。此論所說，略示方隅，皆未明說。五次第略論云：「為淨夢身故，由表示幻時，所見境世俗，是世幻次第。」至「夢幻同修習。」此說修夢教授。又云：「合修三中有。」及如前引，配一日夜，與生有死有次第，修五次第。是略說合修睡眠，與合修死有，中有之教授。龍猛菩薩論中，除五次第論，於幻身中，說為中有。可說彼二合修而外，諸餘合修，皆未明說。龍智菩薩，除將圓滿次第，順配死歿次第外，全未配合中有、睡眠、夢境。於生起次第，卻說配合生死中有。月稱論師，說中有成佛者，合修死有、中有。第十五品，說一切法如夢時，除為證明夢醒諸法，皆無實性，引證攝行論外，皆未正說睡夢合修。以十五品中，說如夢故，便謂此宗，說持夢等教授者，實非論義。除攝行論，說睡眠與四空合修外，餘聖父子論中，皆未宣說。攝行論云：「次經多生展轉修習，學無我法，了解合修加行，與本性明相合雜爲一。由此次第，緣勝義諦。其次第者，謂令蘊等，入微細界。細界、入心、心入於思，思入無明，如是睡眠。爾時心思，趣入無明一刹那頃，忘失諸念。其後都無忘念智慧自體，即光明性。復從彼起，風得本性，起餘夢境。乃至識未動搖，應睡觀光明。是名各別內證，離身語意，眞勝義諦，內證菩提。由此次第，殺害身輪如來衆會。悟入眞如，得善成就。義謂不待，有戲論無戲論行，即能速疾，改換自身。」卡師譯爲：「風動本性，若未起餘夢。」較爲妥善。彼後又云：「此義如授記密意大瑜伽續云：觀色等內法，名毗鉢舍那，如不動等數，觀名奢摩他。此等無體性，眞如名寂滅，行者將諸佛，入眞如壇輪。」此說將睡眠，生爲四空三摩地自性者，是行極無戲論行之瑜伽師。彼身，有睡眠時與醒覺時，二種生起四空之理，此非唯說睡時起法。是說彼起四空，即如是起也。又如攝行論云：「以此次第，行唯補蘇姑行。」謂僅作飲食便利等事。除此之外，即睡修光明。若能知此，說除睡眠，無修光明之要義。則餘合修法之究竟要義，亦能了知。

若爾，授記密意教文，雖說瑜伽師，將蘊等諸佛，入光明眞如壇輪。然云何證知，由睡眠四空次第，將蘊等入光明耶？彼續文中，雖未明說瑜伽師，將睡眠起爲四空體性。然聖提婆，由龍猛教授，開顯彼義。故能了知。如是悟入光明之理中，亦完具授記密意續所說，將蘊等入於光明之義。如云：鼓腹爲瓶相之語，雖未聯合所別事與鼓腹，明說，青玉鼓腹爲瓶。然彼所別事中，已完具彼語所說之鼓腹也。言「殺害如來眾會，得善成就」者，與根本續說：「若殺如來聚，當得上悉地。」全無差別。故彼教文，由相相同門，可配睡眠光明。依聖提婆教授，由說睡眠光明依據何續。餘亦當知。如是任持睡眠光明者，是於現世成佛之行。故睡眠與光明，合修之最勝教授，雖正爲現生成佛之上根補特伽羅而說。然中有成佛與轉生成佛者，亦須此教授，實如諸師，教授所說。若教授中如是宣說，及依彼法，未能生起睡眠四空。由見攝行論，說極無戲論行者，乃如是行。誤解爲彼補特伽羅別法。現在補特伽羅，棄捨不修，則失大義。如攝行論所說，睡眠與四空合和法，下根補特伽羅雖不能如實生起。然非不能起睡眠與四空合和之總三摩地。須善分辨諸道差別。故攝行論教，亦可配合現在補特伽羅，任持睡眠諸空也。

若爾，修夢教授，有何依據？曰：續與餘父子論中雖無明文。依攝行論當可了知。如云：「何故長時睡眠？何故捨此身軀，而於夢中或往三十三天，或往餘處，受五欲樂，仍回此身？何故獲得夢中所見善不善果？如是睡未睡位，爲有異耶？爲無異耶？」此問夢事。言「何故長時睡眠」者，問未現夢前長時睡眠之因。言「何故捨此身軀」等者，謂如前睡已，次現夢時，離此原有身外，另起夢身。往餘境已，仍回此原身。言何故回者，問重返此身之因。如卡師譯云：「夢中一切根往三十三天。」謂另起夢身，完具同分諸根也。言「何故獲得夢中」等者，是問夢中所見善惡徵兆，醒後受果之因。言「睡未睡位，有異無異」者，是問夢境虛妄，醒境眞實，有無差別。答云：「爲除諸執無始性身實有疑故，爲顯所說加持我故，請問夢相，善哉善哉。故由夢門，說爲影像一切天身各別內證，隨經續行，當善通達。一心諦聽。若將蘊界處根等，及二種識總攝已，由大空故入睡眠，以風力故見夢境。夢醒都無餘差別，由妄分別計夢果。眾生晝夜恆眠睡，由地厚故極長眠。因所作業果未熟，其風仍當入此生。若果已熟諸風性，速趣他世而死歿。如十方界諸勝王，其身雖無骨肉髓，爲利有情入粗界，以諸化身作佛事。由此次第睡覺心。分別網者計諸果，是故諸法皆如夢，都無眞實與虛妄。」言諸執身實有之疑者，謂未通達現在身，中有粗細二身。唯執粗身，爲身實體。疑依彼身能否修成如虹之幻身，爲除彼疑故。卡師譯爲「如影像」。其由夢喻門，隨續部通達者，謂「若將蘊」，乃至「覺心」。隨經部通達者，謂引業障清淨經，說夢覺位，都無眞妄之差別。隨續通達者，謂引根本續，與集智金剛續，宣說幻身。初句之義，如金剛鬘說，前四種蘊，地等四界，色等四處，眼等四根。等字攝諸餘法。彼等攝入此身者，謂識隨境轉，皆不自主次第收攝。由如是攝，而生明增二識。此二亦前攝於後，融入近得成大空性，入於睡眠。言「地厚」者，如集密釋續，四天女請問經說，於身中安布四輪時，心間爲地輪。餘續亦說心間爲地。故風攝心間成爲厚重。由此力故，長時睡眠，不現夢相。此等即總說睡眠之因，別明長時睡眠之因。由風力故見夢境者，謂無念近得，醒已無間，現睡光明。從彼解已，乃現夢境。此中光明攝於近得。言「眾生」者，如舊譯本，應連於睡眠（成為副詞）。卡師譯爲「眾生晝夜恆起夢」。言「其風」者，是說風心所成夢身，往他處者。由問，可知。言「果熟未熟」者，謂彼風心，與此粗身，繫不繫屬之業力，盡與未盡。以是言彼未盡，仍當入此生者，即說明重返此身之因。答第三問，由與宣說，另起夢身，仍返原身，是一續故，即可了知，「夢醒」等二句，與「分別網者」等三句，即說明夢醒二位，都無眞妄之差別也。卡師譯爲：「一切諸法皆如夢。」言「如十方」等五句，謂受用身，雖無骨肉等事，然爲令有情見故，入粗界身中，以變化身，作利有情事。由如是次第，當知睡眠位往餘處之夢身，臨醒覺時仍返原身。此說夢身，如受用身，證知幻身。及說彼身仍返粗身，如同化身，證知受用幻身，攝取粗界化身也。卡師譯爲「如是次睡覺心」。以是當知，由夢前睡眠三空，表幻身前之三空。由夢中身，表正幻身。夢後，表幻身攝取化身。故十二喻中，夢喻表顯幻身，最爲無等。由聖天教授，應當了知。餘喻，僅能法喻相合，令於幻身引生定解。不能即從喻上，引生譬喻幻身道體。其夢喻上，即有彼義，故最殊勝。此復既說諸瑜伽師，將夢前睡眠四空生爲三摩地體性，是睡眠與光明合修教授。則將彼後所起夢身，與幻身合修之教授。理可推知。又生起次第與圓滿次第，皆說道位三身，與所諍事之三身。以此關要亦可了知也。以是當知，此最勝宗所說夢喻教授。其理如是。復是三類補特伽羅皆所共需。其僞造無二尊勝經云：

「具風往生處，衆生喉間起，有嗡字安住，誦阿努達惹，持轉及增長，憶幻及印證，第二靜慮道。」雖說持夢等法，然不可信。其與死中二有合修者，攝行論等，說中有成佛者修。依此則知，經生成佛者亦可修。如與睡眠合修也。此二與夢喻，依據續等之理，亦可由前比知。

如是若能善釋，此諸合修教授瑪師別法，依據聖父子論者，則可知爲無上勝法也。如是，由攝行論，於幻身時，依於夢喻，說喻幻身。故夢喻諸教授，屬幻身位。故亦可知，任持睡眠諸空之教授，亦屬彼位。然依事實，從醒位能引最低四空時起，即能入睡眠諸空。其後可修諸夢教授。故身遠離位、語遠離位、意遠離位，皆能生起也。其與眞實死有中有合者，唯彼等時乃有。若於彼二隨順位，亦名彼二合者，則醒時、睡時，皆容生起也。

（卷十二竟）

勝集密教王五次第教授善顯炬論 卷十三

寅二、正說睡夢等教授。分二。卯一、說與睡夢合修。卯二、說與死有中有合修。初中分二。辰一、與睡合修。辰二、與夢合修。今初

若作是念，如所修事，先起無夢睡眠諸空，後乃起夢，次第決定。於修道時，爲亦先修，睡眠與光明合後修夢與幻身合，次第決定。抑不定耶。此中瑪派末學，有見五次第論說，幻身爲第三次第，光明爲第四次第。遂將彼二合修分離，於第三次第時，修夢幻身，於第四次第時，修睡光明。然五義論說：「先於睡時任持四空，其後乃起夢受用身。」極爲善說。以夢教授之心要，謂起夢受用身。彼須先起諸空故。與所修事，睡夢次第，亦極相順故。第三次第幻身，亦須先起心遠離諸空，雙運幻身，亦須先起光明空故。要從死有空後，乃起中有。及將勝解諸爲，攝入光明，乃起初依怙等。

一切次第，皆如是故。以是當知，言睡光明等，雖有光明之名。然幻身以下，僅有譬喻光明。前已說訖。若修夢幻之前，須任持睡光明者，云何任持耶？此中，將睡眠生爲三摩地體性，總有二法。謂諸已得大小顯密諸乘所共堅固奢摩他三摩地者，縱不特修睡眠爲三摩地。只於臨睡前，令醒時三摩地現前。於彼後入睡，即無通常睡眠，任運能入妙三摩地。復有臨睡時由風趣入中脈之力，現起陽燄等四相之後，以如月光明相等三空爲先，次生睡眠爲光明性，如無雲翳清淨虛空。其中初者，雖能現起，不以陽燄等四相，與月光等三明爲先之明淨空相。然無睡眠光明之義。引發如是空相，亦不須修，咒中所說任持睡眠光明之方便。故生彼相，不須先入此乘。故此所起睡眠光明，乃是後者，要由風入中脈之力，始能生起也。故是醒時，善修專注身要教授，待能引發最低四空之時，次乃將彼諸空，與睡眠諸空合修。若不爾者，雖欲與睡合修，然無事可合故。其睡眠位，微細出入鼻息，多不能滅。故睡眠本位空，雖無如實，斷絕微細出入息，融入中脈之空，然非無四空。此復未現夢以前之睡眠，與現夢睡眠。其攝風入心間之大小與融不融粗風，有大差別。其能將醒時諸空，與睡時諸空合修之瑜伽師，於睡眠空生起之時，要全滅絕微細鼻息融入中脈也。如是將入睡時，陽燄等四相初雖未能依次現起。熟練之後，則定能依次顯現。以是未經依次現起三空爲先之睡眠，生爲三摩地體者。猶非睡眠光明。以現起光明一切空者，必須先起空、善空、大空等三空故。是因果故。是以瑪派，強起光明之教授中說：「閉關一月，注緣心間四葉蓮花蕊上，有白赤二點，任持睡眠諸空。」若經一月，專注彼境，晝夜恆修。易攝風者，容可現起。此是修心間不壞之命力也。此亦是先能引起醒時四空，次乃與睡合修。若晝夜餘時不修，唯臨睡時乃修，非能現起。此復臨入睡時專注所緣數數修習，縱能認識，因位睡眠諸空。然不能起，由風融攝眞實諸空也。五義論說：「夢合修前，任持睡眠空者，於喉間安布阿奴達蒠四字。」梅村許於喉間修。粗敦許於心間修。若修光明，應於心間。若修夢中幻身，應於喉間修。緣葉上四字，以一一字，配一一空。」其說夢合修前，任持睡眠諸空，極爲善哉。如是連續任持時，蓮花及點，如粗敦所許，應於心間修習。不宜於喉間修。由修光明，與心相屬。故須於心間修習。若不能由融入風力，與夢合修。唯由願力任持夢者，則於喉間修習相關。似須辨此差別也。其修阿奴達蒠，說是無二尊勝續義。雖印度人亦有許者，然拏熱巴教授，於心間修咒輪者，亦非修彼四字。故任持睡眠光明，如瑪派教授，說緣心間赤白點修，方為善哉。此是繫心於心間咒輪中央不壞點。若欲開廣者，安布咒輪次收攝等，皆如前說。五次第一座圓滿論說：「緣心間四字及中央點，修金剛念誦，任持睡眠光明。」須否安布四字，前已說訖。其緣心間明點，修金剛念誦，任持睡眠光明者，實是殊勝教授。以是授記密意續之義故。如授記密意續中，說四曼荼羅風念誦之後云：「正說為十八，彼亦住此等，猶如諸新酥，徧住於乳內。如是寂滅性，住於白衣等。」次云：「觀色等內法」，至「入真如壇輪。」其後云：「行者出入息，和合同一性，住般若方便，勿失咒支誦。行者於眠等，徧一切所作，無名無言說，超三世常誦。」其初六句，說十八空性之光明，安住白衣等金剛念誦中，如從乳中，出諸新酥。故說由金剛念誦，引生四空也。言「色等」乃至「入真如壇輪」者，說將蘊等入於光明。其義亦有睡眠光明。前已說訖。「行者」四句，說修風咒無別和合念誦。其後四句，說於眠時亦修彼念誦。如是說於夜間眠時，由金剛念誦引生四空。此義復是由金剛念誦，引生睡眠光明故。總之醒時，由何方便引生四空。於臨睡時，亦須以彼方便引起四空相合。醒時之最勝方便，即修心間不壞點，與金剛念誦故。前已多說。如是瑪師教授所傳，二種任持睡眠光明之方便，應知即是本釋諸續及聖父子無上密意之教授。諸散教授互相和合，亦極重要。若知此者，則見攝行論說將睡眠現爲四空體性。遂疑何處宣說任持睡眠光明之方便，亦善解除也。

總任何道，若將本位所有法，方便善巧，取以爲道，則成速疾。此睡眠位，本有由風自力收攝，所引諸空。若以合修教授取爲道者，尤爲速疾。本位雖有諸空，然因空相不甚明顯，及由睡力失念太甚。故乃至未能取爲道前，不能引起決定認識也。此中念力若全不失，則亦無睡眠。若念失太甚，則不能定解睡眠四空。故須由教授，令既入睡眠，復非失念不能定解諸空也。其中由無睡眠障此善行者極少。破除彼障及睡眠太厚之法，諸教授中所說極多。亦有彼中未曾說及之除障方便也。薄厚適中，現起睡眠諸空之後，入光明時，當憶正見，長時將護。若速醒覺或速起夢，成彼障時，破除此障之基礎方法。下當宣說。

諸瑜伽師雖能由風融入中脈引發四喜四空，若不了知如是合修教授，則不能知，將諸證德與睡合修，或於現法道證勝進。或於此生未得勝德，臨命終時，即以死有四空爲道，非僅無諸死苦怖畏，且使道證勝進。故當善巧合修教授。以善知此者，即未能獲彼德。由數數作意，亦能植堅固微妙習氣故。如是其不能起睡眠爲三摩地體性者，有能否定解本位睡眠諸空同分之二類。其能生者，亦有能否生爲睡眠諸空體性之二類。如是引生之方便，亦有眞似二種。當知此善說，即植粗分了解，任持睡眠光明教授關要之不錯方便也。諸餘微義如餘廣說。

辰二、與夢合修。

如是能由風力攝持夢已，與睡眠空相合者，則睡眠諸空，依次現時，能定解彼彼睡明相等。故由了知睡光明後，現夢之理，即能善分睡空與現夢之界限。此中不須知夢爲夢之其餘方便。故提婆菩薩除任持睡眠光明之方便外，亦未說餘任持夢相之方便也。其未能由風力持夢，而任持夢者，則不能先了解睡眠四空而任持夢相。故教授中說餘持夢之方便。此中不待修道，初於本位，亦多能了知，夢爲夢者。又於日間隨於何事，數起猛利欲念，彼事亦多現於夢中。由此關係，知夢爲夢，並非難事。故於持夢，亦讚日間，修猛利欲念也。此間雖亦容有數日無眠無夢者，然因彼障礙與夢合修善行者極少。雖亦容有睡眠太重，不現夢相，或由日間太修住心，不現夢相。或雖現夢相而醒時不能述說者，然彼亦極少。倘有是事，其除障方便，如教授中說。其理亦易例知。如是既非無睡，亦非睡時無夢。故任持夢者，日間所想、現前所見，皆是夢境。特多發願，當於夢中了知是夢。正於夢時醒，彼種子，最爲切要。此中夢多且久，倘不明顯，則仍不能醒彼種子。故夢明顯亦極重要。此復初即夢明顯者，則易任持。若不明顯，須修明顯方便。謂於睡時，繫心喉間及眉間等處之明點等。若纔知夢，或知未久，即便醒覺，障礙與夢合修善行者，須知延長夢境之方便。此雖有多說，其主要者，如餘續說：「由住心間及摩尼之點，起重睡眠位。由住喉間及臍下密處之點，發起夢位。由住額上及臍中點，起醒覺位。」依此當知，臨睡眠時，由於心間及摩尼中攝風力強，便起無夢睡眠。住彼處時，當如是住。由彼二處所收攝風，略爲分散，昇至喉間及隱密處，即現夢境。住彼時長則夢長，彼短則夢短。由彼二處略爲分散，至餘二處，即便醒覺。若知此上，制醒之理，最爲扼要。任持睡光明後不能久住，其令久住之方便，亦由此可知也。瑪師教授，說任持睡眠光明，心爲要處。任持夢境，喉爲要處。是爲睡時二要處。又說醒時修猛利火，於臍間修最爲切要。依前所說即可了知。言「任持夢境喉間最要」者，意說不能以風力持夢，而學任持夢者。於等至位，繫心頂上明點。是說醒時二要處也。其以願力任持夢者，雖不能於未現夢前，定解睡眠諸空。若任持夢堅固熟練，瑪師派中，有於夢位任持睡眠四空之殊勝教授。若能爾者，由於睡時久修堅固，則易收攝醒位諸風。故於引發醒時四空，助力極大。應知此是，前說例外。如是上者，先由風力引發睡眠四空，次起夢受用身。下者亦以前說方便，發起睡眠諸空，次起夢身爲受用身。若未知此與夢合修教授，則無持夢教授之殊勝心要也。瑪派教授五義論說，若知從睡眠法身中，現起夢身，爲受用身之理。及能起此，則定能與中有合修。且極重要。然諸後學，多未詳察。即觀察者，其能知有二種不共起法，特知由夢合修教授，引發中有合修不共定解之理者，極爲稀少。此是與夢合修諸教授中，最勝功德。其通常德，如教授所說能起化事，及見染淨諸境相等。所見染淨境相，若非由風入中脈力，任持夢境，而以餘力任持夢者，猶如醒時所見佛土及諸尊等，無量境相，均非實事。唯屬彼等類似相貌。如是見瑞相者，亦僅見淨土等類似境相，非見實事。此中教證，現在諸佛現住三摩地經等廣說，然恐文繁不錄。其由風力任持夢者，所見境相，雖與前者，有大差別。然合修力未到最高界限以前，亦唯淨土依正行相。與前相同。是以記莂過未等事，容有少分不錯謬者，然謬誤居多。故難可憑信。若由風力持夢修習堅固。至一界限，有勝方便記莂去來能無錯謬。此與夢合修諸通常德。雖諸定量大論未見明說。然於現代有情有諸裨益。如是主要，謂由風力任持夢境。故於彼理當勤修學。若勤修彼太難生者，可由餘法任持。次再依彼，勤修風力任持。不可以彼爲足也。若不了知與夢合修諸不共教授，則不了知修醒時譬喻幻身之證德。即知彼證德，亦不能增進。及未獲勝德而死時，必不知與中有合修之勝法，故亦須善巧此等，均如前說。任持夢境，有因道二時，後者復有與餘乘共不共二種。後者復有正副二種。若能了解此等，則善分別夢與幻身合修之正副等義，於教授粗分要義，不致錯謬。此合修法未說及之諸餘細義，餘處當說。

卯二、說與死有中有合修。分三。辰一、中有成佛者之合修法。辰二、經生成佛者之合修法。辰三、明合修法之開合。今初。

總如因位，死有次第，中有次第，生有次第。如是發生道時，或名持生死中三有爲三身。或名與生死中三有合修也。如是即生、中有、經生，三種成佛者，皆可安立三種合修。其道亦可安立生起圓滿二種次第也。其眞實死有與光明合修者，攝行論與燈明論，皆說是中有成佛者。若爾此補特伽羅，應於現生得幾許道證耶？攝行論云：「已見諦理，通達圓滿次第，知眞實義。」燈明論云：「通達圓滿次第。」廓派說彼，已得雙運未及修習。彼生已斷，猶未斷死。然第三次第說：若得幻身，即生決定成佛。第二次第亦云：「善得證菩提，即往淨居處，於佛土不退，現成一切智。」此說若得第四次第，現生成佛。故中有成佛者，未得幻身與光明。又說：「已得第四次第，則三明相清淨。」故是現證法性。寶性論云：「聖者永拔除，死老及病苦。由業惑所生，彼無故無彼。」此說波羅密多大乘之聖者，尙已永斷業力之死。何況密咒大乘聖者，寧未斷彼！然此亦非永斷業力之死。又攝行論，說此有二類。一類，謂因缺乏修密行之資具。若已得幻身，說衣食等於虛空中剎那取得。則相違害。菩薩地說，得極喜地不乏資具。大乘聖者，決定不致缺乏資具。亦成相違。故非證得後二次第。以是當知，言「已見諦理」者，是說金剛念誦究竟後，以心遠離智通達眞實義。見眞實義者，不定現量見故。此亦如攝行論云：「有者因務農、經商、及供事等散亂，未能修行。餘者因資具缺乏，未能圓滿儀軌，如經所說。」既說因未能修行，故中有成佛。則亦顯示：若能修行則即生成佛。故知是圓滿次第位，已應修行者。此最低亦須已得心遠離。此已應修行，而未得幻身。故知是爲修幻身而修密行。若如是解，則金剛鬘云：「知本性差別，次當修密行，棄捨業身已，當得金剛身。」亦得善通。由說如斯行者，若於現生不能修行，則於現生不能成佛。則亦顯示，現生成佛，必須修行。及顯代替修幻身之方便行者，即現生四空，與死時四空，合一之力也。以是應知，總以修力，分離粗身與本來身，無須密行。如由轉有及轉舍瑜伽所作。然由於心間攝融心風次第，引發四空，由修習此妙三摩地，分離二身。及將所分本來細身，生爲眾相莊嚴幻身，金剛持身，極難修成，爲修彼故則須密行。如斯行者合修死有時，攝行論僅說：發起死有與勝義諦合修之願力。廓派諸師，說臨死時，由修金剛念誦，而合修。極爲善哉。彼亦是緣心間不壞點，及以二種靜慮收攝之方便也。如是修者，由三摩地所引，地入水等之融入次第，即是死有收攝次第。除此別無死有次第也。彼亦非於死有光明位現證眞實性義，以彼以前未成就幻身故。其現證勝義光明之身，必須成就幻身故。五次第論云：「我加持正定，如是光明位，以因果差別，顯示爲二諦。由我加持故，當得光明位。」攝行論云：「由離通達世俗諦，不能現證眞勝義諦。」故。攝行論云：「由此生者謂世俗諦。」此說發願時之世俗諦，即第三次第之幻身。燈明論亦云：「爾時從眾生相續死已，起時現證如幻三摩地。」故。彼非勝義光明爲先之幻身故。

現證幻身之理，非是先起眞實中有，後起幻身。是即由死有光明之風心，生爲幻身。如餘人現起中有之風心，此即起爲幻身金剛持身也。此中有計，先成眞實中有，次由修習，轉中有身，成雙運身。餘有計謂成中有已，修自爲金剛持身者。此皆未善知修幻身之理，而成過失。攝行論云：先正通達，死謂勝義諦，生乃世俗諦。次發堅固心，設入光明，棄捨凡蘊，當以加持我之次第而起也。若能如是作意而住，則餘生中亦不失彼作意。以是當得一切種智。故經云：由彼彼意樂，諸人意隨轉，故成彼體性，如雜色摩尼。」此以教成立，若臨死時於二諦發願，即如是成就。此生有位已無可生。故言生者，是如餘補特伽羅現起中有之風心，發願當起爲世俗幻身。既言如願成就。故定應許，即彼光明風心，不起中有，而生爲世俗幻身金剛持身也。若爾此中，既無中有，則不可說中有成佛。若爾，增上勝解收入光明，實無光明可入。由五種證菩提，起初依怙，亦無金剛持。則彼等法，亦不應立彼等名。此類甚多。以是如死有光明之後，現起中有。此則唯從風心，現起成佛，故名中有成佛，都不相違。若計死有光明之後，成就眞實中有。後乃修道，中有成佛者，則與此派及親教軌，俱不相符。

如是死有光明之後，乃修第三次第之幻身。由此關係，當知此補特伽羅，於死有光明時，非現證眞實義。要成就幻身之後，次於彼身修後二次第乃得成佛。由此修幻身之理，則於現生成佛者修幻身之理，亦予極大定解也。然此中脫離原有之粗身。現生成佛者則不決定。此中不可計，中有壽量僅四十九日，且能往諸佛前聽聞教授也。如口教論云：「加持自次第，瑜伽師應經劫宣說，」至云：「承事師已，善得灌頂三昧耶律儀，從師口授獲得眞如，了知秘密與最秘密。如所說事若未能修，當以此眞實義次第修習。」謂數數修彼中所說之轉有教授。繼云：「由意樂因緣，我心入法界，明喜達如空。次具神通力，成五齡形時，證無喻大樂。次以發願力，往餘生處時，正達變化身。是故諸有情，由彼彼意樂，諸人意隨轉，彼彼如經說，猶雜色摩尼。法身喜等空，死悶絕睡眠，欠伸交會時，剎那能領受，有情意善修。」言「我心入法界」者，謂入死有光明，爾時能達眞實義。言「成五齡形時」者，謂如餘人成就中有時也。爾時證得無喻大樂者，謂得受用身，如前說。如餘人受生有時，此得化身。是爲道位二身。攝行論中雖未說此後者，應當補足。以修幻身者，即能攝持肉眼所見之化身也。言「是故」等，與攝行論相同。言「法身」等五句，明根本五位，能現根本光明，當取彼爲道也。餘人成就中有時，此則成就受用身者，謂不受眞實中有，即起幻身也。又彼論云：「設未成三身，當爲持明主，漸修成大印。」此說，若未成就如是三身，亦當成就咒行殊勝所依，持明主之身。未說不成就三身者，中有修道之理。彼身不須更受後有，即能往生佛土也。

辰二、經生成佛者之合修法。

本釋諸續及聖父子論中，對經生成佛者，死有中有合修法，雖未明說。然以攝行論與燈明論，所說爲例，亦知可修彼二合法。此派諸師教授中，如是說者亦是善說。與睡夢合修相同。其與眞實死有合修者，現在須有幾許證德耶？曰：此中，善得灌頂，防護三昧耶律儀爲基，已修生起次第者，於現生、中有、經生成佛三者，俱極重要。若彼由修專注身要方便，於中脈內攝融諸風，引生四空，已得堅固。復能與通達無我義正見和合，則能會合死有諸空。若於死有光明時，憶起正見，亦即通達眞實性義。若無正見，僅有前者，雖亦能與死有空合。然非爾時證眞實義。有此二理也。若能如前者合修，爾時斷除粗分二相戲論，極爲有力，故通達眞實義，最爲殊勝。即如後者，亦極殊勝也。若未獲得爾許功能，現在數數憶念死時所有次第，相續修習。由修習力臨死能憶，即能認識死有諸空。以瑜伽師地論說，現於何法多所串習，臨命終時即隨彼轉故。此由有無正見相屬之關係，其認識死有光明，亦有通不通達眞實義之二類也。此等臨終時之教授，謂當作意，由地入水等融入次第，所現陽燄至燈燄等相。次當憶念三空教授。及以道引發諸空方便，修二種命力與二種靜慮之教授也。盧伊巴之修法云：「心息瑜伽師，非即入涅槃，轉時飲血等，瑜伽瑜伽母，手持種種花，及種種幢幡，種種伎樂聲，種種歌舞事，分別以為死，導往空行處。」拉瓦巴等三部註釋皆說此義，謂諸瑜伽師臨命終時，有諸瑜伽瑜伽母等手執種種供物迎接。導往空行處入光明義。故說外界，亦有如是助緣，作入光明之方便也。初二句義，謂非涅槃勝義死有，是如從此舍往他舍，心略休息耳。勝樂中說此僅是一例。凡能清淨三昧耶律儀，恭敬師長，殷誠專修本尊生起次第者，臨命終時，各各本尊皆當攝受。是為現法勝利。若死有光明之後，未成幻身，現起眞實中有，彼中有位，不成佛者，云何五次第略論云：「得光明成佛，勤者於現生，懈怠者臨終，下於中有位，得勝身利他。」彼論是說：通達光明便當成佛之光明，上者現生通達，中者於死有光明位通達，下者於中有位通達，而得勝成就。非說於死有光明時成佛，及眞實中有位成佛。以下根者，要經生後方成佛故。

中有合修者，若能與死有合修，則中有位，由如前說之願力，亦能合修。然彼是現起眞實中有後，由勝解作意自修爲天身也。任持中有之殊勝方便，謂由修習力，能引發醒位及睡眠四空已，其後引生譬喻幻身之教授。若無爾許功力，能由願力任持夢者，亦有一種善方便也。若無彼等。則於思惟死有教授時，當數作意，死後現起中有之理，及修幻身之相等。

辰三、明合修法之開合。

五次第略論云：「當合三中有。」應知此亦表示，合三死有與三生有也。此諸合修名稱，聖父子論中，雖無明文，然有其義。三中有者，謂實中有與夢之中有相順。瑪派多說：「生死中有。」其所說義，謂先已生，現猶未死之現在諸蘊。若作二根本中有，一道位中有，共爲三者，極符父子論義。如五次第論說幻身名中有也。此有眞實與隨順二種。三死有者，謂通稱之死，及夢中身名中有之關係，則彼前睡眠諸空，爲睡眠死有。並圓滿次第中依次引發四空，名道位死有。是爲二根本死有，一道位死有也。三生有者，謂中有有情，受胎生之生有，及夢中中有，仍還粗蘊醒時之生有，並幻身中有攝受粗蘊之生有。是爲二根本生有，一道位生有也。其中初三，是中有報身合修，名幻身合修法。中間三種，是死有法身合修，名光明合修法。最後三種，是生有化身合修法。此等略名，三類合修。開則名爲九種合修。

此中五次第略論云：「風替猛瑜伽，緣心謂大樂，夢與幻同修，當合三中有，煩惱爲智道。速道謂轉有，轉舍爲支分。」依據此文，色頂大師，於集密教授中，將修猛利配五次第。復作轉有與轉舍等教授。然五次第略論所說，是明瑜伽母續所說之修猛利，代替父續五次第中何事。如是說者，亦是爲明二續中之一切道，皆歸眞實五次第或彼代替中攝也。如是應知，其代替金剛念誦風引生心遠離者，即猛利瑜伽。代替心遠離者，即由猛利從風入中脈所生之大樂四喜。彼二是爲瑜伽母續所說。於彼再加父續之幻身、光明、雙運，成五次第，乃是彼論之義。若作餘解，則非論義也。言「夢與幻同修」者，謂諸修夢教授皆攝入幻身教授中。言「中有」者，明三種幻身合修。二種根本中有，與一道位中有合修，能轉不淨成淨，故云「煩惱」一句。若於現生及中有位，未得勝果，修成他生行咒勝身，道不遲緩，謂轉有法。轉有之殊勝支分，謂轉舍法。瑜伽母續，明說彼二。又於現生，將自他身妙壞更換，速修道之支分，謂轉舍法。此處敘說彼二法者，或謂父續應添彼二。或於能起父續喻幻身時，若修轉舍教授，有獲功力殊勝方便。亦爲令知彼故也。九種合修中已說多種合法。餘有極難通達之要義，當另決擇。

子二、勝義光明圓滿次第。分二。丑一、釋五次第與攝行論所說義。丑二、釋後續所說任持支義。初中分三。寅一、次第決定成熟法器。寅二、為彼解說光明教授。寅三、說餘道後亦生彼次第。今初

如前次第決定時說，若未先起幻身世俗諦，則不能證此光明。其理云何？聖父子派，說現證法無我眞實義，尙共二乘聖者。則波羅密多乘極歡喜地證彼勝義，固不待言。其修幻身，乃無上咒部不共勝法。故僅現證勝義諦光明，不須先引發幻身。是說，以俱生大樂，現證極微細眞實義之勝義光明，則須先修幻身。後當詳說。其餘乘派，雖有以智法身正因，通達空性智，爲色身之助緣。及以色身正因，無邊福德資糧，爲法身之助緣，然無以二正因，合爲同體無別之方便般若，於一定中一致修道之法。此無上乘中，樂空無倒和合，及與幻身和合一體，前已說訖。發菩提心、學六度行，總道雖同。然各別學無邊差別福德資糧，則不相同。又彼亦爲漸次增進達空性慧淨所知障之功能，亦如前說。由此關係，經說小乘，速者三生能盡煩惱種子。波羅密多大乘，現證法性得極喜地，要經多時，至第八地，乃能斷盡煩惱障等。經時長短差別極大。復說彼等是否特爲斷除煩惱等，有多差別。以是此道，亦非僅爲，以俱生樂現證眞實性，爲引彼智，而起幻身。是爲增進勝義光明智，淨所知障之功能而起。以是色身不共正因故。由俱生樂緣空性境，約能緣門，雖有增進淨所知障功能之門。然代替餘乘無邊福德資糧者，此圓滿次第位厥爲幻身。故雜修彼二，乃究竟關要。

如是爲欲增進智法身正因淨所知障之功能故，雖亦須修色身之因。然以何爲二身正因，有大差別。以是餘乘諸地，雖得相好莊嚴之身，若彼身定中唯修空性者，則諸佛必令起定於後得位修廣大資糧。此中已得幻身，則不須爾。此二差別亦可了知也。

此諸次第決定因相，要於餘乘、餘續、及二續諸道建立，並彼微細關要，皆須久習，不可易滿。由此極難通達之理，故有妄說幻身猶有幻執之垢，爲淨彼故須入光明等，許多謬說也。

以是第四次第云：「此自然世尊，唯一大性天，由賜諸教授，金剛師尤勝。正承事彼師，經年或經月，待彼師歡喜，當盡力供養，隨所有明印，當善教奉獻。於資糧壇中，如儀而供養。」此說由親傳教授之因相，故視師長較佛尤勝，當長時承事。其後復以密供及餘供具，供養傳此之師長也。攝行論亦云：「若無師傳教授，不能通達光明。既得師傳諸能詮因，與所詮果，眞理無別之教授，則當如前供養師長。」此雖是爲灌頂而說。然傳教授，二者相同。當知即由意化此等而供，亦讚爲修勝道之因緣。五次第論與攝行論說：「其後師長，當以九種灌頂爲先，而傳秘密灌頂及第三灌頂。」此成熟法器之灌頂，若先得一次，不須第二成熟法器也。第四次第，說於半夜傳灌頂已，於將明時，弟子當以供養讚頌，承事師長。其供養同前。讚頌，謂以「已解脫三界」等四頌半，讚頌之後，又以「解脫業及生」等三頌，勸請師長也。如幻身與光明時，說順爾時之教授，讚頌祈請師長。諸餘次第，亦准此理，修師長瑜伽，及以彼理祈禱。極爲善哉。非但聽聞教授之時，餘一切位皆應以彼理祈禱也。以是當知，總一切乘，特於此乘。要不失壞師長三味耶。觀師如佛而興供養。以一切事令師歡喜，勵力斷除師不喜事。最爲切要。

寅二、為彼解說光明教授。分三。卯一、說內外二種證菩提。卯二、說證彼方便二種靜慮。卯三、說諸異名及諸讚頌。初又分二。辰一、正義。辰二、釋難。今初

次對如是祈請弟子，發悲愍心，而宣說者，第四次第云：「夜間明分爲明相，日光初現即明增，中界乃是明近得，諸本性動非一次。非晝非夜非中界，所有永離諸本性。即證菩提一刹那，是師所許瑜伽境。中界之後非滅壞，諸黑闇聚盡過去，日光未現刹那頃，說名無垢眞實際。最勝教師離翳障，爲弟子示外菩提。內心安樂離濁穢，刹那當得佛菩提。」此說內外二種菩提。卡師譯爲：「彼諸本性非一具。」及云：「黑闇之後皆永盡，中界威德咸過去。日光未現刹那頃，說此無垢爲眞際。」攝行論亦云：「證菩提有二，外證菩提者，謂黎明時，過無明相，乃至日光未出。此是光明一切空。」此所說義，如五次第論云：「已過得明所表二時，乃至日光未出，說爲黎明。日光已出爲明增，日沒中界爲無明，月光現時爲明相。」其說內證菩提云：「初如陽燄見五色光聚。第二明相見如月光。第三明增見如日光。第四明得見如黑闇。次離黑闇一剎那頃，是爲光明。相極明了，恆常光顯。勝義諦自相，唯智眼能見。」此處師長爲弟子宣說外內二種菩提。其中初者，若將外界一夜，分爲四分即說爲四空者，則說第四空，即證菩提之剎那，及唯是瑜伽師之境界等，不應道理。若以彼時四種虛空爲喻，顯示四空者，內時四空亦唯如是，則不能分內外差別。以內證時，亦以月日黑闇爲喻而宣說故。若謂四時，引生四空智者，則彼四時一一時中，應無一時發四空者。故內外二種菩提之差別，當由何分別耶。此中廓師，敘述兩派，一拏熱巴所說，二有妃師與黑三昧耶金剛所說。初謂一夜四分爲四空者，是法性之喻、時、相、表。故外證菩提，乃不了義。其眞了義，謂內證菩提。由與羯摩印等至之力，引菩提心降至金剛根際、中部、及金剛瓶。於彼三樂，以三空印證而修，是道位三明相。及彼二點，相舐住時，息滅自性分別之樂智，是爲光明一切空義。第二則說，以四外喻，表詮四種離分別障，爲外菩提。

以二種靜慮，將幻入光明，由內證表詮，爲內證菩提。拉彌則說：一夜四分爲四空者，許爲彼等名稱之內四空義。其依羯摩印之第四空，及依智印，或經陽燄等五相次第所得之第四空，說爲內證菩提。月光疏、顯義論、三昧耶金剛疏、能仁祥等，亦說外時所說四空，即內四空。皆未明判內外差別也。若作如前觀察，則諸分判內外差別者，固不能解答。其諸未判差別者，亦不能解答。此乃極難通達最切要處，故須研究。此須依據第十五品燈明所說乃能了知。如根本續云：「淨行及王種，商農四種女，金剛法性修，此能得秘密。金剛日沒後，徧發起修習，明相出現時，勝修得成就。」疏解彼義謂：「圓滿次第者，於四種中，隨覓一印，即依彼印。金剛不壞法者，謂圓滿次第。彼體性者，謂成就彼證德。如斯行者，修習能得金剛秘密金剛持位。此復要由證菩提次第，乃能圓滿。金剛等四句，明彼方便。其中有外內二種菩提次第。若如初釋，金剛日者謂實日輪。沒後者，謂過黃昏界後，當以盡所有之資具，供養師長。次由師恩，於中夜分獲得灌頂。明相出現時，謂已過表示明相之夜分，於日未出時，傳授證菩提之次第。得成就者，謂能清淨。此是外證菩提之次第。若如內證菩提而釋，金剛日者，謂方便智等至爲相出現之後，沒者謂現般若自性而滅。如是明增二相沒已，即當發起能修光明之近得也。明相出現者，謂無明已過之時，其修行者，由三空因緣。勝修，謂現證光明。由此即能成就大印。」其大印謂雙運。既說光明能現證此道，故知內外二種菩提，是勝義光明。臨證彼之近因時，依止外印者，是初頌義。其依止法，謂師長於中夜分，依羯摩印，傳眞灌頂。表示光明。次黎明時，傳光明修法。後傳修雙運之教授。故先得勝義光明，其後成就雙運。如是現證勝義光明，要待黎明殊勝時分。故名外證菩提。彼復由內心，四空次第而證。亦名內證菩提。是故一夜餘三時分，爲三空者，如前心遠離時所說，雖是以爾時虛空爲喻而顯。然無不能分內外差別之過失也。其無學雙運，如攝行論與五次第論說，亦是於黎明時證得也。

辰二、釋難。

五次第論與攝行論，皆說成就幻身，求光明者，於中夜分傳灌頂已，於黎明時，顯示二種菩提，與二種靜慮之教授。然彼於黎明時，能否引發勝義光明耶？若不能者，則與前說燈明論相違。若謂能者，則未得如斯功能以前，應不可說光明教授。是則未得幻身以前，雖已具得四種灌頂。應不可聽受，以六邊四理解說續義之圓滿次第也。若可聽者，則前文說，幻身究竟者，乃聽受光明教授之理，是何意趣？茲當解釋，五次第論與攝行論，所說者有二位，謂初成熟法器位，及得幻身具如斯功能位。燈明論文，意說後位，非約一切而說也。具足德相之弟子，縱具得成熟法器之灌頂，先已解說續義，生起了解。然有相續已起道位現觀之具德師長，爲令弟子相續，漸起道證。傳諸教授，則彼弟子尤須依待。豈先已說光明教授，此便不須復說耶？以是應知，得幻身之弟子雖無邊際，其堪爲彼師長者，尤爲無邊。非以現在師徒爲限也。又非得幻身無間，於一夜中，即能發生勝義光明。如集智金剛續云：「世尊，三空光明後如何耶？世尊告曰，如火焚薪，化爲灰燼，如是光明以般若智長時淨治。如多羅葉所化灰塵，如是以方便智淨治。如梵兜羅綿，如是以明得智速疾清淨。」於究竟光明時，作是說故。五次第論云：「經年或經月，善承事師已。」亦作是說故。是故得幻身者，從師長處聽受光明教授已，以二種靜慮，多修悟入光明方便之後，當如燈明論所說而作。其以俱生樂，現證眞實義之勝義光明，與未親證之譬喻光明。當善了知，分別其相也。

（卷十三竟）

勝集密教王五次第教授善顯炬論　卷十四

卯二、說證彼方便二種靜慮。

如前所說，已善成就幻身者，爲令身中生起勝義光明故，更須勵力。其中須說，現證勝義光明時，內外二種證菩提之理，及以前先修整持，及隨滅二種靜慮之理。前者已說。故此當說二種靜慮也。此如第四次第云：「得教授弟子，次學二瑜伽，謂整持次第，及如是隨滅。從頭乃至足，幾時至心間，瑜伽入眞際。說名爲持整。諸動不動性，先令成光明，後我如是作，是隨滅次第。如鏡上氣息，周匝徧收攝。如是瑜伽師，數數入眞際。」攝行論亦云：「如是現證一切空已，由此次第緣二種靜慮。其次第謂，如淨江湖中所浮大雪團，瑜伽師常思，如是漸隨滅。當觀鏡上氣，漸次消散盡，此持整次第，亦應如是觀。」其言已證第四空，與緣二種靜慮者，是說前述二種菩提及二種靜慮。言「得教授弟子」等二句，亦是說已得教授，善學習者。其持整者，謂自頭下攝，及自足上收，最後俱至心間，故云：「幾時至心間。」黑行師說：「從頭至足，收入心間種子。彼收入明點。點收入空。」如是收入心已，則瑜伽師入於光明眞際。「如鏡上」等四句顯示彼喻。謂如鏡上，吹以氣息。彼自周圍，收入中央。如是自身上下前後左右皆收入心中也。隨滅者，謂先將情器收入光明，後將自身收入光明。言「我如是」者，黑行師說，如持整而作。是爲善說。言「數數」者，義謂彼二須修多次也。隨滅之喻，謂如湖上所浮雪團，漸次消化。此處卡師雖譯爲點，然舊譯爲善。自蘊漸次消滅，二者俱有。唯先有無收餘情器，是其差別。隨滅名義如說可知。無畏師說：「整謂自身，以空收持彼，故名持整。」實是使身入光明而持也。由二靜慮收入心間爲究竟處，而證勝義光明者，乃聖父子，最勝意趣。此中因相，前已多說即當了知。此收攝次第所緣中，雖未明說，收攝風息。然作彼所緣應知實際即成無上攝風次第。如四天女請問經云：「恆住心中央，盛光明熾然，乃至於九次，從額至足心，唯收入彼點，安住於臍中。」額謂頭部，乃至足部，皆當收入心中明點。安住心間蓮花蕊中也。以是當知，語遠離時，修三種命力，皆是於心間收攝風息與菩提心，引發四空之方便。由修彼之力，故此時所緣收攝次第，亦能將風及菩提心收入心中令入光明。故得幻身者，修入光明之方便，說二種靜慮，即此理也。又不僅彼，集智金剛續說，須與外印等至。彼之作用，與此相同。其說由二種靜慮，使幻身入光明者，亦是於心間數數收攝風心，引發四空。由修習力，證勝義光明時，幻身亦隨消滅。證幻身者，修二種靜慮時，瑪派諸師，雖未說修三金剛之三重薩埵，廓師教授，說修彼三，乃第十一品本釋之義。是續疏中義，由教授顯出。極爲善哉。此如根本續云：「住諸佛壇中，自身住毗盧，心中想嗡字，於咒修神識。滅金剛心性，若時彼生起，持諸佛勝德，如如意吉祥。住諸佛壇中，修不動金剛，心中修吽字，心住爲明點。住諸佛壇中，善修無量壽，心中想啊字，金剛住明點。此勝三昧耶，修三堅金剛，滅三昧耶智，當得佛悉地。」此言「佛」者，如云「佛陀謂了解」。謂所了解，所知曼荼羅，即三界之身語意也。彼中者謂彼自性。住彼者，謂勝解爲自己之身語意體性也。言「住毗盧」及「修不動」、「無量壽」者，謂二身無別，即修毗盧。二心無別，即修不動。二語無別，即修彌陀也。如是修三尊三昧耶薩埵已，於彼心間，修嗡啊吽三字者，即修智薩埵。咒謂於嗡字，神識即三摩地薩埵明點。及於吽字，三摩地薩埵即自心成明點。並於阿字，三摩地薩埵，金剛即自心，住爲明點。如是修行之瑜伽師，爲令自心，入於滅金剛光明中。即所修明點亦令清淨。若時生起究竟光明，爾時任持即修成諸佛之勝德。如能滿足一切心願之如意寶珠，及具足二種資糧之吉祥也。此修一切有情之身語意三金剛，與自身語意三業，無二無別者，乃勝三昧耶，勝過於生起次第。故誰了知，任持滅金剛光明之教授，發生妙智，彼即當得，諸佛即諸蘊之成就，謂離此凡身，當得甚深廣大之智身。是燈明論所釋也。此說得幻身者，爲令自身語意三業，入光明故，先修身金剛，次修語金剛，後修意金剛三重薩埵已。非僅前二薩埵，即所修三摩地薩埵明點，亦令清淨入光明中。三摩地薩埵，三明點者，謂短阿字。其所置處，謂三角形明點中。是廓派所許也。其後，續云：「金剛住空界」等，說修三金剛。有謂此乃說修隨滅。前者爲修持整。然論說即是前義，後更以餘相顯示。故應知前文，即分持整與隨滅二義也。其修法，謂從心間種子字放光，三昧耶薩埵，自頭往下，自足往上，漸次收入心間智慧薩埵。其智薩埵亦漸收入三摩地薩埵不壞點短阿字。彼復攝入光明，持心不動。二種靜慮相同。其隨滅，先將餘情器收入光明之法。如燈明論云：「於動不動法，作康字虛空，以隨滅次第令成無事。自亦漸次攝入。由如是修，則金剛智與虛空等。三重薩埵體性，成爲一體。康謂光明。」跋曹與卡師，譯爲「由隨滅故令一切不現，漸令彼入自身。」故是從自心種子放光，徧照一切情器，化成光明。令彼光聚漸入自身都無所現。通執雖是頂上修嗡字，喉間修阿字。此處說三字，均於心中修之因相。如前所說。拉彌師等，說從臍中所布輪轂諸字收放者，非是論義。此之勝利，說離凡身得智身者，雖已離凡身，別得幻身之智身，然先未得離凡身之雙運金剛身，今得彼身，故不相違。五次第論云：「如幻三摩地，由眞際清淨。」攝行論亦云：「其世俗諦，由勝義諦，令清淨已。」燈明論亦說：「由二種靜慮，令幻身入於光明。」此處則說，所修三金剛身，入於光明，應成相違。以幻身是金剛持身故。莫作是思，所成就之幻身，雖是報身金剛持身。然將彼所修三金剛化身，數數攝入光明。由修彼故，現證勝義光明時，則其幻身，亦如彩虹於虛空消滅故。其由勝義光明清淨風息所成之身，勝義光明現在前時亦不消滅。其由譬喻光明清淨風息所成之身，則不相同。是其差別。

此中若未由二種靜慮及依明印，數數現起第四空時之大樂，與究竟眞理之空性，合爲能緣所緣而修。僅於收攝風心次第所起四空，任何修習，終不能證勝義光明。故須善巧樂空和合之理。又彼清淨粗顯二相，雖數現起如黎明時潔淨虛空，然不能滅微細二相。其能緣大樂，與所緣眞實義，乃至未成一味現證空性。則其幻身非於光明清淨。皆須善辨此等差別。若未善別彼義，則尚未得心遠離時初自最低現起三空，便以爲得，眞心遠離。其後意前，現起澄淨明顯如虹天身，便以爲得眞實幻身。次由修二種靜慮，將彼清淨，如淨虛空，消滅現行執著，得堅固時，便以爲得眞實光明。其後現起天身，便妄計爲得眞實雙運也。若將此等攝入心遠離等四次第之隨順分中，不分眞假，雖可立彼等名。若計彼爲五次第中，眞四次第者，則全未能以究竟教授，五次第論及攝行論之寶鑰，啓本釋諸續之關鍵也。以是當知，本續、釋續、及聖父子論中，多分是依正所化機如寶補特伽羅，說彼究竟前道，及學彼已趣入後道之理。先應善知，彼身如何生起之理。次於無斯功能，餘四補特伽羅，別如現在補特伽羅修時，如何發生隨順前道之理，須善分別。不可將一切五次第隨順證德，與眞實五次道，妄執爲一也。

如是由二靜慮多修習故，若得臨近現證勝義光明之相狀。則於中夜灌頂，黎明開示教授，定當現證勝義光明也。

卯三、說彼異名及諸讚頌。

以俱生樂現證眞實義之勝義光明，有多異名，謂日光明，及一切空等。第十二品中，六如來說爲菩提心。餘無上續云：「超過修諸支，離尋思分別，亦出諸韻點，此是勝壇輪。」攝行論云：「總之，八萬四千法蘊中，言義難解，名稱無定之語，皆是依勝義諦而說。」如是說者，是爲斷除，於諸異名執有別義之執著故。第二次第亦云：「諸經諸續中，凡顯示實性，皆依一切空，彼未說餘義。」謂諸經續中，凡宣說眞實義者，一切皆說一切空光明，未說餘義。此所說義，謂多有不說大樂智，但說眞實義者，故非彼一切，皆說俱生樂證眞實義之光明也。然除彼智所緣勝義光明，及大樂外，說以餘智證眞實義之光明者，意謂波羅密多品宣說眞實義諸經，及下三續部，亦皆宣說。如斯光明，是爲總義之光明。其由大樂證眞實義者，如其所應，是秘密義與究竟光明。故與眞實義同一味轉之智，有是否圓滿次第智之二類也。

如是弟子，於二種證善提，與彼方便二種靜慮教授，及光明異名，斷諸疑已，對如是宣說之師長及教法，讚頌之理，謂舒顏合掌，如第二品所說：「希有佛陀，希有法，說法更希有，眞義清淨義，敬禮菩提心。」如是讚頌。二希有者，如其次第，依世俗諦與勝義諦稱讚。第二句義，由說二諦雙運稱讚。眞義謂光明。由彼清淨義謂清淨天身。敬禮成就如斯功德之大金剛持也。此即表示，說餘次第之法後，亦如是行也。

寅三、說餘道後亦生彼次第。

宣說光明教授之後，攝行論云：「由此次第，一切如來彈指警策，釋迦牟尼世尊，起不動三摩地，坐菩提樹下，於半夜時，現證光明。起如幻三摩地，爲眾生說法。從此時起，乃至正法住世以來，師師口傳。」卡師譯爲：

「以如幻三摩地起，為所化眾生，轉正法輪。」言「此次第」者，攝行論中，先說於夜半灌頂，黎明顯示教授。或指其前無間所云：「當授般若及智灌頂。」義亦相同。第二次第亦云：「故從淨光明，現起三種智，持三十二相，具八十隨好，備一切種勝，次得一切智。」說無上咒部，以自道成佛之理後，又云：「如大遊戲經云：釋迦牟尼佛，初欲成菩提，意謂由大空，便能得佛性。於泥連河側，住不動三昧。時勝空金剛，充滿如麻殼，彈指同一音，警策於佛子。此靜慮非淨，不能得究竟，當緣彼光明，最勝如空際。獲得光明位，當生極喜身。極喜金剛身，得一切自在。聞如是說已，即捨不動定，佛子於中夜，即緣眞實義。」又云：「一切空、希有，淨明廣大智，唯由師長恩，次乃得見彼。」又云：「由金剛喻定，明相初現時，水月陽燄等，眾幻德莊嚴。住於菩提藏，降伏諸魔軍，釋迦王善得，無上眞實智。救護利生故，宣說此眞理。」此說於波羅密多大乘道後，以無上道成佛之理。卡師譯為「從彼淨光明」。又云「如是大乘經依云」，此後者尤善。義說如自道，由光明、雙運成佛。如是餘道之後，亦當以彼方便成佛。非是引經，證前說故。釋迦牟尼等六句，說釋迦牟尼，欲以大空成佛，便於泥連河側，住不動三摩地。唯此是大遊戲經所說。非說其餘「時勝空金剛」等，亦彼經所說也。言大空者，五次第論疏雖有說爲近得者。然彼經說住第四靜慮偏空三摩地，指彼最善，彼亦名不動三摩地。攝行論中，僅說：警策釋迦牟尼。「時勝」等四句，說住河側時警策也。攝眞實經，僅說「一切義成菩薩，坐菩提樹下，諸如來警策。」未明了說，爲色究竟，抑爲欲界。金剛頂經說，是色究竟厚嚴佛上。一音警策者，謂「此靜慮」等四句，謂前靜慮，不能淨一切障，不能證得最究竟道。故當緣彼光明也。次四句勸令現證成就八種自在之雙運金剛持位。策發之理，卡師極顯。攝眞實經說警策時，僅云：「未證一切如來眞實義，唯修苦行，能成佛耶。」此論所述警策之理，及策發後證果之理，攝眞實經與金剛頂經皆未曾說。故是引餘無上續中所說者也。

「聞如是」等四句，與攝行論說「起不動三摩地」，至「現證光明」，二義相同。故是住河側時策發，從彼起後，坐菩提樹下，於半夜時，依印灌頂，現證光明。「一切空」等四包，即廣明「緣眞實義」也。「由金剛」等四句，說黎明時得無學雙運身。「住於菩提藏」二句，明降魔。「釋迦」等四句，明得果已，爲他宣說眞理也。辨業論亦云：「縱經無邊劫，施頭珍寶等，未淨明相故，不得菩提果。縱經無邊劫，如是戒忍等」，後二句如前。「縱經無邊劫，咒身三摩地」，後二句如前。「清淨三明相，一切智無礙。」其中初二頌，說波羅密多乘，次一頌說唯生起次第，及下三續部道，不能清淨三種明相，故不能得無上菩提。意謂三明相時，有二相錯亂。乃至未淨二相錯亂習氣以來，彼必不能畢竟滅盡。故欲畢竟滅彼，須修俱生樂證眞實義。此除無上乘外，非餘所有也。解脫點論亦云：「雖釋迦牟尼，修集無數劫，由未證此義，於泥漣河側，住無所有定，時一切如來，遮彼頑空心，爲說深明淨，無垢如虛空。中夜如悶絕，修眞至黎明，刹那證眞理。」猶如與前二論相符。註解中謂：「無所有，即頑空。由俱生阿遮利耶加持，猶如悶絕，乃得眞理。」阿遮利耶，說即明妃。教授穗論亦云：「應言最究竟時，亦定依此方便，如釋迦尊，住菩提樹下，爲證菩提，於中夜分，必待盡虛空界諸佛傳授般若灌頂。及如唯此世尊，從勝點佛母，於金剛藏，傳授灌頂。皆可廣說。諸了知教授者，即當明了此差別。」歡喜金剛續云：「現起熾然鬘，晃耀曼荼羅，金剛藏灌頂，鉤召勝點母。」是爲第十地菩薩，依眞實明妃灌頂之根據。

若謂波羅密多大乘說：若於色界色究竟天未先成佛，則不示現於欲界成佛事。又說：釋迦尊，無量劫前早已成佛。建立次第論說，一生補處菩薩，不以報身，利益人趣，爲任持化身故，示現入胎。故於大遊戲經所說示現苦行等前，釋迦牟尼，早已成佛。此說修波羅密多道後，以咒道成佛，是於河側行苦行後，云何通耶？答曰：修波羅密多乘道後，先於色究竟天，依報身成佛之最後有，與復於欲界依化身成佛之最後有，二時俱有，如前策已，眞實成佛，與示現成佛也。是故後者，雖非先未成佛今方成佛。然如是說者，是顯波羅密多乘第十地最後有身，總須生起密咒之道，方能成佛也。

金剛鬘經疏說：「一切義成菩薩，由諸佛化現曼荼羅，傳預備法及四灌頂後，開示三三摩地，百部身遠離，及五次第教授。於中夜分成佛。黎明降魔。」此中後者，與五次第論、攝行論，二俱相違。其前諸義，亦與僅說光明及雙運教授，未說餘者相違。廓派諸師，說波羅密多道，能至第十地。彼即代替生起次第，乃至心遠離。如五次第論云：「由初業加行，能得第八地，得三種明相，善住於十地。」故波羅密多之最後有，可從幻身起修。於初夜分傳密灌頂，現證幻身。中夜傳授第三灌頂，現證光明。後夜傳授第四灌頂，現證無學雙運。許一夜中便得成佛。彼說波羅密多乘後，入咒之界限，謂第十地。彼復有一生所繫與最後有二類。此是後者。由說一夜成佛，即可了知。傳入之理，非棄自道而入。是於彼道上，更加咒道也。所加添者，生起次第至心遠離，此不須生，如廓派所許。亦不須第三次第幻身之因相，由說初即入無上部之補特伽羅，爲證光明故，須先修幻身之因相，即可了知。既傳第三灌頂，則亦表示第四灌頂。故唯傳彼二灌頂。傳第三灌頂時，先起明增得三，次由近得入於光明。微細二相皆悉清淨，便證勝義俱生。雖此菩薩始從初地便證法性。然先未以俱生大樂現證空性。此起彼德。次說由修彼義，於黎明時，如幻三摩地，成就水月等幻喻所表身者，謂由勝義光明俱生智，與彼所乘風，而成無學雙運清淨幻身也。波羅密多乘，始從初地，即得相好莊嚴身，次於諸地漸轉殊妙。最後以彼規，雖得有學究竟相好。然無上規，唯由彼相猶不能得無學色身。由此因相，故於彼前，仍須發起，彼身所從成之不共修事、光明智及風。若知此者，則已善知，第三次第，與有學雙運時，離粗異熟身外，修不修幻身也。彼即顯示乃至未修以俱生大樂現證眞實義時，必不能得斷盡所知障之法身。乃至未從勝義光明所淨風心，修成幻身，必不能得無學色身。故樂空和合、與修習幻身，乃無上乘之究竟心要。及顯彼二，即二身之不共因也。

此中第三灌頂依印而修，即代替密行。故不須修餘三行之理，由前因相，即能了知。如是此中，未先傳授瓶密灌頂，即傳後二灌頂。未先生起第三次第幻身以下，即從後二次第發生者，應知是例外事。前說二次第之次序與數量決定，及咒道中必欲界身，須有二根交會之貪等，是依最初即入無上道之決定種姓者說。言欲界天等，無如君陀之菩提心等，意說通常之欲色諸天。非約最後有菩薩之殊勝身而說也。如雖不許究竟三乘種姓決定，然許暫時三類種姓決定，如是雖說波羅密多乘，最後亦須入無上道，然第十地以下說於自道種姓決定，都不相違。如阿羅漢、與不還果，雖於衣食離欲，仍須尋求衣食。如是十地菩薩已斷煩惱，雖於二根交會樂已盡貪愛，仍生求彼樂欲，亦不相違。若不爾者，則諸外道，執有欲者即有貪愛，由發語故比度有愛，應不能破也。若謂戒經，說離欲與未離欲者，根勢興起因緣各別。故於欲塵已愛盡者，不可依印。此是於顯密教俱缺多聞之言。初由波羅密多乘，經三無數劫後，次依咒道成佛之十一普光明地，與初即入咒乘，一生成佛之普光明地，雖無少分勝劣差別。然二道差別，非全無義。以有極大遠近差別故，波羅密多，須更加餘道故。如斯之道，最後雖須依無上道，然說三無數劫成佛，亦不相違。以彼親得正等覺時，是在三無數劫後，方加彼道故。金剛頂經亦云：「昔於過去時，受持菩提心，具方便般若。成菩提薩埵，希有大勇進，行無量難行，彼如是漸次，乃至得灌頂。大慧究竟地，得依灌頂已，可樂色究竟，大慧安住彼。」此說，究竟有學地，住菩提樹下，由諸佛策發，修五相證菩提，而成正覺。又彼經云：「經三無數劫，修施及施果，得偏空珍寶，是珠寶灌頂。經三無數劫，修諸餘苦行，及精進得果，金剛業灌頂。」又云：「由四密灌頂，得正等菩提。次由名灌頂，彼成毗盧佛。」此說，由金剛薩埵、金剛法、金剛寶、金剛業灌頂，如其次第，得自性身、受用身、相好化身而成正覺。彼即前說之菩薩。說修彼道，經無數劫。如無上派，有初即入自道，一生成佛，如寶所化，與於波羅密多道後更加餘道之二類。瑜伽派中，並未明分自道他道，而以前說配波羅密多道，亦未明說自道之後有餘成佛之理。故前所說，究竟地後，由諸佛策發成正覺等，似是彼派自道。應善觀察。

如無上續說，於相續中乃至未起如前所說，所添二道，不能成佛。又彼二道，亦非下三續部道中所有。故修下三續部道者，亦須增加也。二續俱說：地究竟後，須依月輪金剛等，五種證菩提相，成佛之意趣，如五次第論說，生起次第者，以月輪金剛等生起咒身。代替圓滿次第者，由四種空生起清淨天身也。如是依何而說之意趣所依，雖是無上瑜伽部之不共道。然依彼意趣，而以餘聲宣說了義，通下部道，亦不相違。此乃多處解釋經義所極須者。觀察餘道後，須加此派圓滿次第諸主要法者，乃於自道勝法，獲得不共定解，及依彼解決定此道種姓功能，不退他道之希有方便。然極難得，故今廣說。

丑二、釋後續所說任持支之義。

五次第論所說第四次第光明證菩提次第，後續說為六支中之任持支云：「自根寶滅取，說名為任持。心成滅金剛，現起諸相徵，相界有五種，菩提金剛說。初相如陽燄，第二如浮煙，第三如空光，第四如然燭，如虛空無云，常明爲第五。堅固金剛路，放射虛空界。」大譯師所譯燈明論中，解釋初二句圓滿後即云：「此名任持是第四支。」跋曹所譯亦爾。廓師所譯，解釋「自根」至「放射虛空界」圓滿後乃云：「此名任持支爲第四。」將彼全文皆作任持支文。卡師所譯亦爾。如是梵本似有二種。然以廓譯爲善，由釋論可知也。自謂色等境。根謂眼等根。彼二滅後，寶謂心及命風。彼息滅之取者，謂任持，即光明眞際也。心風滅者，謂三心漸次息滅。根境息滅，亦如死有次第而滅。甘露密論云：「言自根者，謂著二取，未達遠離生死心之過失。若知自心遠離二取，即引生寶貴佛智。故言爲寶，即遠離凡常。言『滅取，說名爲任持』者，謂由金剛蓮花等至。菩提心行至金剛根、腰、頂端，發生三種明相。即明遠離瑜伽師之心遠離也。」非是論義。滅金剛者，謂光明。心成彼者，謂入彼中。心入彼時，現起陽燄等諸相徵。其所現相說有五種，從陽燄至虛空光之三種明相，是地水火風四界，由前入後而起。虛空光者，是如跋曹所譯「如螢火相」。有計爲「見少分虛空」者，不應道理。燈明論說：「由微細界入三明相，現如然燭。」微細界者，謂擾動自性分別之風。由彼融入，即現起如無風吹動之燈光也。攝行論云：「蘊等入於細界。細界入心。」所說初者，即從地至風，前入於後。後說：細界入心。與燈明說：細界入三明相。都不相違。以前者是粗說，後是詳說故。如辨業論與金剛鬘經，不分別三識，總說入於光明。攝行論則分別說近得收入光明也。諸舊譯本，多說：「由本性明相，融入如無雲虛空，常時光明，是為第五。」雖有譯本，作「融入於明相」，然前者為善。以現起光明，須先融滅三明相故。燈明論中作是說者，是總略說。若廣分別，應如我加持，及攝行論所說，謂心入心所，心所入近得思，近得入光明。三明相時，現起之理，如前所引，攝行論云：「第二謂明，猶如月光。」等。攝行論云：「初見如陽燄，具五色光。」未說煙等三相者，是總略說。若廣說者，應如後續、及燈明論，俱說四相。由彼五相，當得涅槃勝義光明。為證地入水等，燈明論引辨業論云：「如昔如何生，即此次第滅，初地入於水，次水入於火，火亦入於風，風則入於識，識任持逝已，次入於光明，從此成尋香，業驅使而生。如是多千生，生生恆無已，性流轉迷亂，非諸分別境。乃至知明相，眾生無所得。」此是引龍智論文。非福緣稱所說辨業經也。識入光明者，謂明相融入光明，非本性融入彼也。此雖是說因位死有次第。然彼與道位，入光明時現陽燄等相同。故有說：中有成佛，則實現陽燄等相。現生入光明次第，僅是有相識，堅不堅固之量，與陽燄等五相相同。是其差別。又謂攝行所說，乃堅不堅固之量，燈明所說，是現陽燄等相。是其差別。又親教論疏說，是後相較前四相明顯。非與彼等相同。皆非善說也。又此諸相，是於還滅地界等，及諸根風，將向內返，正於內返，已返時現起。彼中復有因位、道位。後者復有，身遠離等上下多種。當善分別。此復融息動徧計風，現如然燭。明相智時如月光現，故彼二種次第決定。於順行時，從明相智，乃至光明；於逆行時，從光明起，乃至明相，皆現陽燄等四相。前者於明相前現，後者於明相後現也。此位雖是由二種靜慮，數數收攝，專住心時而生。然於三種整持各別攝時，別配諸相，及於一一整持三重薩埵，各別攝時，別配諸相者，則非善說。譬喻光明位，是於心前，所現境相，如淨虛空。勝義光明位，唯由微細二相息滅，無戲論垢喻如虛空，非有如斯行相顯現。若生眞實道位三空智，隨所見境，都無界限，明如月光等。其現圓輪如月光等者，非是三空智時，所現月光等相。又如月光之明相，收已無間，非定現起如日光之增相。其間可能安住。此復容現如淨虛空。故彼與第四空現起之理，有大差別。由金剛路者，謂由不可違越，五相次第，入於光明。堅固謂清淨。虛空謂諸世界。放射謂以法身之理周徧一切。如卡師所譯而說。放射於世界者，義謂由心力，令徧情器一切法性也。既言，五相次第不可違越。故初修時雖無定準，若善了知順逆修諸空者，則定依次顯現也。此中正說勝義光明。未到彼前，於譬喻光明，亦應數數修習。所說此等，於下道位亦應了知。

癸二、二諦無別之圓滿次第。分二。子一、釋五次第與攝行論所說義。子二、釋後續所說二支。初又分二。丑一、問。丑二、答。今初

攝行論云：「世尊，入勝義諦成無性已，復云何起？此中現前所證云何？何者不退？何爲解脫義？何故解脫？解脫者誰？」爲抉擇雙運次第故，先設六問。其中初者，謂問第三次第幻身，入勝義諦既清淨已，復出光明之次第云何耶？第二謂問，此無上乘中，由初地等次第，現前所證，趣向果之道證，生起次第云何耶？卡師譯云：「此中受用妙樂云何？」前譯較妥。第三謂問，退不退生死之界限云何？第四謂問，解脫之義，爲從何解脫耶？第五謂問，如是解脫之因相。第六謂問，補特伽羅自體，能解脫者爲誰耶？卡譯無後二問，而云「從何解脫？」然舊譯較善。

丑二、答。

教令聽聞云：「金剛阿遮利耶告曰：大士，善哉善哉。從光明中起出次第，非離如來教授，向外緣者之境界。應隨勝集密了解，一心諦聽。」

次答所問義。分四。寅一、答第二問。寅二、答第三第五問。寅三、答初問。寅四、答第四第六問及餘義。今初

攝行論云：「此金剛乘，已學生起次第，得第八地。乃至未得圓滿次第，爾時猶應親近善知識。現證身語意當得十地。獲得如幻三摩地。已證如幻三摩地後，當得三相清淨之光明。從無相光明起已，由住雙運次第，現證佛事。當得金剛喻三摩地一切功德莊嚴而住。」卡師譯爲：「現證身語意遠離已，證得十地，當得如幻三摩地。」又云：「現證佛身。」較前譯爲顯。僅言十地。父子論中均未說地名與名義。金剛鬘經云：「十一瓶灌頂，及上三灌頂、十四灌頂，各配一地。」僅說十四地之數量，未說一一地之名義。授記密意續云：「諸佛所依住，其地第十三。」亦全未說十三地之名義。根本續及餘釋續，亦均未說。由此因緣，起諸異解。攝行論疏云：「如云：若時從下煖，至忍第一法，上中十二行，極喜第十三。又云：極喜至法雲，隨彼後所得，由雙運修治。謂煖頂忍世第一法一一加行道，各分下中上三品，爲十二地，極歡喜地爲第十三地。金剛念誦，得第八地是中品忍。心遠離得下品或中品世第一法。幻身得上品世第一法。光明得十聖地之初極喜地。觀待加行道十二地，爲第十三。雙運謂能修治已得諸地。」此說生起次第能至第七地。拉彌則說，十地乃極喜等十地。生起次第及身遠離，得第八地。義顯金剛念誦，得第九地。由見三明相，智自在故，得第十地。幻身乃彼後得，無地次第，故唯屬第十地。光明得第十一普光明地。雙運乃彼後得，故唯屬第十一地。由修梵住等，得初發業地。即生成佛，謂第十三地。月光疏中，雖說爲極喜等十地。然未明說，別配諸地之理。昔集密派智者有說：十地謂極喜等。言生起次第究竟等，得不動地及法雲者，非由圓滿彼地功德而得。意謂能代替彼等也。藏中智者有說：於極喜等十地之上，加溫爵喇嘛所說：「無比及具智，金剛地十三。」此義如無畏師說：波羅密多乘所說第十地中，有住第十地與勝進道、無間道之三。其第十地，即住第十地。勝進道即無比。無間道即具智，普光明即金剛地。如斯之第十三地。即授記密意續所說第十三地一切空光明。攝行論意，亦顯幻身爲第十一地，光明爲第十二地。此即從勝解行地所計之第十三。金剛鬘續之第十三地，亦是光明。釋爲彼續之意趣。許彼諸道，實得彼諸地也。若如此說，則雙運應爲第十四地也。

此中波羅密多大乘中，多說聖者學地，爲極喜等十地。無學普光明，爲第十一地。亦說異生，有勝解行地與初發業地。咒中說地數，有十二、十三、十四數。其立名者，如金剛莊嚴續說，普光明、甘露光等十二。歡喜金剛、及三補札等，有說住等十二。名不相同。亦有說極喜等十地，立名同者。教授穗論等，說勝解行地、及普光明地。乃義中所有。前之十二地，似與後者相同也。十三地立名，有三種不同。如無畏師說。故知彼等皆是聖地。若加勝解行地，則金剛地爲第十四。如是諸地數量，雖較波羅密多爲多。然非許過十一普光明地，更有上地也。根本續於雙運位云：「安住於十地，菩薩彼即成。」燈明論釋彼義云：「十地謂十光明，安住彼中。」雖亦有彼說。然前說十地，應作極喜等十地也。言生起次第，得第八地，金剛念誦，亦得第八地者，初者配纔得第八地無間。第二、配波羅密多之第八地。由此亦應知，配第九地。意將圓滿次第之身遠離，攝入金剛念誦中也。五次第論說，由見三明相，安住十地。攝行論說：現證身語意即得十地。如第六品燈明論說，身語意爲明增得。彼二義同。故心遠離配第十地。黑行論師，解釋見三明相，配第十地，說是得我加持者，謂依心遠離進得幻身。以彼配第十地，乃攝行論義。此配波羅密多乘第十地上段。於第十地後半，安立光明與有學雙運者，由前所說，波羅密多乘十地菩薩，加修無上道之理，即可了知。無學雙運，立爲十一普光明地，亦可了知。前二續說光明爲第十三地者，亦是待勝解行地而說。此亦表顯有學雙運。

若配諸地之理如是者，則生起次第等，各別道究竟時，爲圓滿得極喜地等功德耶？抑如十四灌頂各配一地，修法一座配合五道，增上勝解諸尊收入光明等配合三身。唯由相似同法而配合耶？曰：雖得第三次第幻身，若未證光明，說由煩惱力仍退生死。故僅究竟彼道本位，非但未得第十地，亦非得聖地。故彼等配法，非由圓滿極喜等地功德而得。若究竟生起次第，即立爲實得不動地等，尙多餘難。應知如說，波羅密多乘到第十地者，能代替此道生起次第乃至幻身。是由此乘諸道成佛者，能代替餘乘證得彼地。故得彼等，說爲得十地。非須所得諸道功德，完全相等也。此復能圓滿成熟圓滿次第證德者，乃生起次第。故彼最後成熟，配無間得第八地。以前諸能熟，配前七地。未說生起次第某差別，配七地中某地也。若究竟生起次第，則隨意能入，通常堅固無分別三摩地。由得情器世間，現爲宮殿諸尊，已善清淨。亦與第八地相同。以此爲先，依身遠離修語遠離，如攝行論說，亦如應而得無生法忍。由語根諸風，清淨自在，與第九地說法語清淨，得智自在相同。依語遠離究竟，修心遠離，從彼風心修成幻身。於諸佛所獲得灌頂，與第十地諸業自在，轉下劣身因，惡業習氣，成圓滿身因，得大光明灌頂相同。以轉通常身因之風心，成受用身因故。如第十地時空性證德增強斷障功能勢力之因，圓滿道位資糧，更無新學自道。由得幻身轉入光明，其後修成雙運，亦與彼同。故彼等配第十地。

若由現證未證法性，安立已得未得聖地，而分異生聖道。異生道中，復分資糧加行二道者，則從修共道，乃至未以修力，將風融入中脈，直接引生空智以來，是資糧道。能引之後，乃至未以大樂，現證眞實義之幻身以來，爲加行道。勝義光明後，未得雙運前，是爲具道極歡喜地。從有學雙運，乃至未得無學雙運，可配修道九地也。

（卷十四竟）

勝集密教王五次第教授善顯炬論 卷十五

寅二一、答第三第五問。

攝行論說：「諸得幻身者，乃至未現觀勝義諦容退。其因相，謂乃至三明清淨以前，是識偏計。彼有幾時，爾時即有煩惱習氣相續，及由彼故當受後有。」言未現觀者，謂未現量親證也。未如是證，即不能盡斷煩惱種子。故未永斷煩惱增上受生。即是說由煩惱習氣相續，當受後有之義。言彼習氣者，即煩惱種子。非立爲所知障之習氣。若得幻身，即生決定成佛，非由業力，先生生死。言未現觀眞實義者，乃假設辭。如云，淨飯王子義成，若不出家當爲轉輪王也。說彼乃至未得第四次第，未能現觀眞實義。故知此位，三明清淨者，乃微細二相皆永清淨，智於眞實，如水注水，同成一味。前文之後，攝行論又云：「若離餘思，彼乃清淨處。」引證云：「祥勝第一續說，三毒清淨處，即菩提心處。岡跋羅論師內我修法中，說聲性粗，思或思已性細，離思或思已，乃瑜伽勝處。」卡師譯云：「若離一切思，彼是。」其義謂三明清淨之光明。彼是煩惱種子清淨之處。故得彼已，不復由煩惱業力重受後有。故不退生死。小乘雖亦現觀空性，然乃至未得阿羅漢果，不能永斷煩惱業力受生。其大乘人，現觀眞實義後，即斷煩惱業力之生，二種大乘人相同。第二次第中說，生起次第得第八地，三明相得第十地之後，又云：「善得大菩提，已證清淨處，不退於現生，佛土一切智。」說光明後乃不退轉。即顯彼前仍退。清淨處者如前所說。卡師所譯此文較善。舊譯已引訖。若爾，今此乘中，從現觀眞實義界限，即解脫煩惱業力受生，因相云何？於引岡跋羅教後，又云：「由此正理，以此證菩提次第，正得光明。彼身語心無垢自性即一切空。故於三識清淨般若波羅密多自性中，無思無議，即涅槃界。無色難了，解脫業生，如日月火珠之光性，最極明顯。」此即示彼因相。言由此正理者，謂由三明轉入光明之方便。彼者，謂修成幻身者，依二靜慮及外印，修入光明之方便。此即顯示，由能代替無邊福德資糧之幻身，及以大樂殊勝有境現證眞實義。故以彼道，能滅煩惱增上，受生三有。此與小乘現觀空性，所觀眞實義，雖無差別。然有境之功能，則極增上也。如是應知，波羅密多大乘見道，與小乘見道，雖俱現證眞實義，都無差別，然大乘人得見道已，能滅業力流轉，及生十二類百數功德。小乘不生者，是由於資糧道與勝解行地，學不學習無邊福德資糧增上，引不引生如是功能。現觀空性，雖有極大遲速差別，然得彼之功德，有如虛空與手掌許。故大乘人，不如聲聞速證眞實義之因相，亦可了知。此中現證眞實義性，則極速疾。不僅速疾，其所得功德聚，亦較餘大乘殊勝。故知此道最爲希有。如以此道，與其餘道，斷所知障，有經無數劫，與濁世一生之差別。其盡煩惱障，亦有遲速極大差別。此復由有斷除諸障最爲優越殊勝功能，爲餘道所無，故如餘道所說，見道唯能斷分別障，斷俱生障必須修道之建立。亦不必同也。如是依波羅密多乘說，雖有小乘速斷煩惱，大乘不速斷之差別。然今此中從能多分修習俱生樂空界限，由專修眞性，則與餘道不同之理，如前已說，故斷煩惱最爲速疾，亦與餘大乘不同也。故說第四次第光明智能斷煩惱種子。得雙運者，有由無漏，解脫一切煩惱習氣之功德。所言習氣，即煩惱種子。又彼非唯分別煩惱，亦是俱生煩惱。餘宗說爲所知障之法我執。又非但此，即較彼微細之俱生法我執，均屬煩惱。乃是聖父子之意趣。此如辨了不了義論等，已廣決擇。

寅三、答初問。

初入第四次第勝義光明時，前之幻身，亦清淨消滅。復如何起雙運身耶？攝行論云：「從勝義光明起近得，從彼起如日光炎熱之增相，從此起如月光清涼之明相。」後云：「以是四空合一之明聚，如虛空光明徧照一切世界。與細界俱生猶如影像，不可斷、不可壞之金剛身體性，無轉、無漏，解脫一切煩惱習氣，隨欲自在，如水中魚，或如睡中速覺現起最喜身性色，以色爲體，名曰大金剛持。由已脫離生死繫縛，故名解脫。」根本續第九品，以鑽木出火爲喻，如尋求手等悉皆無火。「如是一切如來之金剛三昧耶，隨順應知，去來等事。」燈明論解云：「彼說從光明中，起金剛身之方便，不共餘乘。言一切如來者，謂一切空。金剛謂大空。三昧耶謂善空。彼三後隨順了知者，謂空。以三空漸次，入勝義諦，謂去。逆返三空，謂來。等字顯示，於圓滿位，無入出去來。」此明，成就雙運時，逆現三空。於無學位，四空順逆都無去來也。第二次第亦說，成就雙運時，從光明中，現起三智。其文前已引訖。

此中從第四次第勝義光明，起已無間，爲成就不成就雙運身。若成就者，則與前引，成就雙運位，從光明中逆現三空，成相違失。若從逆起三空之風心，不成就雙運身者，則如是說全無用故。第三次第中，說從三明相及風，修成幻身，亦不應理，以修彼身，須三明相爲因，此則不須之差別，不應理故。若如第二，從第四次第勝義光明起已無間，猶未修成，要逆次三空現已，乃修成者，應唯從初空之風心修成，云何說從三空修成耶？攝行論說，四空合一，亦成無用。初明相時及彼無間，俱無勝義光明。故得雙運不應道理。又與因位次第，從死有光明，無餘間隔，成就中有，亦成相違。若謂最後明相，重入光明時，乃成雙運者，與五次第論云：「從眞際起已，當得無二智。」又攝行論、燈明論中多說從光明起已，成就雙運。皆成相違。若謂從彼起已成就者，過失如前。以是當說，從光明中成就雙運之界限云何？曰：欲善通達集密之主要所詮雙運者，先須澈底通達有學雙運。於此列舉如斯疑難，由斷餘疑而決定者，極爲善哉。此中隨行聖父子之五次第註疏等，均未如是斷疑。廓師依據，前說逆起諸空。謂從光明，逆現三明及風，成雙運身。如拉彌說，從逆現空中，修幻身之理。余於餘處亦列彼義。然若詳解此難處者，如五次第論云：「具本性光明，彼彼識及風，加持我次第，有時爲利生。如從淨水中，諸魚速躍起，如是一切空，現起幻網事。」謂此身亦由加持我次第，唯從風心而起。及從如淨水之光明中，現起如魚躍之清淨幻身。如斯法喻，與從光明無餘間隔者相符。攝行論說：如從睡眠速覺之喻。睡眠喻光明。醒覺喻從彼現起雙運身。此亦符合無間隔者。四空合一，於順行時，前融於後，最後於光明合一相符，於逆起時則不符合。與所淨因位次第中，死有光明無間，成就近得，同時成就中有，尤相符順。故是從第四次第勝義光明起已無間，成雙運身。說從光明中如前起近得等，亦不相違。以成雙運時，雖說逆起三空，然非說從彼修成彼身也。設作是念，雙運豈非勝義光明之意，與清淨幻身，同時和合耶？從第四次第光明起已無間，縱已成就清淨幻身，然於爾時已無光明之智，云何安立爲雙運耶？曰：雖實如是，然此應知，五次第論所說多種雙運之理。如云：「生死與涅槃，俱離二分別，若時成一體，說彼名雙運。」乃至「有色及無色，俱離二分別，行者達寂滅，彼即得雙運。」共說二十一種雙運。若將其中：「整持」一頌明二雙運，「等引」一頌明二雙運，共詮二十三種雙運亦可。如是所說之主要雙運，如卡師譯云：「知眞實如次，自加持光明，唯彼二和合，是雙運次第。」謂自加持與光明爲雙。彼二和合，說名雙運。又云：「世俗與勝義，差別了知已，若時正合雜，說彼爲雙運。」謂世俗勝義爲雙，彼二合雜，說名雙運。此中未得勝義光明之前，其有從五光風所成幻身時，而無心與勝義諦等同一味之光明。於未得雙運之前，其有樂心與勝義等同一味之光明時，復無身成幻身之世俗。各別起故，皆無雙運。若時「身自加持」，世俗幻身究竟。「心成光明」，勝義諦究竟。彼二同時聚合一身，平等和合非各別起，乃得雙運。如是主要雙運初證得時，雖須彼二同時聚合。然安立雙運，尚有餘理。非凡得雙運者，皆須以彼理安立爲雙運也。雙運之梵語，爲瑜伽那底。瑜伽名雙，那底爲不二。非是兩分各別安住、同時和合，即前述之雙運。此從逆次最後明相起後，重入光明時，乃能獲得也。五次第論，多說：於生死涅槃等二法，斷二分別，不爲彼分別所破，成爲無二雙運者，是除前理外，更以餘理安立雙運也。若謂彼諸分別，於現觀眞實義智前寂滅者，彼於第四次第光明時已得，則說依彼爲先，修此雙運，不應道理。若謂盡斷一切分別者，乃至未得無學雙運，必不得彼，則彼不符有學雙運。故是斷盡緣於人法，一切實執分別種子，彼無二智，乃是此中雙運。

若爾，此雙運道，於第四次第勝義光明初現證已，起已無間，即得成就。僅由一座勝義光明，云何能得摧壞一切俱生煩惱之功能耶？曰：其發生勝義光明智，有如是斷障功能之因者，謂由幻身及於彼位行諸密行多修譬喻光明之力。彼復於第四次第時，猶未已斷。初得有學雙運時，乃爲已斷俱生煩惱。現證如是光明者，能經長時住定。非僅一刻。其前於譬喻光明，尚能久住，況得勝義光明故。親教論亦云：「於有貪離貪，中間不可得，智天刹那顯，其受用此智，經八時一日，一月或一年，一劫至千劫。」此說修俱生智之時量，順彼補特伽羅能力大小之次第。以是五次第略論亦云：「由得光明處，超度於生死，一時或一日，月半月一年，經劫或千劫，住一一刹那，常起智加行。」亦屬善說。攝行論所說：四空合一之義。前已說訖。言「明聚」乃至「徧照一切世界」，義謂從光明風心，所成身光，充滿世界，猶如日光徧照虛空。第十五品之燈明論中如前說，黎明現證勝義光明後，說成就雙運時云：「續說光明照百踰繕那者，僅是一例。說彼光明，能照三千等世界。」言彼能得十力等者，有學雙運位僅得隨順。於無學位得眞實等，如應當知。五次第論與攝行論所說雙運，亦於彼二有須共說及各別說。言無轉者，顯得彼身即不間斷。乃得眞實金剛身。言無漏等者，謂已斷盡一切煩惱。燈明論說，無學位中，不從光明逆起三空。此中既說逆起位。故是有學雙運。

寅四、答第四第六問並餘義。

言「以色爲體名」，卡師譯爲「以名色爲體，大金剛持。」月光疏亦說，色爲色蘊，名爲餘四蘊。此復顯示，雙運金剛持，以風心爲體。即答前問解脫者誰。言脫離生死等，謂斷盡一切煩惱繫縛，爲解脫義。即答何爲解脫義。此等說明，初得有學雙運時，即有永斷煩惱之圓滿斷德。此雙運身初成就時，是離原身異位成就。第十一品燈明論說，此成就雙運者，攝持常眼可見之化身。雖尚有餘攝持化身之理，然入前身攝持化身者，與中有生於胎中受生已，要降生時，乃爲眾眼所見相同。此極難通達，故應於彼上了知。初品燈明論說：得雙運已，重入蘊等，攝持化身。義即如是。燈明論說：「清淨天身住蘊篋中。」龍智亦云：「正依怙將此，勤藏護安置，諸蘊寶篋中。」以是如龍猛菩薩之雙運身，唯諸不退菩薩行境，非常人能見。然彼前身，則常人亦見。如是幻身，亦是從譬喻光明逆次起後成就。言從三心成就者，謂從餘二明相，及近得上中，間接成就，從近得下分，直接成就。其受用身，初離原身異位成就，次入前身攝持化身之理，亦如前說應知。若善知此，則於修三重薩埵之了義，得大定解，並於幻身及雙運者要住前身而行密行，以金剛念誦修羯摩等，當能斷除無量疑惑也。又說安住雙運報身，修化身勝曼荼羅等，非淨除受用身相而修。彼現證光明時，彼身亦不淨滅。此理除幻身入光明時外，皆當了知。五次第論與攝行論，雖說得雙運已，則於自道別無新學。然非不重修已學者。如五次第論云：「安住雙運位，正學大瑜伽，由修雙運故，行與彼無別。」說修雙運，及說住彼修習密行。龍智亦云：「無分別甚深，諸佛身廣大，說此名二諦，先各別了知，世俗及勝義，其次應修習，合一無盡道。」又如前引文後云：「故應仗師恩，努力求通達，由此意明顯，次應修密行。」五次第論及攝行論，說學無學雙運之異名曰：幻網成佛，已到生死海彼岸，所作已辦之大瑜伽，安住二諦理等，乃至廣說。

子二、釋後續所說二支。

如是五次第論與攝行論，所說修成雙運之理。集密後續，以隨念三摩地二支而說。如云：「修習諸隨念，應同彼開放，說彼名隨念，從彼別顯生。方便慧等至，總集一切法，以團理收已，於中修色身，須臾智圓滿，假名三摩地。」如是自體入光明中，修習證已，隨念曾經如陽燄等相，與證光明實際相同，即以彼次第，開放發起。無間所說者，說名第五支隨念應知。卡師譯云：「修已所隨念，應同彼開放，應知名隨念。」與釋論所說次第相順。如前順次入光明時，以陽燄等相而入。如是逆次起時，亦應如次而起。故從光明生起近得，乃至明相後起燭相，次螢火相、次如煙相，次起陽燄相。言

「別顯」者，即正攝持。謂從彼後生隨念支。非餘時生。如二古譯本所說，卡師譯本，亦如是說。跋曹譯本：「言從彼別顯生者，從彼謂隨念支，當生正了正受。」雖作是說。然前三爲善。以是明隨念，從光明生之時故。若謂「說彼名隨念」以上，隨念支已圓滿，故此是顯從隨念引生雙運。曰：彼僅是宣說次第。若依義次第，則第三句，應在第四句之後也。故殷重說：隨念從正了別光明發生。非餘時生者，謂入光明有順次逆次二時，或疑隨念爲配彼二何時耶。爲令定解須說是從光明逆起之次第，非配餘順次也。燈明所釋此義。當順攝行論而說。言方便者，謂世俗諦清淨幻身。慧者，雖說爲勝義諦，是與彼一味之光明智。等至者，謂體性和合無別。一切法者，謂動不動法。總集彼等以團理者，謂以天身大印色像合集爲一。於情器中央，修雙運金剛持之色身也。以此次第，於須臾唯刹那頃，圓滿智身者，說名第六三摩地支。是燈明論意趣。二諦爲雙，彼二體性和合無別之雙運，是主要雙運。此亦表示諸餘雙運。總集一切情器，修爲一雙運身之理者，謂一切情器，唯屬風心。彼復生爲一雙運身。言此次第者，謂從光明中起，如魚從水出也。言唯刹那頃之唯字，遮從光明起有餘間隔也。已說此雙運理。由如是通達，釋論所說義。則能了知甘露密論等作餘解說，不應道理。故不述彼理。此處燈明論，引證幻網所說：「加持、徧計、色身圓滿三種天瑜伽。」其初二種，謂頓起天身，及由種子等漸起，并起雙運身之智身。慶喜論師雖將此續作瑜伽解。此不許爾。如集密續。其中初二，如前所說，是唯以勝解作意，起爲天身。非如二種幻身，生爲天身也。後者，主要雖是清淨幻身。然亦是第三次第幻身。故說，凡能修俱生大樂圓滿次第者頓起之天身，皆是前說二續及相同餘續所說須與圓滿之智身者，實非善說。引證毗盧遮那成佛經說，淨不淨二種天身者，是依無上部所說咒身與智身二，是淨不淨天身之分而說。或是意依無上部天身，於行續中，作如是說。然彼續中修天身理，除言詮外，更無餘義。如前說應知。

丁三、增進二次第之方便行。分二。戊一、諸行總建立。戊二、別釋無上行。初又分二。己一、總釋諸行差別。己二、別於勝行會違教難。今初

佛從兜率降生人間，示現相續緣起等四事已，現離欲身，令勝解下劣諸小乘人證四聖諦，說離欲行。為廣大勝解波羅密多乘人，說八識等，令證法無我，開示地波羅密多行。復現轉輪王身，對增上勝解甚深法者，說貪欲行，證前說二諦，示欲法行。凡不以貪愛欲塵為道，所有一切趣證解脫及一切種智之道，皆是離欲行道。攝行論云：「為小乘人說離欲行。」僅是一例。下三續部，雖不說與羯摩印及智印和合。然有緣面前所修天女五境，貪欲為道。故彼等道，亦皆攝入貪愛欲塵為道中。對能徧行不共二諦義，愛悅大樂勝果之機，則不宣說聲聞相應，及波羅密多經理相應之離欲行。以彼所化機，不能通達貪愛欲塵為道之大樂圓滿次第，唯以十二杜多等苦行，經歷長時，求大菩提。然彼究竟菩提，不依餘道不能得故。以是金剛空行續云：「若住芯芻性，或樂諸分別，若已成衰老，不說眞實性。」謂離欲道所化之出家眾，不能信解貪欲道。種子衰老者，已無樂空和合能力。愛樂外道分別者，則不入此法。故皆非勝道法器。是故應知，其殊勝果，要從殊勝因出，故果位之大樂，亦要從因位受用欲塵之妙樂出生也。諸餘苦行，不能獲得大樂心一境性，以融解樂，要從長養身生，而彼諸行，折伏同分五根身故。如金剛空行云：「由諸如幻事，生殊勝受用，由大樂轉變，當得殊勝果。何故不樂許。情器非有實，唯顯現爲相，諸殊勝修行，得可意樂果，無上明慧力，求果而修因，誰捨諸天女。故當徧策勵，普供養一切，猛暴苦行律，身枯受諸苦，由苦令心亂，心亂不成就。若身心堅固，一切樂安穩。」根本續云：「苦行律猛暴，修彼不成就，受用諸欲樂，速當得悉地。」言苦行者，謂令身疲勞加行，如修建寺院等。律者，謂樹下坐等十二杜多功德。猛暴者，謂跳崖赴火等。若修彼等受諸熱惱，不成菩提。以彼諸行，令身衰枯受諸苦惱。由彼衰損如郡答之菩提心。令離大樂三摩地向餘散亂。故不能現生得勝成就。攝行論中，引勝祥初品如前說之義者，是約總說，或如前釋而說。不可如言而解也。又根本續云：「若身語及心，樂住得菩提，餘者非時死，墮地獄燒煮。」前二句義，爲後二句兼顯受樂之勝利。後句正明修苦行之過患。有說，彼指外道苦行之過患。有說：是得灌頂及三昧耶，通達此道眞實性已，棄捨此道而修苦行，犯第八根本罪之過失也。無上部道其能即生得菩提者，要依樂空和合。其樂要從長養自身菩提心而生。此須長養同分根身。爲彼義故，說令諸根隨欲受用五境之行也。第十七品燈明論云：「所有一切三昧耶者，謂蓮花形等諸母邑。彼等爲三金剛三昧耶者，謂以自身語意行，供養歡喜。言不毀意金剛者，謂不令彼意離欲。意謂心是身本故，身是菩提心之根本故。」此說依蓮花形等之身，增長自菩提心。彼身之根本，即彼內心。故損彼心，即損大樂之根本因。障礙大樂三摩地增長。故說守護彼心。其制第十四根本罪，亦即此意。即由此理不可損惱自身，應善長養之理，應知亦爾。故燈明論二新譯本，云「心為身本，身為菩提心本。」乃為善說。倒譯不妥。如是如云「行六度行」，雖有於所學道，說名行者，然此是說於大樂因五欲由知本性而行，說名為行。故若三業不樂住欲塵，即不能得心一境性，意不正住。言為彼義故行樂行者，非僅為堅固心一境性之等引。是為修俱生大樂三摩地故而行也。

己二、別於勝行會違教難。分二。庚一、列攝行文解釋彼義。庚二、釋餘妨難。今初

若說隨欲受用五欲能成佛者，如何經云：「貪瞋癡三法，是世間三毒。」說貪著五欲，為所斷之毒耶。又諸經說，受用五欲為煩惱因，是惡趣因。顯示五欲過患，豈不相違？攝行論中答此問云：「諸煩惱者，是聲聞等有緣見者，煩惱因緣，以不了知煩惱本性故。若知彼本性，即成菩提因。」漸依勝祥初品云：「貪瞋癡三法，由執故成毒，令此毒息滅，即毒成無毒。如是菩止甘露，即成甘露性。」寶積經說：如城邑糞穢，肥益甘蔗等田，如是菩薩，諸煩惱糞，能益成佛。如以咒藥制服諸毒，不能爲害，如是方便般若所制煩惱，不能顚墮。調伏不空成就經亦云：「若法縛愚夫，智者即解脫，由修菩提故，此一切顚倒。若法縛愚蒙，後墮號叫中，即此成解脫，慧力得安樂。」以此正理，策發殊勝，由殊勝轉變，爲引發可意殊勝果之因，爲得無上大樂果故，無餘能立。以是義故即以食住等樂，能證具足八自在等一切種智。幻勝樂經亦云：「由樂得安樂，得佛一切智。」言煩惱因緣者，攝行論二新譯本，譯爲「惡趣因緣」。較爲妥善。其中難云：受用五境引生煩惱，是惡趣因。分別答云：受用五境所生煩惱，聲聞等人由未通達彼眞實性，成惡趣因。其通達者，即成佛因。並未宣說，受用五境不生煩惱。總如前說，於五欲塵已離欲者，於衣食等欲塵亦生希求，並不相違。故於可不可意中庸三種欲塵，五根略爲受用，及意識中略求欲塵，非成染污。然此主要是說於五欲塵未離欲者，於欲塵中，復是觀察，以二根交會貪欲為道，應不應理。若於欲塵全未離欲，又未通達眞實性者，於諸欲塵隨欲受用，彼等必生貪等煩惱，且必成為惡趣之因。彼全不能轉諸煩惱成解脫因。故無聽許。證眞實性諸小乘人，亦不能轉任何煩惱成菩提因，以彼全無波羅密多及諸密咒二種大乘所說如是轉變之方便故。如是轉變，要待殊勝方便般若二分故。故說了知煩惱本性能轉為菩提因者，是顯如是人，有轉煩惱成菩提因者，非說凡是知眞實性者，皆能轉受用五欲之煩惱成菩提因。若不爾者，則離空見外，說須無量方便分，全無用故。引勝祥教者，明三煩惱，有可成毒及成甘露之二類。故說三煩惱非一向為所斷之毒者，是對一類補特伽羅，非對一切也。寶積前段，明菩薩有些煩惱，可生佛法。故非凡是煩惱皆障成佛。其第二段，明殊勝方便般若所制煩惱，不能牽墮惡趣。故不善方便者，障礙善趣之煩惱。善方便者即不能障。寶積教義，謂波羅密多乘菩薩，雖能斷受生煩惱愛，故留不斷。由此煩惱受生，滿足菩薩諸廣大行，故說為成佛因。又如星宿婆羅門童子，殊勝所依，若不受欲，彼境有死亡過患。若忍受者，便能如欲令修善行，為彼義故，說開許欲邪行煩惱。雖轉如是煩惱成菩提因，與此道中以貪爲道之理，完全不同。然是以方便善巧制服煩惱可成菩提因之依據，故亦能通，受用欲塵引生煩惱牽墮惡趣，及成菩提障礙，諸教互違之過失。猛利長者請問經中，爲不能斷居家欲者宣說菩薩居家行法。然非信解，貪乘行道，是以過患想，受行諸欲。與無上道所化有貪者不同。瑜伽續勝祥教文亦非顯示，爲增長自身菩提心，及依他身作增長自菩提心之方便，善權方便攝持受欲，以貪修道，全無過失。是總顯示三種煩惱可容爲道。故可引證。若爾貪欲可容開許，瞋恚、愚癡，云何可開。如殺逐等猛利羯摩，因等起位雖無瞋恚，時等起位，起粗猛心。又如初修護輪等時，因等起位雖發悲心，時等起位說於魔礙發損害等瞋恚。及彼分攝，容有開許。凡是貪瞋，則與染癡相應而起，是於開許餘煩惱時，兼帶開許。非別開愚癡。

言「若法」者，謂總貪著五欲，及別由二根交會貪欲。繫縛愚夫者，謂愚眞實性義，縛於生死，令墮號叫等地獄。即由彼貪，令諸善權方便者，以通達眞實義之慧力，得大樂解脫。故修樂空菩提心者，凡不巧便繫縛之因，皆成巧便解脫之因。喜金剛亦云：「貪愛縛世間，由貪成解脫。」故貪愛欲塵之煩惱，容成繫縛解脫二因。金剛鬘云：「捨應不應作，亦可行所遮，如泥於蓮花，知性不能染。」亦是說雖貪愛欲塵，然不爲彼過失屈伏，說名不染。非說不起貪愛也。

若爾，餘乘以諸煩惱作菩提因，理如前說。餘三續部，以貪爲道，不修和合，唯緣所修天女五境，以貪爲道。則無上續以貪欲塵爲道云何？謂由善見，以溶樂俱生智，修所決了眞實義道不共功德，起大信敬牽引其意。爲修眞實性故，引發大樂。其引彼方便，當與外印或智印和合，以貪彼欲塵爲道。又非僅此，亦爲修成幻身。此等如前已說。其爲引發修空性之殊勝智故，以貪欲塵爲道者，除無上部，非餘所有。言「以此正理」等者，跋曹譯爲「由此理趣，增益殊勝。」與眞實成就論亦相符。義謂境依生爲天等。言「住」者，譯處較善。等者，亦攝威儀。由內外身專住方便，溶菩提心，引生內身勝妙觸塵。以彼爲所緣緣，引發身識勝妙樂受。以此爲無間緣，引發意識殊妙樂體。爾時憶念所解眞實性義，令樂空和合。既說由引發意成樂體之方便，修習空性。則諸智者，依此可知，空性雖無差別，然由有境殊勝爲此道之關要也。

根識意識生樂之次第，如正理王云：「有時由貪等，長養苦樂生，復由界調等，內義相近生。」又云：「從內義差別，起意轉變故。」由此道理亦可證知。故亦應知，由大樂意為無間緣，亦生根識成樂體性。

庚二、釋餘妨難。

若攝行論，說聲聞等為有緣見。又說，為令廣大勝解者證法無我。與說小乘證法無我，應成相違。曰：聲聞中，有證不證眞實二類。故簡別說有緣見之聲聞。如入中論引聖者云：「未通達無相，佛說無解脫，故於大乘中，佛廣說彼義。」謂二藏中雖俱說法無我。然大乘中廣說。故說大乘，為令通達法無我義。如是釋菩提心論亦云：「諸欲利益者，為諸聲聞眾，說色受及想，並行識五蘊。兩足尊常說，色蘊如聚沫，受蘊若水泡，想蘊同陽燄，行蘊似芭蕉，識蘊猶幻事。為諸菩薩眾，如是說諸蘊。」以彼諸喻，為諸菩薩，說五蘊無自性。意謂小乘藏中，不多宣說。非說小乘經中全不宣說同彼五喻。入中論中，引聲聞經。宣說五蘊如五喻故。若說小乘人，不通達無自性空性為彼宗者，即彼論云：「若不知空性，彼即無解脫，諸愚者輪轉，六道三有獄。」則不應理，以小乘人亦能解脫三有獄故。如是攝行論說，佛為廣大勝解者，說八識等令通達者，亦僅顯示經有是說。非自宗許，離六識外，別有異體阿賴耶識。如聖派集密，說死有光明一切空心，為死心。從彼逆起近得心，為生心。彼二非是阿賴耶識。釋菩提心論，雖說阿賴耶識之名。然義說意識，為一切染淨法之根本。此於集智金剛疏中已廣釋訖。

若作是念，以貪愛欲塵為因，依印之樂，修眞實性義，為能斷盡一切煩惱否？若不能者，則空性證德到最究竟，而不能斷盡任何煩惱，實屬相違。以彼能盡一切實執，若盡無明實執因，而不能斷貪等果者，不應理故。未能斷盡一切煩惱，即得解脫。尤相違故。若能斷者，其盡貪道須貪為因，光明應成黑闇因故。彼道能斷實執無明，以貪為因，亦成相違。反用彼果，為根本斷盡其因之因，實相違故。諸餘煩惱，皆由實執無明發起故。此於餘處，已廣說訖。復次，若以貪為道之貪，是於餘善法，假名貪者，則攝行論，以煩惱為基礎，有能不能轉成菩提因之二類，並引證成立，應成相違。說餘補特伽羅，彼貪能為墮惡趣因，亦不應理。若轉善法成菩提因，非惡趣因，寧有方便善巧，勝出餘乘。若實是貪者，則應說彼為道之理，謂此對治某種煩惱。由行相相違門，爲能害所害。不能說故。故言無上乘方便善巧者，唯信心耳。答曰：第二品非所許。許初品義。然無所述過失。言由依印之樂，修眞實性義，能盡煩惱者，謂能盡無明一切餘煩惱因。由彼滅故，煩惱皆滅。非由修習貪愛欲塵之貪，行相正相違道而斷。故無過失。其實執因，乃至未得有學雙運，亦不能盡。故修實執行相正相違道，與貪愛欲塵爲道，於一身中暫時俱轉，亦不相違。其於欲塵未離欲者，隨欲受用欲塵差別，由愛欲塵及依止印，所生二樂，雖屬因果。然是分位因果，未以彼愛爲先，彼樂雖滅。然依印之樂不滅。如以乳浸青果之甜味。無乳則不生。然青果本味非無也。此無上乘中，盡斷煩惱，有受用二根交會欲塵者，前已成立。三補札後續云：「貪愛要修與自行相相違之不淨而滅。答曰：作爲貪性而離貪愛。」如是說云：「世尊，善男子希有，佛貪無濁。由貪欲摧壞離欲，施一切樂。」又說，預流受用諸欲而非性罪。又如香象食格達迦花，轉成麝香，餘象食之，即成糞穢。如是貪等煩惱，由相續清淨差別，生殊勝果。靜命論師於眞實成就論亦明說彼義。故非於無貪假名爲貪也。又以欲貪修爲道者，於因等起位，由菩提心及俱生智，引奪心意，爲生彼故而修。不雜煩惱。由彼增上，使身語業成善不善。非由餘事。依此意趣故，修我論等，說行此業時，無染污意樂。非依時等起位說。修此貪爲道者，非說彼貪，由行相相違，損害餘煩惱。若爾云何，謂彼殊勝所依，能映蔽彼貪，牽墮惡趣等過失。能轉成速生上道功德。由此爲道。其中初者，謂由堅固共乘二種菩提心，及清淨灌頂，造成法器，如法守護三昧耶律儀，由善修習無我見義，堅固如幻勝解。於境依二身，三輪不可得中，生起天身大印，以咒印加持勝解等力，制彼過失。其境亦須備護持十不善戒，以妙灌頂淨治相續，如法守護三昧耶律儀，勤修初次第三摩地，善巧技術論等眾多功德。其第二者，唯由彼貪引起樂心無分別住，假名修空，猶非完足，要善決了無我深義，住彼見上起大樂心，修俱生智，乃能速得菩提。此復以印因緣溶解菩提心，用餘方便阻令不泄，猶非完足。須由彼加行，令左右風最初融入中脈所起俱生。故俱生樂之方便，要由融風力，任持所溶解如郡答之菩提心也。如是修貪爲道者，雖未修貪欲行相正相違之不淨觀道。然最後亦能斷盡貪欲，以是與彼根本因，行相正相違量，隨行之道故。若無了知生死涅槃性空之空相與和合，僅修二根交會不泄菩提心之樂者，全不能害三有根本實執無明。如受幾許彼樂，則由實執所引貪愛，亦漸增長。如渴愛者追逐陽燄誤以爲水。極可呵責。若其能修如前所說樂空和合，而無彼方便者，則亦不能滿足三地眾生願望速疾成佛。故極讚速道。薩惹哈云：「若不了知一切性，滾都茹位修大樂，猶如渴人追陽燄，渴死虛空寧有水？安住金剛蓮花間，由何大樂而遊戲，若不能修如是樂，寧能滿足三地願。」眞實成就引經云：「諸智者所行，應極善觀察，餘者雖入火，不及十六分。若了知眞性，復依止天女，此能得悉地，餘墮大地獄。」密成就論亦云：「清淨寶性體，離一切第二，由捨善方便，違犯三昧耶，若別修餘事，彼墮號叫等。如然大火聚，投之以草木，隨投皆成灰，終不生芽等。如是無眞實，妄見爲希有，乃至虛空盡，死後墮地獄。」此說智者須善審察而行。若不善抉擇，離一切戲論之眞實性義，唯以總別欲貪爲道，過患極重。然諸了義甚深教義，依龍猛等微細理路修習抉擇，極希少故。此間咒師，能知此處粗建立者，亦極希少。如方便般若成就論云：「心住菩提愛境樂，現生即能得悉地，本性一切咸清淨，常境無我如幻事，亦如陽燄及影像，無住永離分別名，若時善士廣大意，以無取心徧通達，爾時俱生智所伏，此諸境力不能縛。」此說由受用欲境所生溶解樂，及一切法，雖無塵許自相所成，能作所作皆極應理，如夢如幻之理，無倒了知二諦，以樂空和合俱生智，制伏能引不善巧者大怖畏境。故具智者，當以微妙廣慧，常應觀察，引生樂空和合俱生智之方便也。

（卷十五竟）

勝集密教王五次第教授善顯炬論　卷十六

戊二、別釋無上行。分三。己一、續說諸行差別。己二、三行別相。

己三、學行儀軌。今初

根本續第六第七品相時，如次宣說，勝偏行與勝咒行。燈明論解釋彼義，謂偏修自他利之殊勝行，與誦咒者之三行。前者亦是三行之通稱。第九品說菩薩與如來二種行。燈明解釋彼義，謂不論違越不違世間，若由何相，能成滿有情義利，諸誦咒者即以彼相盡力而行。是為初行。如寶咒師，證圓滿次第，由不住定之加行，即於現生，轉變自體之行，是第二行。初乃菩薩之總行。第二說圓滿次第，僅是一例。言如寶補特伽羅，是依主要者說。實是無上部受用欲塵之一切勝行。第十六品，說受明禁行。燈明論解釋彼義，謂自與明妃，作諸尊服飾而行。第六品疏二舊譯本，及跋曹譯本，皆云：「三行中，受行與解脫行最勝。」卡師譯云：「彼諸行中，補蘇姑行最勝。」此譯爲善。非顯餘行。後續中說偏行與咒行二種。初乃三行通稱。第二如第七品所說，是護世出世間三昧耶律儀也。

攝行論說，貪欲所起菩薩行，謂有戲論、無戲論、極無戲論三種差別。第二次第與燈明論，亦說三種。所受行之主要欲塵。謂明欲塵。此有眞實明，與所修智印明二種。其受行初明者，立初二行。受行第二明者，立第三行。攝行論與第二次第論，說彼爲圓滿次第三行者，僅是一例。二次第中各有三行。第十品燈明論說：「諸修勝果及住本相，恆行有戲論等三行之瑜伽師，乃至未獲成就以來，爾時應策本尊心要。」此說二次第諸行，各爲修本位悉地而行。彼若未成，二次第各策其心要也。第七品疏中，說總義行有戲論，密義行無戲論，究意行極無戲論者，是依發趣諸行之修意而說。非總義行中不許有餘行。第十五品疏中，說有生起次第五如來之無戲論行故。生起次第者，由修意門，雖不安立極無戲論。事等極無戲論，亦可安立故。

修欲塵貪爲道之行，總有二種。謂作成修二次第法器之灌頂時，及成器已，修諸道時之行。後者復有二種，謂未生道令生起故行，及已生道令增長故行。其中初者，始從修道，乃至未得無學道時，皆有。如總略論云：「勿棄捨五欲，以苦行逼惱。瑜伽續隨行，安樂修菩提。」說從修生起次第，即如是行故。其第二者，黑三昧耶金剛，說唯有究竟粗細生起次第，爲修共悉地而增長。及已成就三種遠離及二諦之圓滿次第，爲修最勝悉地而增長之二位。故於二時修行。有妃論師依「知本性、明別」等，說得幻身後，與得有學雙運後，皆可修行。故圓滿次第修行有二位。共爲三時。自宗修二次第增長行，總有四位，謂生起次第位如前。圓滿次第，得心遠離後，爲修成幻身故須修行者，前已成立。得幻身後，爲得所得有學雙運故，及爲盡所斷諸煩惱故須修密行。第十六品說行三部無戲論行之勝利時，疏云：「言生三金剛智者，謂由身金剛等，引生金剛身等。佛菩提者，謂勝義諦。善入彼者謂證得，即得光明清淨智身。」說得以光明所淨之智身，爲彼勝利。得雙運已，則幻身不復被光明所清淨故。得有學雙運後修密行者，如前引五次第論及龍智教，即能了知。攝行論說，修禁行者，證世俗諦。亦可證知。以彼俱配，第三、第五次第之世俗幻身，二所依故。又攝行論云：「若無禁行，則不能盡無始煩惱習氣。」故煩惱眞實習氣所知障，不修禁行，則不能無餘永盡。

即於現生不修彼行，亦必不能盡彼習氣。其煩惱種子假名習氣，亦依彼行方能速盡。故知爲得學無學雙運故，須修二行。

若從灌頂時，即可修欲貪爲道者，三行主要，亦唯爾許。何須離彼外，別修密行耶？此中圓滿次第之增長行，是爲現法證得菩提故修。如第二次第云：「知本性明別，依第四眞實，若不學三行，不能速得果。如火處木中，未鑽則不發，若菩提離學，現法亦不生。」攝行論與燈明論，亦說修行，即於現法得上成就。此理，如風瑜伽究竟增上，能發三智。若無外印相助，終不能生德相圓滿之心遠離智。爲此義故修行，前已說訖。如是由專住內身力，收攝諸風，然猛利火，溶解菩提心，能力究竟，猶有依印於彼諸德得大勝進，令眞實義智，漸趣極勝之次第。故專住內身之方便力究竟後，專意受用印欲，及諸支分，而修眞實義者，是修圓滿次第增長行義。如專住諸內輪，引生安樂有無量差別，如是由印之體性、數量、趣別、功力大小等差別，亦令行者，發生種種安樂差別。爾時由彼增進修空性智德之理，應知亦多也。若不修此行，便不能得共悉地者，下三續部說有無邊共悉地，即由彼中所說道而成，應成相違。若是爲共悉地而修者，則修密行，於成就彼，有何利益耶？雖有眾多微細共悉地，不須修空性。然修下續部所說多種殊勝悉地，亦說修空。有者，無彼智則不成。有者，有彼智，則易成就也。無上生起次第所修之共悉地，亦有多種，爲前者所不能成就。如共悉地中諸究竟者，及餘多種，說由三根次第，有七日、半月、一月、月半以內而得成就。其於極短時內即得成就之方便，厥爲修密行。生起次第究竟，已得見觸相狀，由於密門修泮字等，亦能阻止泄菩提心。與印和合引發樂智，由此修空。即能發起殊勝功能，速成悉地也。僅由此力修習樂空，生起次第道中亦有。前已說訖。有一類補特伽羅，微細生起次第究竟，亦能使風趣入中脈。及由了知外印和合修命力之關要。依此亦能使風融入中脈，引發四喜。彼二雖是生起次第位所起。建立道時，應立爲圓滿次第道。未修道前，於灌頂位，起如是俱生智，亦是圓滿次第。如親教論說。此生起次第位，爲共悉地故修密行者，非是最上如寶補特伽羅。乃如芬陀利迦等下根補特伽羅，爲共悉地引奪意者也。

己二、三行別相。

若說三種貪欲所起菩提行者。彼諸行爲何續所說？其別相云何？攝行論云：「如來及金剛持慶慰所說，一切如來廣阿惹利者，是有戲論。依恆徧增上，遊戲一類者，是無戲論。遠離一切憒鬧，唯以靜慮食住，由與智印等至修習，是極無戲論行。如木柴、多羅葉、覩羅棉，焚燒成灰，都無差別。如是三行皆得金剛持道。依下中上差別，及順年齡，學習三行。」平等和合續所說五部，調伏有情之五種慶慰，爲初慶慰。金剛薩埵調伏有情之慶慰，爲第二慶慰。諸先賢依此，於行儀軌時，唯說六主尊轉換也。言所說者，六慶慰時，雖無廣阿惹利，然總是平等和合續所說義。阿惹利，譯爲遊戲。彼即攝行論所說之印及印答等。有諸行者，勤修攝眞實經等所說之手印、歌供、行態、舞蹈等加行。有者修勝祥等續所說之跏趺坐、九舞等行。攝行論說，亦是有戲論行。以是無戲論行，雖亦總須常作彼等事。然以所爲增上，亦可暫捨彼等也。此中猶有，殊勝住室並諸坐具，修法助伴，及其服飾、飲食等眾多戲論事。極無戲中則皆捨棄，故彼中戲論事極少也。三種譬喻，明三種行，皆能成果，故不須俱修三種。

諸先覺說：如木等三物，燒有難易，如是三行成就亦有難易也。下中上者，有說是資具上中下三，及智慧下中上三者，有說是貪欲上中下三者。然是依資具上中下三、年齡下中上三、好戲論之意樂上中下三而說也。資具不備者，非得幻身後，是依彼前修密行者說。如是初行，是平等和合經所說。攝行論說，集密續中但說後二種行。瑜伽續所說之印等，以無上密行觀之，說是初行。非依彼續而說。意謂如前所說廣事戲論，集密續中未說，故說集密續但說後二種行。燈明論說：集密教中明初行者。意說有戲論者，如欲受用諸欲，生起次第者，有修有戲論行之修意。故不相違。攝行論說，若資具不備，不能修平等和合續所說之有戲論行，及不能恆修者，如彼續云：「每日或一月，如是或一年，如實加持已，作佛勝樂舞。」則修後二種行者，謂於後二時修者明後二行。卡師譯云：「如其所能辦。」謂如財力所能辦，即如是行者，亦意顯後二種行也。此之後二行，與集密之二種行，莫執爲一也。

此中諸先覺說，由意樂門，立三種行，有二種意樂，謂行欲意樂，與學習意樂。初謂貪欲增上，唯依根力，俱依根與三摩地力，唯依三摩地力，如欲受用欲塵之意樂發趣者，三類如次即有戲論、無戲論、極無戲論三種行之發趣意樂。根本續第七品云：「於一切欲事，如欲而受用，以如是加行，速得成佛道。一切諸欲事，當如欲受用，以本尊加行，應供養自他。」又云：「不食乞念誦，不應喜乞行，受用一切欲，不失咒支誦。」其初頌義，謂瑜伽師，隨順根力，如欲受用，謂行有戲論行。第二頌義，依無戲論增上，說隨自欲受五欲樂，以自本性三摩地力，供事自他，皆令飽滿。第三頌義，言食乞者，僅是一例，亦不應以尋求等行等同乞化而念誦也。不僅不貪乞化亦不貪著飲食，隨由幾許能使身住便應知足。故行極無戲論行。謂是燈明論所釋義。由初中說，隨順根力受用，作爲「爲何義而行」之三種意樂也。此中正爲無二雙運大樂智故，受用欲塵。三行相同，如前已說。由根本續云：「貪者爲求智，常受用欲塵。」亦可了知。故非唯根行也。由受用何欲塵，成爲菩提心，先無新生，安住不退，輾轉增長之方便者，即不故意阻止應隨自欲受用者，三行相同。故言「一切欲事」等二二句，與「受用一切欲」相同。然爲顯示無重複失，故說以彼理，修三種行也。言「不應喜乞行」者，是遮由增上貪著飲食故，尋求事務散亂，成爲修道障礙。非遮由了知欲塵本性故恆常受用。故言由使身住量，便知足者，是說不損諸界長養之身住，非說僅能存命也。然彼理非第三行之別法，由第十六品明無戲論之飲食時，即可證知。非僅存命者，總觀經說常受用欲塵之所為，亦能了知也。

學習意樂者，諸先覺說：五根受用五欲，於初行時，學為本尊。第二行時，學為唯心。第三行時，學為空性之修學意樂。計為第七品燈明論，解釋受用欲塵有總義、密義、究竟義三種，配釋三行之義也。正修道位，如其次第，始從一念，至初發業修行。從身遠離至幻身。光明與雙運位。學有戲論行者，其趣欲塵之修意，修欲塵為本尊。從色至觸，修為毗盧乃至不動。供獻本部諸尊。五境各有上中下三，雖皆修為本尊，然以五勝供養。或修為佛眼等天女。或修為五金剛母。一切皆視為金剛持之受用，而受用之。是燈明論所說。說如是三理者，或問諸貪欲者志求智慧，一切威儀受用欲塵，復何為耶？答云：「當承事菩薩，應愛菩提日。」燈明論釋彼義謂：「菩薩即眼等諸根，當善承事。菩提謂四大。日謂五蘊。應令飽滿。」是為長養自身根大五蘊也。言供獻本部諸尊者，是以毗盧等為主，非唯彼等。修時，隨是何境皆修為天。正受用時，如受用悅意境長養同分諸根。餘境不能如是長養。故說以勝者供養。若修五境為佛眼等四尊。摩麼雞，通金剛與寶二部。故聲與觸塵，皆修為彼。如是雖有三說。然欲塵之主，謂般若欲塵。故修後二為主。修彼之理，如第七品云：「於色聲味等，心常時加行，此攝一切佛，最秘密心要。」燈明論亦說，修境為本尊者，晝夜恆起心行。此是能得佛道之秘密方便，故攝心要。其修五境為天，常視天色等者，須先特別相續修習，發起堅固感觸也。此復內外一切色處，轉成色金剛母，手軟如蓮，捧持明鏡，目神和靜，項掛眞珠瓔珞，乳房高滿狹迫，衣服略緩，下身端美。由恆視彼色，能引生大樂也。如是諸聲轉成聲金剛母，口唱歌聲，手奏琵琶。諸香轉成香金剛母，體態舞動，捧摩尼器，滿盛鬱金、沉水、蛇心栴檀、龍腦等香，其氣香馥充滿十方。諸味轉成味金剛母，捧金剛等寶器，滿盛眾味，及天蘇陀。諸觸轉成觸金剛母，眾相嚴飾，三紋微顰，腰部細微，臍廣右旋，下體厚潤，步態安閒。一切皆是面容微笑，愛目瞻視。既生起已，想由受用諸聲香味，及擁抱觸，皆能增長大樂也。此諸修法，於佛眼等亦同。於毗盧，似須修色相殊妙，中間三尊標相如前。第五持妙衣觸。應善研究。彼等一一，似可修無量同類也。如是修時，意先生樂，由彼漸次，長養同分根身。如正理王云：「現見若此變，彼等亦轉變。」若心意安泰，現見身相光彩。又說：三摩地，是增長身中大種之長養因故。如是身長養者，由增長如郡陀之菩提心故，即能增進溶樂之三摩地。以此修空，能成熟善根，引生圓滿次第之最勝智德。若此三摩地堅固，諸根正受用五境時，當能現起如前所修之三摩地，則能防止大樂逆品之庸常作意。故說爲此道中防護根門之最勝尸羅也。此始從初修道，乃至未能，由專注身要修習之力，使風入中脈，引生諸空以來，是行欲塵之修習意樂。此復由其未能以修習力，令風入中脈引起樂空和合映覆相執戲論，故名有戲論意樂。生起次第者，由修習意樂門，雖無後二行。然由境與事等戲論廣略門，亦有三行。從始修生起次第，即應修此教授。於初發業者，極爲重要。從能由修力，融攝風息，引生諸空，乃至未得第四次第光明以前，憶前定中諸空，於後得位，自起爲金剛持，淨治欲塵，俱以三空印證。由供養金剛持之理而受用者，相執戲論較前減少，然非現證眞實義，故是學無戲論行之修習意樂。此復由修習意樂門，雖無有戲論與極無戲論二行。然由事務等門容有，故有三行。從得有學雙運起，乃至未得無學雙運，於後得位受用欲塵，憶念所證眞實義，印證而行者，已解脫著實相執之戲論種子。故是極無戲論之修習意樂。此與前二，皆有現起欲塵爲天之修習意樂。此由修習意樂門，雖無前二行，然由事務等門安立，與前相同。

己三、學行儀軌。分二。庚一、修有戲論及無戲論行法。庚二、修極無戲論行法。初又分二。辛一、共同儀軌。辛二、各別儀軌。今初

修二行之處所，舊譯攝行論引平等和合續云：「或於三有等，或園林等修。」跋曹譯云：「三地自園林。」卡師譯爲：「處所或自有，園林等中修。」別譯續文云：「或於自住處，或園林等修。」故是於自住室或園林等諸順意處，離諸惡緣而修也。修建殿室之理，謂用磚修造三層佛殿四方四門，具四牌樓，嵌飾眾寶等具足種種莊嚴。或造土室，具足堅固圍牆，種種莊嚴。彼二種房，雖有勝劣，然建築三層則同。故後者，並非挖成三進土窟。其中供品莊飾次第，謂下層作廚灶等。中層安放琵琶歌樂等用具。上層以前所說寶莊嚴具，及鈴拂寶蓋等嚴飾。作爲殊勝眾善諸瑜伽師，瑜伽母等，集會之所。以上二行相同。若是有戲論行，其中應設二十天女並主尊之二十一雜蓮花座，用布蓋覆。若是無戲論行，應隨眾數設座。改著瑜伽男女服飾者，是如平等和合續所說。集密中亦說。如第十六品云：「身語意金剛，修習身語心，自理而修彼，如是得悉地。」其釋論云：「自理者，謂改著服飾而修。非唯觀想而修也。」謂三金剛瑜伽師，修明禁行時，於自及印，俱作是說。像飾之質，大譯師及跋曹所譯之攝行論，並別譯之平等和合續中，皆云：「由諸界性，及命、根所出。」其後者，卡師譯爲：「從有情、根出。」較爲妥善。故是用金銀等寶界，及人骨等有情所出。並用樹根等，製造像飾。燈明論亦說，用木等製造。所造行相，謂或治鑄、或浮雕、或捶製、或繪畫，均可。此復面臂、身色、標幟等，均如諸尊。舊譯攝行論及卡師譯本云：「向對於本尊，成就印圍繞。」說此明妃須成就印。然跋曹譯爲：「以本尊像飾，諸印出悉地。」義謂以本尊像飾之印，能出悉地，由彼圍繞也。別譯平等和合續亦云：「成爲本尊飾，諸印所圍繞。」舊譯攝行論云：「治鑄或浮雕，捶製及繪畫，有種種影像，善觀爲相印。」解相印爲像模者非。以續中明說，相印，即標幟故。以是跋曹譯爲「有種種影像，及善觀相印。」分斷較善。舊譯攝行論云：「與本尊相應，善教諸母邑，善者自印相，應觀眾會輪。」其初句義，如別譯續中云：

「與本尊相同。」相同之理，如跋曹譯云：「以本尊像飾，善修諸母邑。」應如是知。然譯善教為善。依曼荼羅諸尊數量，諸瑜伽男女著其服飾，各住其處，說此名為眾會壇輪。平等和合根本續亦說於此中為弟子灌頂。此復曼荼羅中央，為修密行之瑜伽師。於第一層東南西北，四方如次，有四母邑，以勝樂幻、希有樂、明炬、沙希等四天女行相安住。後者，卡師譯為「執兔」。此等是俱行母邑。自彼東南右繞，四隅如次，有四母邑，以佛菩提、法輪、勝三界、欲鉤母等四天女行相安住。其外第二層，從火右繞，四隅如次，有四母邑，以管笛、多絃、一絃、厚絃母等四天女行相安住。後三為琵琶、圓鼓、腰鼓母，於平等和合經印時可知。其外第三層從火右繞，四隅如次，有四母邑，以金剛花、金剛香、金剛燈、金剛塗母行相，手捧妙花、香鑪、燈燭、香水，充滿螺鉢而住。於第三層，自東南右繞，四門如次，有四母邑，作馬面、金剛亥面、金剛明面、壞灰起尸母行相安住。此謂死已成灰，能令復活之義。餘十六印，即隨行母邑。以義可知。第十五品燈明論於生起次第無戲論行時，說以曼荼羅儀軌，造曼荼羅。廓師說為用諸彩色，繪曼荼羅。若是集密無戲論行，則用彩色，繪集密曼荼羅。依會眾多少，各著服飾入壇，各住本尊處所。

辛二、各別儀軌。分二。壬一、有戲論儀軌。壬二、無戲論儀軌。今初

聖者父子，雖未明說，修集密者，應如何修有戲論無戲論儀軌。然許依集密門，修有戲論行。若修彼者，當如何行？有說：於平等和合續所說二十天女上，加二天女，以瑜伽男女服飾而入。然攝行論說：「與一部所攝弟子同行。」故非平等和合，與集密續各別二曼荼羅之共同儀軌。以是若以集密規，修有戲論行者，其眾會曼荼羅，當如集密諸尊數，加以餘續所說之印，與印答等諸戲論事而修也。若如平等和合修者，則與第二層諸瑜伽師，同緣勝義諦，修習空性。次重疊諸大種，乃至須彌山。於彼頂上，起蓮花羯摩杵為地基，於上生起金剛為頂之宮殿，並諸座位，眾相圓滿。次修金剛薩埵等隨一主尊，用加持我次第生起。以曼荼羅主尊之相安住已，生眷屬時，二十母邑，各生為彼尊體性。彼等亦應各如是生。攝行論文僅說爾許。其前須修護輪，及召請智尊等，皆應補充也。次受用欲塵者，先應憶念，正定本性，為求滿足自身輪中諸如來故，先應受用色聲香三境。次受用味，先將食物淨證增已，憶念內灶本性成就，想將梵物奉獻三摩地薩埵而食。由此容易

消化，亦成辟穀法。如是飲食，令身金剛身蘊界等皆飽滿已。最後受用觸塵。於俱行隨行二十印中，隨欲取一善巧藝術明印，安置膝上，念當依此圓滿大印悉地。發起堅固勝解，從抱乃至策發脈等，結成本部跏趺，安住等至羯摩也。此處攝行論說，結如來、金剛、寶、蓮、羯摩跏趺等。是各別轉移主尊規。次由擾動金剛蓮花、蘊等自性一切如來，從頂經過七萬二千脈，如懸崖瀑流，溶解阿利迦利菩提心。漸次流注，引發離貪明相、貪欲增相、中貪得相。最後現起一切空光明般若波羅密多自性。諸瑜伽師各別內證。此中主要解釋平等和合續規。故說菩提心，從頂至摩尼，領受四喜。然彼派中，非無如下所說，心間收攝次第引發四空也。此處說得上悉地之瑜伽師，由六部門，即於眾會曼荼羅中，能作折伏攝受諸事業者，多是已得有學雙運者。彼等事業，如平等和合續說。如是依印引發俱生善修習後，從定起時。爲顯大樂自性之主要者，乃速能出生自他利法之大阿惹利遊戲自性故。作佛樂舞之次第者，謂與諸瑜伽母等，主尊示印、明妃答印，如是手勢答手勢、供養答供養。舞答舞、歌答歌、身言、語言。攝行論說後二時，僅略示手勢答手勢、供答供。餘均未說。須由餘經了知也。如是作之所爲者，攝行論說爲使心不變異，互相喜慰故。是爲令心於大樂不散亂，及互增安樂也。如是觀察欲塵，定中修習俱生。起定後得位，則以前說修意，從印等無量戲論門，受用欲塵，徧諸日夜。

若以集密規，修有戲論行，謂與三十二尊量等之三十二位瑜伽行者，改著服飾，於三十一座如應坐已，依二次第修法，修習之後，如前受用五欲，後加示印答印等諸戲論事。儀軌之理，後當解說。

壬二、無戲論行儀軌。

攝行論說：「無戲論行，若財力不足，不能圓滿修略曼荼羅者，可同五印，以五眞實義修無戲論行。若此亦無者，可同一印修無戲論行。」故與財力充足者，圓滿修習略曼荼羅，無戲論行者，共說三理。言不能圓滿修略曼荼羅者，謂如諸尊數量瑜伽行者，服飾等具，完不完全。非說修不修曼荼羅圓滿儀軌也。第十五品燈明論，於不動部瑜伽師，同自印修無戲論行時，說修不動曼荼羅之曼荼羅諸尊莊嚴曼荼羅。故圓滿修曼荼羅諸尊，三種無戲論行相同。

如是於彩繪曼荼羅諸尊處，設三十一雜色蓮花，用布遮覆。二十三瑜伽師、九瑜伽母，著本尊服飾，安住彼處。是廣無戲論。中無戲論，五密眞實義行者，如第十五品燈明本釋中說，行者於中央自修金剛持。令善學咒續之四母邑，於佛眼等四處，修爲佛眼等體性，日夜安住。攝行論說：令四母邑，以色金剛等四相，安住四隅。令一母邑以觸金剛相，住自身前。若僅五母邑者，彼二隨修一種。第十六品說：三部瑜伽師以佛眼、摩麼雞、白衣而修。攝行論引彼文，爲修一印無戲論之教證。故主尊之印，不一定生爲觸金剛。餘二無戲論亦應了知。故修中無戲論者，或於中央及內層四角，設五雜色蓮花，用布遮覆。或於第二層四角，設五蓮座。亦變服飾。若修略無戲者，則座及服飾，各爲二種。

次正儀軌次第者，攝行論云：「於彼生起，金剛摩尼爲頂之宮殿，淨治外印，與一部所攝弟子，同修大印。其次第者，謂先應緣勝義諦，由加持我次第起定，出不動尊，隨入內已，安住曼荼羅主體。」生起眷屬之理，跋曹譯攝行論云：「次起毗盧等曼荼羅諸尊，除遣庸俗分別，勝解不可分眷屬，即自身曼荼羅之支分。承事一切曼荼羅輪。」次同自印，以整持及隨壞次第，入勝義諦。次由佛眼等，以「汝是金剛心」等頌勸請。由加持我次第，刹那現起。爲受勝喜味故，以九舞態，先受用色聲香味四境。次取梅霞槿等隨一明印入定，受用觸塵。其初應修幾許加行儀軌，未曾詳明。廓師說始從護輪，至初加行，皆圓滿修。有妃論師與雲勢論師說，生起次第者，三軌生起等，如修法修。圓滿次第者，刹那生起。餘論亦有說，生起次第究竟者，修自起等刹那頓起。如攝行論所說者，金剛持與不動尊二部行者可修。總則六部皆爲主尊。二次第相同。於須彌山頂生宮殿者，是前母續所說。此中不須。此時之生起次第者，於初加行時，最勝曼荼羅後，入光明時，從彼起已依實印時。皆能以四喜次第，引生殊勝俱生。與生起次第餘時不同。最勝曼荼羅者，由與實印入定，於印蓮花，生起能依所依曼荼羅。放出不動等後，回入自身，轉成瞋金剛者，是依二部而說。餘者各隨主尊而修。次出毗盧，至松跋等，融入自眷屬三十一瑜伽行者。勝解與彼等成無差別。言自眷屬者，謂由修天瑜伽力，除庸俗慢，不爲彼分別所破壞也。轉成自身曼荼羅支分之義，謂勝解彼諸眷屬，即自身支分蘊等自性。自與眷屬，皆如是修。

五印及一印者，其實有者即入彼身。無者出已各置彼處。餘者相同。言「承事一切曼荼羅輪」者，卡師亦譯爲：「隨愛」。其義謂修最勝曼荼羅已，與實印入定，令諸尊歡喜。由諸尊即自身支分故。不僅入定悟入光明，加以二種靜慮修瑜伽者，是爲於心間攝風，引生四空。如前已說。此唯說圓滿次第者，於餘等至位亦應了知。入光明已以歌勸請者，是廣無戲論。若內四角有四母邑修佛眼等，即實以歌勸請。若修五金剛母，及一印者，可唯勝解修。或前者，由四天女，此時住佛眼等慢，勸請，亦可。從彼起已，說受用前四境勝劣中三品者，意謂齊此道界，雖諸劣境，亦能助內樂也。圓滿次第三位中，從初得心遠離道，爲幻身故修密行者，即不由字形、標幟等生，須臾頓起。修宮殿前，發起智地，及增上勝解收入光明時，亦是由融攝風力而收。其得幻身，與有學雙運者，雖亦如是修。然能力大小，有大差別。其從空中起初依怙身。若是心遠離者，能從風心，起隨順第三次第之幻身。若是幻身者，乃至未證勝義光明，其入空時，幻身不滅。起定時，心從譬喻光明中起。身非新起。得雙運已，幻身同類不斷，唯心念上，入出光明，非幻身上。故彼二位，從光明起時，是將原有自身、意想，明顯也。攝持化身者，謂分離粗身，後仍入彼，將粗身生爲化身。其得隨順幻身者，就自意前，亦能如同實事。由此等解釋，則初加行位，及最勝曼荼羅後，同印入定引發俱生，及從彼起等，亦當了知。如第十七品疏說：「由歌勸起定後，持毗盧等四部慢，與佛眼等四印入定。」此亦須修。二次第相同。此與說彼四，爲主尊俱行母邑，亦相隨順。諸隨行母邑，亦是主尊明印，故亦受用色金剛等。由此因相，應知中略無戲論行，亦是由明印眷屬數量安立，非以男數安立。攝行論說：依梅霞槿等五印隨一而行者，是依種姓無定之圓滿次第者說。於生起次第者，說本部印。隨二次第何者，其密行之正行，謂與自位明印入定，引發俱生喜已，樂空和合而修。非說生起次第者要將咒身，得幻身者要將幻身修爲主尊也。

此密行儀軌，雖未明說一日修幾次，然第十六品本釋，於修行時，說與明印入定密供，於四時修。故應修四座。平等和合續，說依眾會曼荼羅之眾會儀軌，每年或每月修一次。攝行論於後二行時說者，非是說修行四階段之行。故依彼文說於二次第至高道之行，有無時間戲論者，非是論義。若於受用觸塵之後，有戲論者，示印答印等各以修意而作。無戲論者，則不須修。

故舊譯攝行論云：「此中圓滿作阿惹利。」跋曹譯爲「修阿惹利。」較善。言淨治五肉五甘露等，於屏處食者，二次第一切行皆相同。攝行論說：不結手印、不繪、不獻曼荼羅供、不作外灶護摩、不作印塔像等事業，不諷經典，離身疲勞，不禮繪畫木石等像，不皈依二乘，不擇日期等。此等一切，唯由內性圓滿者，是說圓滿次第者修密行時。不遮修密行位、結印、繪壇等。多有因集密續及諸餘續、密成就論、及朵哈等，亦說不作彼事。便誤爲從初發業位、利根頓悟者，即不作彼等。其鈍根漸悟者，乃修彼等。

庚二、修極無戲論行法。

何種所依，修此極無戲論行，有妃論師說：唯圓滿次第者修。黑行論師說二次第者皆可修。廓譯師說，後者爲善。處所，如續中說，寂靜山間、水邊、河岸、尸林等處。此不須築三層宮殿也。備辦飲食之助伴，或藥叉使女等備辦，或殊勝修伴，或由大會備食。後者跋曹譯爲「由大臣備辦飯食。」謂由大臣等有財富者，爲施主。若能役藥叉使女者，則可辦修有戲論或無戲論之資財。故此不定，唯資具不備者乃修也。

意樂差別有四，初且行者，由念無始生死眾苦，求涅槃樂。應當遠離一切憒鬧，甚於王位，亦修苦想。二者，二新譯本云：「下至胡麻許財物，皆應捨攝持心。」謂應不集畜麻許資具，非不起著實之物執。三者，謂由信樂修習勝義諦光明，故於身命應無顧戀。四者，謂於世間微細悉地及八大悉地，應都不希求。以能散亂及退失故。

生起次第者修諸密行，以有德相具足之菩提心故，雖總有欲成佛心，然生起次第究竟後，不求引發圓滿次第諸道，爲共悉地所引而修密行。故除第二意樂外，餘三唯屬圓滿次第者。

印差別者，攝行論云：「故捨外母邑，由同心中智印等至，速當證得金剛持位。作是念已，獨修密行。」是依智印。有妃論師雖說智印，生起次第者，從心中出形狀天女。圓滿次第者，即修空性，名與智印等至。然圓滿次第者，亦與天女相等至也。第五品燈明論說：若不得實印，則從心中出般若波羅密多佛母，與彼等至，並引證成立。第六品云：「三字金剛定，由心想自印，如是定無疑，承事佛徧智。」疏說彼文，明同智印修密行。言三字金剛之靜慮者，謂於毗盧等三金剛之瑜伽師，不觀待外母邑者，應給自印即住心中金剛界自在母也。如是說不得外母邑時依止智印者，是依智印，不能如依外母邑，引發大樂三摩地者。其能得外母邑，說捨彼而依智印者，意說與前相返者。此如第十七品燈明論二新譯本云：「諸與智印等至，心不堅固者，當依外印。」舊譯燈明論云：「心得堅固，當依外印。」前譯較妥。如是者，似是補特伽羅種姓差別，及從初修道，即學依智印之差別也。此中生起次第者，雖捨餘戲論，然儀軌次第相同。故最勝曼荼羅圓滿後，與智印等至，由四喜次第，引俱生喜，修習樂空。此由所修天女歌音勸起，自以修學意樂，受用飲食及明印欲塵。圓滿次第之三位中，修法儀軌次第，如應修已，與智印等至，由內風瑜伽究竟資助之力，斷除眾多二相戲論而證殊勝四空。此復或由於心間收攝心風之收攝次第，或由菩提心，降至金剛端，俱能引發四空。然修前者爲主要。此處攝行論說：「蘊等入細界風，彼入心，彼入心所，彼入無明，其後修光明」者，此是依智印而修。餘密行者，依實印修，相同。然此中說唯修睡光明者，是圓滿次第者修密行時。此是隨於何時修習光明，即與睡眠光明合修。非如餘位，醒時光明不與睡合，睡時乃修與睡合之光明，各別修習。此由通達一切合修關要，即可了知。二次第之修此密行者，正修習時，除四喜四空有勝劣外，二者俱依與智印和合，修習俱生與光明。至不能安住時，起依彼印，復如前修。此由精進猛烈，不樂戲論，於修俱生至極信樂，如前行者，說名補蘇姑行。是有食眠行之行者故。謂於初字加字訓釋，「補嘐那」，爲吃食。「蘇達那」釋爲睡眠。「姑質薩羅」釋爲爲便利故行動。謂除彼三種想外，屏棄一切憒鬧，都不思慮身受境根，唯合修睡眠與光明也。有說「補迦朵」，爲食。如是由圓滿次第者行，能轉自體爲幻身、有學雙運金剛身，與無學雙運之金剛身。不觀待餘二種行，速能證得。故第六品疏中，說補蘇姑行，爲諸行中勝。此處攝行論云：「極無戲論行，以狂禁經所說次第，亦當解說。」引證多文出於金剛藏莊嚴續第十六品。其攝行論二新譯本云：「由釋續所說理及次第，亦當以狂禁行極無戲論。」然大譯師譯爲「說狂禁經」，較善。以彼品中所明禁行，亦說爲狂禁。故言「說」者，是「說狂禁」之義。非顯爲「集密之釋續」故。彼續與集密，俱說修彼行，六月成就。其所成就，乃指佛位。故彼非生起次第之行也。攝行論說：「學習三行，或經半月、或經一月、或經六月，現起大印悉地之細色，輕觸等八相，及本續第十五品所說之夢相。」謂六月以內，先現彼相而成就。其中身自在等八自在者，是勝悉地。卡師譯云：「細色與輕觸，周徧正得性，極明性堅固，自在性如意。」所說八事，名自在八德，非八種自在。諸先覺所釋彼義，似未曾見，自在八德之解釋。故當依觀音禁所釋自在八德而說。其大自在，能生滅有情世間，謂細。能生滅器世間，爲輕。俱生滅彼二，謂主宰。此中謂瑜伽師，能變收彼等也。後者，是正得句所明。隨意所想即至，是周徧句所顯。一切眾生供養者，謂光明威德皆能勝他。是極光明句所顯。有權治罰攝受諸有情類，謂自在性。隨欲能變諸功德，謂如意。隨所欲得，即如是能得者，謂隨欲安住。是堅固句所顯。言六月以內能得勝成就者，是說已得有學雙運者。前說四位修密行者，乃至未辦自果而修。不以彼說有無時間戲論。

二次第者，如是修行，若未速成本位果利，其二次第各別策發心要之理，如第十品續疏，及拏熱巴後續疏所說應知。

丙四、修習道後證果之理。

燈明論云：「亦應說所爲，消災等事軌，如是八悉地，佛亦是最上。」謂成佛是上品。八大悉地是中品。消滅、增益、自在、猛烈等事業是下品。八悉地者，如集智金剛續云：「咒、藥、護摩、粉末、眼藥、疾行等八大悉地。」僅列六種，未明說餘二。四天女請問經云：「說修八物支，丸眼藥悉地，地下劍悉地，騰空及隱身，無死與治病。」金剛幕經云：「眼藥與疾行，利劍及地下，丸藥並空行，隱身與精華。」後二果利，是共悉地，略爲勝共二種悉地。如後續云：「隱身等悉地，說爲庸常事，佛說唯成佛，乃最勝悉地。」學生起次第與彼行後，修共悉地之理，聽聞續疏可知。學圓滿次第與彼行後，成就無學雙運之理，謂如前說，由內外二證菩提門，於黎明時現證光明者，現證究竟法身時，有學雙運之幻身，轉成無學雙運身。盡生死際，安住彼二身不動。如是具二清淨之境光明者，謂無爲法身。有境光明，謂智法身。亦名大樂身。彼所依止唯由風心所成色身，謂受用身。由彼二身同一體性，唯所遮成二。故亦多說彼色身，名無二智身。故有說：色身非佛地攝，爲眾生身攝。或計爲與識異體之粗色。或說果位無智等，爲聖父子所許者，應知皆非善說也。

由彼雙運身，示現勝化身等非一化事。若許有化身雙運，於雙運身作二身建立者，尤爲善解。

諸餘咒教，雖有說智所依色身爲化身、意爲法身、語爲受用身者，然聖父子所許如前。如前所說餘道之後，再加殊勝咒道，於色究竟成佛者，雖亦許是無上派之成佛，然與初即入無上道，一生成佛，說於欲界身成佛，並不相違，以安立無上派之成佛，與初即入無上道之成佛，非一事故。此二種佛修成法色二身之微細差別，由前所說即可了知。其以人身證得幻身，於此幻身補特伽羅之所依成佛者，爲於人身成佛，較易了知。其人身瑜伽師，捨身壽已，代替中有，成就幻身，於彼身成佛。其所依身雖非六趣所攝，亦不相違。如說中有非六趣攝，然中般不還者，即於彼身證阿羅漢也。

如是修道成佛之受用身，恆具七支而住。化身則不決定。故說受用身之和合支，謂與俱行等無量明印眷屬，平等和合，增長遊戲大樂。故於修道時，亦順彼果相，以受用欲塵之理，增長大樂也。果位雖尚有眾多，應辨論決擇處。然最難解者，此中已說。二種大乘共建立之難處，餘中應知，恐繁不錄。

如是眾教究竟，三界獨一瓌寶皎同日月，名勝集密大教王。得佛授記弘揚聖教究竟了義龍猛父子現證義已，如自所見而釋，勝五次第一切要義。圓滿顯說者，因見若不善知諸所勝道及下宗義，則不能知諸能勝道與上宗中微細不共別法。特於究竟了義甚深空性，了義經典，龍猛菩薩微細理路。若未善習觀慧如實獲得。則總不能得，趣往解脫及一切種智道之樞要。別於無二續所詮心要，樂空和合修俱生智，不能善知。即信解彼義，亦徒信仰而已。故於自他部，及自部大小諸乘，顯密二乘，及金剛乘四續部經論，皆善學習。此復各道整體次第，引導弟子之理，並以各各教授莊嚴。決擇空性，及決擇已如何修法，與前述各派解釋集密之理，並已藏譯聖派諸論，及彼教授，以修習理，經久串習。會合本釋諸續。長時祈禱，獲得允許著論殊勝相徵。且因聖派集密，久已衰微，惟願復興久住不滅。由此清淨意樂而造。

除眾心暗最勝燈　善說眾寶唯一源

無比大師頂上嚴　徧主吉祥金剛持

宣說無上瑜伽續　兩億猶餘二俱胝

如諸王中轉輪王　無量續部所圍繞
統領聖教眾寶洲　滿足百千菩薩願
昇至一切聖言頂　謂勝集密大教王
由彼道至十地竟　龍猛菩薩所解釋
提婆龍智補彼意　釋迦友及月稱師
善說心要五次第　徧除無知邪執暗
顯五次要最勝燈　創此善說新慶會
總佛聖教特聖規　久已衰微將滅盡
難測續義如實辨　受靜慮樂固極難
然由白業力　能發增上慧
無量智者慧　觀察之一隅
安息無逼窄　富饒觀慧財
昔無之善說　此時亦可有

長時勵力習此理　雖已詳盡善觀察
然由慧劣續難測　凡我所有諸過失
如諸嬰兒言雖誤　慈愛父母亦覺奇
不動金剛諸聖眾　自在大士皆容恕
不善眾宗少分滿　未勤修學細理路
不知經盡教授者　分辨久衰道關要
猶如一般諸愚童　欲登石級捉日輪
彼等唯屬善意樂　故觀慧者應策勵
由尊事業一少分　潤澤心內極難得
甚深密義皆明顯　至尊智藏恆加護
由見何教思彼義　善能奪引智者意
如貪心中麗人影　我勤此論諸白業
願令眾生善通達　極難分辨續要義

由勤修學彼義故　速往金剛持聖地
乃至眾洲八葉蓮　須彌花蕊安住時
願此善說為眾生　常能光顯究竟道
顯我從今一切生　永不離此究竟道
無比一切福聚本　常能承事善知識

此勝集密教王心要，甚深五次第一切要義，極明顯燈論，是因眾多以修此道爲心要之善知識，數數勸請，造一廣而顯了五次第道要義之論。曾久親近至尊瓊波雷巴，與至尊童慧等師長足塵，勝集密瑜伽師多聞苾芻東宗喀巴，善慧名稱吉祥，於曠野山，喜足尊勝洲造。持四難論集密行者寶祥書。

一九五二年一月廿八日　譯於北京菩提學會

（卷十六竟）

國家圖書館出版品預行編目資料

勝集密教王五次第教授善顯炬論 / 宗喀巴大師作 ; 法尊法師譯.
— 3版. — 臺北市 : 方廣文化, 2014.04
面 ; 公分
ISBN 978-986-7078-53-7(精裝)
1.藏傳佛教
226.96 103004647

勝集密教王五次第教授善顯炬論

作　　者：宗喀巴大師
譯　　者：法尊法師
出　　版：方廣文化事業有限公司
住　　址：台北市大安區和平東路-
電　　話：886-2-2392-0003
傳　　真：886-2-2391-9603

◎地址變更:2024年已搬遷
通訊地址改爲106-907
台北青田郵局第120號信箱
(方廣文化)

劃撥帳號：17623463 方廣文化事業有限公司
網　　址：http://www.fangoan.com.tw
電子信箱：fangoan@ms37.hinet.net
裝　　訂：精益裝訂股份有限公司
出版日期：西元2014年8月 3版1刷
定　　價：新台幣560元(精裝)
經 銷 商：飛鴻國際行銷有限公司
電　　話：886-2- 8218-6688
傳　　真：886-2- 8218-6458
行政院新聞局出版登記證：局版臺業字第六〇九〇號
ISBN： 978-986-7078-53-7
No.M002A　　Printed in Taiwan

方廣文化出版品目錄〈一〉

夢參老和尚系列
書籍類

● 華 嚴

H203 淨行品講述
H224 梵行品新講
H205 華嚴經普賢行願品講述
H206 華嚴經疏論導讀
H208 淺說華嚴大意
HP01 大乘起信論淺述
H209 世主妙嚴品 (三冊)【八十華嚴講述 ①②③ 】
H210 如來現相品・普賢三昧品【八十華嚴講述④】
H211 世界成就品・華藏世界品・毘盧遮那品【八十華嚴講述⑤】

● 般 若

B401 般若心經
B406 金剛經
B409 淺說金剛經大意
B410 般若波羅蜜多心經講述【合輯本】

● 地藏三經

地藏經

D506 地藏菩薩本願經講述 (全套三冊)
D516 淺說地藏經大意

占察經

D509 占察善惡業報經講記 (附HIPS材質占察輪及修行手冊)

大乘大集地藏十輪經 D507 (全套六冊)

D507-1 地藏菩薩的止觀法門 (序品 第一冊)
D507-2 地藏菩薩的觀呼吸法門 (十輪品 第二冊)
D507-3 地藏菩薩的戒律法門 (無依行品 第三冊)
D507-4 地藏菩薩的解脫法門 (有依行品 第四冊)
D507-5 地藏菩薩的懺悔法門 (懺悔品 善業道品 第五冊)
D507-6 地藏菩薩的念佛法門 (福田相品 獲益囑累品 第六冊)

方廣文化出版品目錄〈二〉

夢參老和尚系列

書籍類

● **楞嚴**

LY01 淺說五十種禪定陰魔 —《楞嚴經》五十陰魔章

● **天台**

T305 妙法蓮華經導讀

● **開示錄**

S902 修行

Q905 向佛陀學習【增訂版】

DVD

D-1A 世主妙嚴品《八十華嚴講述》(60講次30片珍藏版)

D-501 大乘大集地藏十輪經 (上下集共73講次37片)

D-101 大方廣佛華嚴經《八十華嚴講述》
(繁體中文字幕 全套482講次 DVD 光碟452片)

CD

P-05 金剛般若波羅蜜經 (16片精緻套裝)

錄音帶

P-02 地藏菩薩本願經 (19卷)

方廣文化出版品目錄〈三〉

地藏系列

D503 地藏三經
(地藏菩薩本願經、大乘大集地藏十輪經、占察善惡業報經)

華嚴系列

H201 華嚴十地經論
H202 十住毘婆沙論
H207 大方廣佛華嚴經 (八十華嚴) (全套八冊)

般若系列

B402 小品般若經
B403A 大乘理趣六波羅蜜多經
B404A 能斷金剛經了義疏 (附心經頌釋)
B408 摩訶般若波羅蜜經 (中品般若) (全套三冊)

天台系列

T302 摩訶止觀
T303 無量義經 (中摺本)
T304 觀普賢菩薩行法經 (中摺本)

部派論典系列

S901A 阿毘達磨法蘊足論
Q704 阿毗達磨俱舍論 (全套二冊)
S903 法句經 (古譯本) (中摺本)

瑜伽唯識系列

U801 瑜伽師地論 (全套四冊)
U802A 大乘阿毗達磨集論
B803 成唯識論
B804A 大乘百法明門論解疏
B805 攝大乘論暨隨錄

憨山大師系列

HA01 楞嚴經通議 (全套二冊)

方廣文化出版品目錄〈四〉

密宗系列

M001 菩提道次第略論釋
M002A 勝集密教王五次第教授善顯炬論
M003 入中論釋
M004 大乘寶要義論(諸經要集)
M006 菩提道次第略論
M007 寂天菩薩全集
M008 菩提道次第廣論
M010 菩提道次第修法筆記
M011 白度母修法(延壽法門修法講解)
M012 中陰-死亡時刻的解脫
M013 菩提道次第廣論集註(卷一～卷十三)

能海上師系列

N601 般若波羅蜜多教授現證莊嚴論名句頌解
N602 菩提道次第論科頌講記
N345 戒定慧基本三學
N606 能海上師傳
N607 現證莊嚴論清涼記
N608 菩提道次第心論

論頌系列

L101 四部論頌
(釋量論頌 現證莊嚴論頌 入中論頌 俱舍論頌)
L102 中觀論頌 (中摺本)
L103 入菩薩行論頌 (中摺本)
L104 彌勒菩薩五部論頌
L105 龍樹菩薩論頌集
L106 中觀論頌釋
R001 入中論頌 (小摺本)

方廣文化出版品目錄〈五〉

南傳佛教系列

SE01 內觀基礎
SE04 緬甸禪坐
SE05 七種覺悟的因素
SE06 南傳大念處經(中摺本)
SE07 三十七道品導引手冊《阿羅漢的足跡增訂版》

其他系列

Q701 單老居士文集
Q702 肇論講義
Q703B 影 塵-倓虛老法師回憶錄
Q705 佛學小辭典 (隨身版)
ZA01 參 禪《虛雲老和尚禪七開示》

廣
方廣文化事業有限公司
http://www.fangoan.com.tw